신지전자 녹도문(鹿圖文) 해독

천부경
하나부터 열까지

※ 일러두기

桓의 음은 '환' 또는 '한'으로 표기함. (예: 桓國: 한국, 환국)

新

천부경
天符經
신지전자 녹도문(鹿圖文) 해독

하나부터 열까지

이현숙 지음

지식공감

우리 민족은 위대한 민족이다.

인류 최초의 국가인 한국(桓國, 환국)을 BC 7198년에 건설하여 우리의 문명과 문화, 사상과 철학을 전 세계에 전파하였다. 한국에서 유래된 말이 한민족, 한겨레, 한사상이며, 한사상은 세계 최초로 문자로 쓰여진 경전인 《천부경(天符經)》에 뿌리를 두고 있다. 천부경은 동양 3대 사상인 유교, 불교, 도교의 근간이 되는 사상이며, 서양의 종교와 철학에도 지대한 영향을 끼친 세계의 경전이다.

한국을 이은 나라가 배달국(倍達國)이며, 건설 시기는 BC 3898년이다. 여기에서 유래된 말이 배달의 민족, 배달의 겨레이다. 배달국은 세계 최초의 문자인 녹도문(鹿圖文)을 창안하였으며, 현재 사용하는 중국의 한자(漢字)는 녹도문에서 유래한 것이다. 또한, 세계 최초의 표음문자인 가림다(加臨多) 문자를 창안하였으며, 가림다 문자는 현재 한글의 시작점이 되는 훈민정음의 기초가 되는 문자이다. 가림다 문자는 인도 지역에 널리 퍼져 나가 그들의 언어와 철학에도 지대한 영향을 미쳤다.

배달국과 이를 잇는 단군(檀君) 조선(朝鮮)은 당시 세계 문명의 중심지였다. 《한단고기(桓檀古記, 환단고기)》의 〈단군세기〉에 따르면 3대 단군인 가륵 재위 2년(BC 2181년)에 단군이 삼랑 을보륵에게 명하여 정음(正音) 38자를 만들게 했다고 하는데, 이는 배달국에서 유래한 가림다 문자를 38자로 정리한 것이다. 가림다 문자에서 유래한 한글은 우리말을 정확하게 그려내고 있다.

배달국 시대에 우리 민족은 동쪽으로는 알래스카를 거쳐 중남미에 이르기까지, 서쪽으로는 터키와 이집트를 거쳐 영국과 노르웨이까지 우리의 문명과 문화를 전파한 시대의 주역이었다. 전 세계의 사상과 철학, 언어에는 우리 민족의 발자취가 그대로 남아있다.

이 한 권의 책을 통해 우리 민족의 자존심을 회복하고, 《천부경》에 담긴 참뜻을 오늘날에 되새겨 보는 기회가 되길 바란다.

이현숙

차 례

머리말　04

제1장 | 천부경(天符經)이란?　10

제2장 | 천부경의 실체　18

제3장 | 천부경 해설 – 한자 천부경　26
　1) 우주의 본질(本質) –하나, 둘, 셋　30
　2) 천부경의 사상 인내천(人乃天)　35
　3) 천지인(天地人)의 용(用)과 현상(現像)　39
　4) 삼극(三極)의 작용(作用)　41
　5) 우주('한')의 본성(本性)과 결실(結實)　54
　6) 천부경 전문 해설 요약　58

제4장 | 녹도문(鹿圖文) 천부경　62
　1) 녹도문 천부경 16자의 의미　66
　2) 녹도문(鹿圖文) 천부경 요약　103
　3) 평양 법수교 비문 해독　107
　4) 창성 조적서 비문 해독　109

제5장 | **가림다**(加臨多) **문자의 역사** 114

1) 한글은 언제 어떻게 생겨 났을까 117

2) 우리말과 한글이 외국에서 유래했다는 궤변 127

제6장 | **한글의 창조 원리** 148

1) 한글 모음의 창조 원리 152

2) 한글 자음의 창조 원리 154

3) 훈민정음 해례본 214

제7장 | **우리말 천부경** 224

1) '한'의 본질(本質) – 삼극(三極), 본성(本性) 226

2) 삼극(三極)의 작용(作用) – 삼극의 작용은 만드는 것(創造),
   즉 세우는(생겨나는) 것(ㅅ)이다 227

3) 천지인(天地人)의 현상(現像) – 하나(ㅇ)의 작용을 받아(ㅂ)
   나타나는 것(現像) 228

4) 자기완성(自己完成) 230

5) 우리말 천부경 231

6) 이제 우리 한글의 참된 이름을 되돌려 주자! 232

제8장 | 삼일신고(三一神誥) 234

  1) 삼일신고(三一神誥)의 유래 236

  2) 삼일신고의 전문(全文) 해설– 고경각(古經閣)의
    신사기본(神事記本) 236

제9장 | 오행(五行)의 화(禍) 252

제10장 | 우리나라는 두 가지 언어와 문자,
      두 가지 신화를 가진 나라 268

  1) 유물과 신화로 살펴보는 우리 문명의 이동 285

  2) 개를 통해서 본 문명 이동 295

  3) 아버지의 나라 한국(桓國) 303

제11장 | 세계 속의 우리말 지명과 문명 316

  1) 한민족의 동쪽 이동 경로 319

  2) 한민족의 서쪽 이동 경로 325

제12장 | 영어를 통해서 보는 문명 이동 336

　1) 한자(녹도문) 말과 유사한 영어 341

　2) 한글(가림다) 말과 유사한 영어 344

제13장 | 우리의 기록 문화 350

　• 허성도 교수의 연설 내용 352

제 1 장

천부경(天符經)이란?

1. 천부경(天符經)이란?

《천부경(天符經)》은 예부터 전해져 내려온 우리 민족의 최고(最古) 경전이다. 아울러 세계에서도 처음으로 문자로 기록된 가장 오래된 경전이다.

우주의 본성과 상호 작용, 그리고 인간의 가치와 도리에 대해서 구전으로만 전해오다가 처음으로 한국(桓國, 환국) 시대에 녹도문(鹿圖文) 16자로 기록되었다. 그것이 이제까지 우리가 숫자로만 세어오던 하나, 둘, 셋, 넷, 다섯, 여섯, 일곱, 여덟, 아홉, 열의 16자인 것이다. 그러나 그 16자로는 그 속에 내포된 심오하고 깊은 뜻을 전달하기에 어려워 이후 전자(篆字) 81자로 해석을 해 놓은 것이다. 우주 삼라만상의 본질과 상호작용, 그리고 그 결과물인 인간의 가치와 존재 목적에 대해 단 81자로 압축해 표현한 슬프도록 아름다운 글이다. 그러나 녹도문(鹿圖文)을 문자인 줄 모르고 무슨 그림이나 상형 문자로 오인하더니 전자(篆字)마저도 해석을 못할 지경에 이르렀다. 그러다가 신라 시대에 이르러 고운(孤雲) 최치원이 전자(篆字)로 된 내용을 당시의 한자로 옮겨 적어 현재에 이르게 되었다. 우리 민족의 고유 경전인 천부경 사상은 시대를 초월하여 현대를 살아가는 우리 한민족의 가슴 속에서 아직도 살아 숨쉬고 있다.

우리 민족은 3의 민족이다. 무엇을 해도 삼세번인데 이는 천부경에서 유래한다. 천부경은 위와 같은 내용이 담겨 있는 진리를 민족의 숫자인 3에 맞추어 한 줄에 아홉 자씩 9줄, 총 81자로 기록하였다. 완벽한 조형미와 운율을 갖추고 있으며, 글자 한 자를 더하거나 빼도 그 의미가 달라질 정도로 정제되어 있다.

천부경은 동양 삼대 사상인 유불선의 시조이며, 기독교와 이슬람교에도 커다란 영향을 끼친 전 세계 인류의 경전이라고 할 수 있다. 한마디로 천부경에 담겨 있는 사상과 철학은 전 세계로 퍼져 나가 인류 문명사에 지대한 발자취를 남겼으며, 그 사상적, 철학적 사고의 흔적은 현재까지도 세계 곳곳에 남아있다.

천부경은 전체 내용을 81자로 압축해 놓았기 때문에 그 전체적인 뜻은 대충 짐작할 수 있지만 모든 내용을 정확하게 알 수는 없다. 그러나 다행스럽게도 녹도문(鹿圖文)으로 쓰여진 천부경 원본이 전해져 그 본래의 뜻을 충분히 해석할 수 있다. 또한 천부경과 관련하여 삼일신고(三一神誥)를 비롯한 수많은 옛 기록들이 남아 있어 완전한 해석이 가능하다.

우리말에 "하나를 알아야 열을 안다", "하나만 알고 둘을 모른다" 등의 유사한 속담이 상당히 많다. 이는 후손들이 천부경의 참뜻을 헤아리지 못할까 봐 울리는 경종일지도 모른다. 천부경을 이해하기 위해서는 가장 기본적인 '하나'를 알아야 하며, 하나만 알아서는 이해할 수 없고 그 다음인 '둘'과 '셋'도 반드시 알아야 한다.

천부경 81자를 석 자로 줄이면 인내천(人乃天), 즉 '사람이 곧 하늘'이라는 뜻이며, 따라서 경천애인(敬天愛人)해야 한다는 것이다. 그러나 천부경 전체를 통해서 흐르고 있는 사상은 단순한 인내천(人乃天) 사상이 아니다. 사람으로 태어나 살아가면서 지켜야 할 도리를 설명하고 있다.

즉 우리 인간의 존재 가치와 삶의 목적에 대해서 전하는 하늘의 가르침인 것이다.

그래서 천부경(天符經)이다.

천부경(天符經)은 한 민족 최고(最古)의 나라로 알려진 한국(桓國)에서 비롯되어 구전되어 오던 중 환웅(桓雄)의 명을 따라 신지(新誌) 혁덕(赫德)에 의해 최초로 녹도문(鹿圖文)으로 기록되었다고 한다. 아래가 녹도문으로 쓰여진 천부경이다.

녹도문으로 쓰여진 천부경

아래는 고려 말 충신인 농은(農隱) 민안부(閔安富)의 유품에서 발견된 천부경문(天符經文)이다. 최치원이 한자로 번역한 전비문(篆碑

文)이라고 생각된다. 갑골문(甲骨文)이나 금문(金文)에 가까운 것으로 신라 시대에만 해도 이를 알아볼 수 없었던 것이다. 하물며 그 이전에 존재했던 것으로 여겨지는 녹도문(鹿圖文)은 더욱 알아보기 힘들었을 것이다.

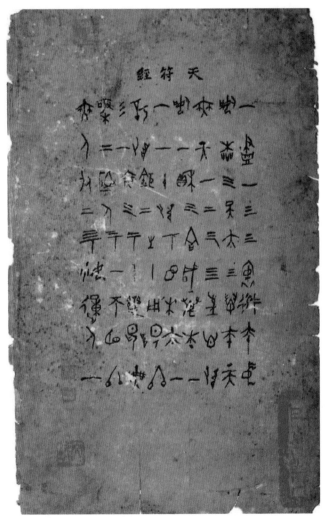

전자로 쓰여진 천부경

그리고 다음이 현재에 전해지는 한자로 기록된 천부경이다.

天 符 經

一 始 無 始 一 析 三 極 無
일 시 무 시 일 석 삼 극 무

盡 本 天 一 一 地 一 二 人
진 본 천 일 일 지 일 이 인

一 三 一 積 十 鉅 無 櫃 化
일 삼 일 적 십 거 무 궤 화

三 天 二 三 地 二 三 人 二
삼 천 이 삼 지 이 삼 인 이

三 大 三 合 六 生 七 八 九
삼 대 삼 합 육 생 칠 팔 구

運 三 四 成 環 五 七 一 妙
운 삼 사 성 환 오 칠 일 묘

衍 萬 往 萬 來 用 變 不 動
연 만 왕 만 래 용 변 부 동

本 本 心 本 太 陽 昻 明 人
본 본 심 본 태 양 앙 명 인

中 天 地 一 一 終 無 終 一
중 천 지 일 일 종 무 종 일

천부경의 내용을 요약해서 정리하면 다음과 같다.

우리말 천부경

'한'이란 시작도 끝도 없다.
여기에 세 개의 씨앗이 들었으니
하늘과 땅과 인간의 씨앗이 그것이다.

이들 씨앗이 싹트니
땅에 만물이 생겨나고 생명이 태어나며
하늘에 해와 달과 별들이 생겨나 현재의 세상 모습이 되었다.

만물은 하늘의 기운을 받아 태어나고
생물은 하늘과 땅의 기운을 받아 태어나며
사람은 하늘과 땅과 인간의 기운을 모두 받아 태어나니
세상 만물 중에서 가장 귀한 것이 사람이다.

만물은 나와서 사라지며
생물은 자라서 번식하며
사람은 마음을 다스린다.

사람이 크게 깨달아
마음을 열면 걸림이 없는 자유로운 참사람이 된다.
이러한 사람을 우러러보고 공경하여야 한다.

제 2 장

천부경의 실체

천부경(天符經)의 이념은 우리의 상고사 이전인 1만 5천 년 전부터 이미 우리 민족의 사상과 철학으로 자리잡고 있었다. 한인(桓仁=桓 因, 환인) 천제(天帝) 시절에도 천부경의 내용을 설하고 토론하였다는 기록도 있다. 한민족 최고(最古)의 나라로 알려진 한국(桓國)은 BC 7198년에 개국하여 3301년을 이어온 인류 최초의 국가였다. 그 이후 는 배달국(倍達國)으로 환웅(桓雄)의 시대이다. 천부경은 한국(桓國, 환국)에서 비롯되어 구전되어 오던 중 BC 3890년에 환웅(桓雄)의 명 을 따라 신지(新誌) 혁덕(赫德)에 의해 최초로 녹도문(鹿圖文)으로 기 록되었다고 한다. 지금으로부터 약 6천 년 전의 일이다.

아래에 있는 그림이 녹도문으로 쓰여진 천부경으로 우리말 하나, 둘, 셋, 넷, 다섯, 여섯, 일곱, 여덟, 아홉, 열을 적어 놓고 있다.

그러나 녹도문으로 기록된 16자로는 그 속에 내포된 심오하고 깊은 뜻을 전달하기 어려워 이후 전자(篆字) 81자로 해석을 해 놓았다. 작성 시기는 정확하지 않으나 단군(檀君) 시대로 적어도 BC 1500년 이전에 작성된 것으로 추정된다. 하나, 둘, 셋의 참된 뜻과 의미, 이들의 작용으로 만물이 생성되는 넷, 다섯, 여섯을 설명하고, 하나, 둘, 셋이 일으키는 변화로 일어나는 현상인 일곱, 여덟, 아홉을 해석하고, 결론적으로 사람의 존재 가치와 삶의 목적을 설하고 있다.

아래에 있는 그림이 전자(篆字)로 기록된 천부경으로 고려말 충신인 농은(農隱) 민안부(閔安富)의 유품에서 발견된 것이다. 언어학자 박대종 씨는 "갑골문이 1899년 중국 대륙에서 최초로 발견됐지만 고대 최고의 문자학서인《설문해자(說文解字)》를 지은 후한(後漢 A.D 25~ 220)의 허신(許愼)조차도 갑골문을 몰랐다. 고려 말 충신인 농은(農隱) 민안부(閔安富)의 유품에서 발견된 천부경문(天符經文)에서 은허 갑골문과 동일한 글자들이 다수 발견되어 갑골문하면 오직 중국 대륙 내부에서만 발견되는 종래의 고정 관념이 깨졌다는 것에 의미를 둔다."라고 하였다.

이는 당연한 것으로 갑골문(甲骨文)이라 부르는 것이 초기 녹도문(鹿圖文)이며, 이 녹도문이 발전하여 전자(篆字)가 된다. 또한, 녹도문과 전자는 한국(桓國)에서 만들어지고 배달국(倍達國)과 단군조선(檀君朝鮮)을 거치면서 발전하기 때문에 현재의 한국에는 흔적이 거의 없는 것이 사실이다. 현재 중국의 태백산(太白山)을 중심으로 한 지역이 배달국(倍達國)과 단군조선(檀君朝鮮)이 위치했던 곳으로 녹도문이나 전자의 흔적은 그곳에서 찾아야 한다. 한국(桓國)은 문자의 발상지일 뿐만 아니라 당시 동북아시아 문화의 중심지였다. 한국(桓國)이 세계의 중심인 중국(中國)이었다는 것은 우리의 언어, 역사, 문화를 통해서 증명된다.

아래 그림의 우측은 좌측의 원본을 모사한 작품이다.

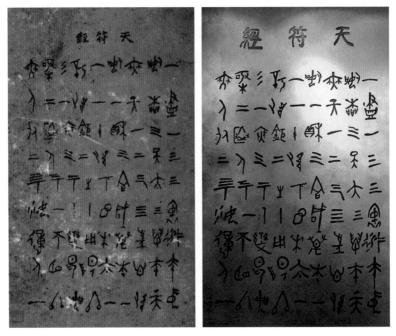

전자로 쓰여진 천부경

최치원이 한자로 번역한 전비문(篆碑文)이라고 생각된다. 갑골문(甲骨文)이나 금문(金文)에 가까운 것으로 신라 시대에만 해도 이를 알아볼 수 없었던 것이다. 하물며 그 이전에 존재했던 것으로 여겨지는 녹도문(鹿圖文)은 더욱 알아보기 힘들었을 것이다.

다음은 대종교 본단에 있다는 천부경(오른쪽)과 인터넷에 떠도는 묘향산 석벽에 새겨진 천부경 원본(왼쪽)의 탁본이다. 작성된 시대에 따라 자형의 차이는 있으나 그 내용은 동일하다.

전자 천부경 탁본

　박대종 씨는《농은유집》〈천부경문〉에는 은상시대(殷商時代)의 갑
골문이나 금문에서도 발견되지 않는 글자가 있으며, 갑골문이나 금
문으로 해독이 불가능한 글자가 있어 천부경이 갑골문에 앞서 있었
다는 사실을 반증하고 있다고 말한다. 구체적으로《농은유집》〈천부
경문〉에 기록되어 있는 중복을 제외한 총 46개의 문자 중 은허 갑골
문에서 이미 발견된 글자들은 총 32자에 불과하다는 것이다. 여기서
는 묘향산 석벽본에 새겨져 있다는 천부경과《농은유집》에서 전하
는 천부경의 차이만 살펴본다.

태백일사(묘향산 석벽)본	《농은유집》의 천부경
析三極 (석삼극)	新三極 (신삼극)
大三合 (대삼합)	大氣合 (대기합)
無櫃化三 (무궤화삼)	無櫃從三 (무궤종삼)
運三四 (운삼사)	衷三四 (충삼사)

　다음은 《(구)영변지》(1942년 최초 발간)의 〈신지록〉과 《(신)영변지》
(1948년 판)의 신지필적인데 《(구)영변지》의 〈신지록〉은 평양 법수교 비
문과 내용이 동일하다. 평양 법수교 비문을 천부경으로 번역하였으
나 실제 천부경은 《(신)영변지》에 있는 신지필적이다. 녹도문(鹿圖文)
천부경 해석에서 설명한다.

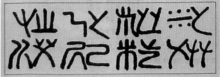

영변지 천부경

참고로 다음은 녹도문으로 쓰여진 창성 조적서 비문과 평양법수교 비문을 소개한다. 창성 조적서 비문은 중국인들이 국보로 여기는 비문이며, 이는 글자를 창시한 창힐을 기념하기 위하여 창힐의 글을 새겨 놓았다고 하는데 실제로는 녹도문이 새겨져 있다. 이것만 봐도 환국(桓國)의 문화가 지나(지금의 중국)로 전해졌다는 반증이 된다.

　중국은 예나 지금이나 처음에는 남의 것을 모방하여 사용하다가 시간이 지나면 원래 자신들이 원조라고 우겨 댄다. 이는 문자나 문화뿐만 아니라 역사에서도 동일하다. 녹도문은 BC 3890년에 환웅(桓雄)의 명을 받은 신지(新誌) 혁덕(赫德)이 어떻게 하면 소리를 그려서 오랫동안 보관할 수 있을까를 고민하던 중 사슴의 발자국을 보고 느끼는 바가 있어 만든 것이 녹도문(鹿圖文)이다. 사슴의 발자국에서 영감을 얻어서 만들었기 때문에 녹도문이라고 불리는 것이다. 이 이야기를 중국에서는 창힐이 새 발자국을 보고 문자를 만들었다고 우기고 있다. 웃기는 것은 녹도문의 창제 원리나 그 참뜻도 모르고 그냥 베껴 쓰면서 자기네 것이라고 우기는 것이다. 뒤에 설명하겠지만 창성 조적서 비문 역시 녹도문이며, 중국인들은 이를 아직까지 해독도 못 하고 있다.

창성조적서 비문

제 3 장

천부경 해설 — 한자 천부경

3. 천부경 해설 – 한자 천부경

천부경(天符經)은 환국(桓國) 시대에 처음으로 녹도문(鹿圖文) 16자로 기록되었다. 이후 녹도문 16자로는 천부경(天符經)의 참뜻을 전달하기에 어려워 전자(篆字) 81자로 해석을 해 놓았다. 그러나 세월이 흘러 전자(篆字)마저 알아볼 수 없게 되었다. 그러다가 신라 시대에 이르러 고운(孤雲) 최치원이 전자(篆字)로 쓰여진 천부경(天符經)을 당시의 한자로 옮겨 적어 현재에 이르게 되었다.

▶ 어떤 이는 최치원이 녹도문(鹿圖文)으로 쓰여진 16자의 천부경(天符經)을 보고 현재 81자의 한자로 이루어진 천부경을 작성하였다고 믿는데 이는 사실과 전혀 다르다. 녹도문(鹿圖文) 천부경(天符經) 속에 숨어 있는 참뜻을 모르면 그 내용을 알 수 없어 그렇게 명쾌한 해석을 할 수 없다. 더구나 신라 시대에만 해도 우리 민족의 천부경(天符經) 사상이 퇴색되어 거의 사라질 위기에 놓여 있었기 때문이다.

또한, 최치원은 당대의 명문장가이기는 하나 사상은 기본적으로 유학에 바탕을 두고 있었으며, 스스로 유학자로 자처하였다. 동양의 모든 사상이 천부경에서 유래하지만 이들은 모두 천부경의 단편만을 받아들인 것이며, 그 또한 왜곡된 내용이다. 기록으로 남겨진 최치원의 일생을 미루어 볼 때도 그 시대와는 전혀 다른 세계관을 갖고 있는 우리의 한사상을 온전히 이해한다는 것은 불가능한 일이다.

우선 가장 보편적인 천부경의 내용은 최치원이 한자로 적어 전하는 것이며, 원래 세로로 쓰인 것을 보기 쉽게 가로로 옮겨 쓴 것이다. 이 외에도 다수의 천부경들이 전해지나 자형(字形)만 다를 뿐 큰 뜻은 대동소이하므로 이를 기준으로 하여 해석한다.
천부경의 전체 문장을 보고 나서 시작한다.

▶ 천부경 전문

天 符 經

一始無始一析三極無	일시무시일석삼극무
盡本天一一地一二人	진본천일일지일이인
一三一積十鉅無櫃化	일삼일적십거무궤화
三天二三地二三人二	삼천이삼지이삼인이
三大三合六生七八九	삼대삼합육생칠팔구
運三四成環五七一妙	운삼사성환오칠일묘
衍萬往萬來用變不動	연만왕만래용변부동
本本心本太陽昻明人	본본심본태양앙명인
中天地一一終無終一	중천지일일종무종일

1) 우주의 본질(本質) - 하나, 둘, 셋 ●●○

① 一始無始一 析三極 無盡本(일시무시일 석삼극 무진본)

▶ 一始無始一 (일시무시일)

천부경은 一始無始一析三極無盡本(일시무시일석삼극무진본)으로 시작한다. 이것을 一始無始(일시무시)에서 끊어서 '일(一)의 시작은 시작이 없는 것이다.'라고 해도 되지만 마지막 구절인 一終無終一(일종무종일)과 짝(대구, 對句)을 이루고 있으므로 보통 一始無始一로 끊어 읽는데, 의미에는 변함이 없다. 一始無始一(일시무시일)은 '일(一)의 시작은 시작됨이 없는 일(一)이다.'라는 뜻이다. 마지막 구절인 一終無終一은 '일(一)의 끝남은 끝이 없는 일(一)이다.'라는 뜻이다. 一始無始一과 一終無終一을 연결해서 보면 '일(一)은 시작과 끝이 없다'는 것이다.

여기서 일(一)은 '한 일(一)' 자로 '한'을 뜻한다. 즉 '한'은 시작도 끝도 없이 존재한다는 것이다. 한자의 '한 일(一)'은 원래 숫자 하나를 뜻하지만 우리말 하나는 '한'과 '나'가 합쳐진 것이며, 천부경의 맨 첫 글자 일(一)은 그 중에서도 '한'을 가리키는 것이다. 우리말 '한'은 밝고 크며 높고 넓은 것을 의미하지만, 여기서는 우리가 살아가는 현세상, 현 우주의 삼라만상이 존재하게 하는 힘 내지는 섭리를 의미한다. 쉽게 말하면 우주의 본질 내지는 본성이라고도 할 수 있다.

'한'을 해석하기에 따라서는 우주의 만물을 만들고 다스리는 조물주 내지는 하느님이라고 생각할 수 있지만 여기서 말하는 '한'은 그러한 신과는 차원이 다른 것이다. 천부경은 실존 철학으로 무(無, 없음)의 철학이 아니라 유(有, 있음)의 철학이다. 천부경은 세상에 만물이 존재하게 된 원인을 밝히고, 그 결과로 생겨난 만물의 속성을 설명하고 있다. 태초에 신이 있어 빛이 있으라 하매 빛이 생기고 하여 세상이 만들어진 것이 아니라는 것이다. 이 세상과 우주는 시작도 끝도 없이 원래 존재하는 것이며, 이 세상은 모두가 필연적으로 이렇게 만들어질 수밖에 없는 원인이 있다는 것이다. 이러한 원인에 따른 결과물이 현세(現世)라는 것이다.

천부경의 첫 글자인 일(一)은 '한'을 뜻하며, '한'은 우리가 살아가는 이 세상과 우주가 생겨나게 되는 '씨앗'이라 할 수 있다. '한'에서 비롯하여 우주가 형성되고, 하늘과 땅이 생겨나며, 식물과 동물이 번성하게 되며, 사람이 태어나게 되는 것이다. '한'은 개념적으로는 상상이 되지만 무어라 꼭 집어서 한 단어로 표현할 수 없으므로 천부경의 첫 글자인 일(一)은 '한'을 가리키므로 '한'이라는 이름을 그대로 사용한다.

노자(老子)가 도덕경(道德經)의 첫머리에서 도(道)를 언급한 내용과 동일하다.

잠시 예를 들어 보면,

道可道 非常道 名可名 非常名 (도가도 비상도 명가명 비상명)

앞으로 도(道)에 대해서 설명하고자 하는데, '도(道)라고 하는 것은 이름을 도(道)라고는 붙였지만 꼭 도(道)라고 부르지 않아도 되는 것이다. 어떤 이름을 붙일 때 그 이름을 사용하지만 꼭 그 이름이어야 할 필요는 없다.'라는 내용이다.

▶ 析三極(석삼극)

析三極(석삼극)은 삼극으로 나눈다는 뜻인데 그 주어가 되는 것은 一(일)이다. 즉 一析三極(일석삼극)이란 말이며, '한'을 삼극으로 나누다.'라는 뜻이다. 이러한 예는 천부경에 여러 번 나온다. 연결되는 문구에서 중복되는 글자를 생략하는 기법이다. 천부경은 81자에서 한 자라도 생략하면 그 뜻이 통하지 않는다. 완벽한 조화미를 갖춘 아름다운 문장이다.

※ 천부경의 一析三極(일석삼극)에서 집일함삼(執一含三), 회삼귀일(會三歸一), 즉 '하나를 집으면 셋을 포함하고 셋을 모으면 하나로 돌아간다'는 말이 나왔으며, 이는 삼신일체(三神一體) 이론이며, 이를 모방한 것이 기독교의 삼위일체(三位一體) 사상이다.

▶ 無盡本(무진본)

無盡本(무진본)은 '그 본(本)은 다함이 없다.'는 뜻이다. '한'은 불변의 진리라는 것이다.

▶ 一始無始一析三極無盡本(일시무시일 석삼극 무진본)

'한'은 시작됨이 없이 원래 존재하는 '한'인데 이를 삼극으로 나누어도 그 근본은 다함이 없다는 뜻이다.

② 天一一 地一二 人一三(천일일 지일이 인일삼)

천일(天一)이 하나(一), 지일(地一)이 둘(二), 인일(人一)이 셋(三)이라는 뜻이다. 天一, 地一, 人一에서 사용된 일(一)은 극(極)을 뜻한다. 앞서 一析三極(일석삼극)에서 '한'을 삼극으로 나눈다고 하였으므로 천일(天一)의 일(一)은 극(極)을 뜻하며, '한'을 삼극으로 나눈 것이 天一, 地一, 人一인 것이다. 그 뒤에 오는 일, 이, 삼(一, 二, 三)은 우리말 하나, 둘, 셋이다. 즉 우리말 하나는 천일(天一), 둘은 지일(地一), 셋은 인일(人一)을 뜻한다. 우리말 하나, 둘, 셋의 뜻은 녹도문(鹿圖文)으로 쓰여진 천부경에서 가장 잘 나타난다.

하나는 천일(天一), 천극(天極)을 뜻하는 것으로 하늘(天)의 속성을 품고 있다. 하늘의 속성은 만물을 낳는 것으로 창조하는 것이다. 우리말 하나는 '한'과 '나'가 합쳐진 말인데 '나'는 '낳다'에서 온 것이다.

둘은 지일(地一), 지극(地極)을 뜻하는 것으로 땅(地)의 속성을 품고 있다. 우리말 둘은 '두르다'에서 나온 것으로 땅의 속성은 '둘러서 기른다'는 것이다.

셋은 인일(人一), 인극(人極)을 뜻하는 것으로 사람(人)의 속성을 품고 있다. 셋은 세상(世)에서 생겨난 말로 사람의 속성은 자신의 존재 가치를 인식하여 세상을 이롭게 하는 것이다. 사람은 자신을 세우고 다스려서 밝은 사람(明人, 명인)이 되는 것이 삶의 궁극적인 목적이다.

천일(天一), 지일(地一), 인일(人一)의 일(一)이 극(極)을 뜻하지만 천극(天極)으로 표현하지 않고 굳이 숫자 일(一)로 표현한 것도 깊은 뜻이 숨어있다. '한'을 삼극으로 나눈 것이 천일(天一), 지일(地一), 인일

(人一)이며, '한'이 불변이듯이 천일(天一)이라는 것도 '하늘의 진리'로 불변이라는 것이다. 지일(地一)은 '땅의 진리'이며, 인일(人一)은 '사람의 진리'로 그 근본(本)은 변하지 않는다는 것이다. 천일(天一)은 하늘의 속성이자 하늘의 섭리이며, 불변하는 하늘의 진리이기 때문에 극(極)을 사용하지 않고 일(一)을 사용한 것이다.

▶ 참고로 일(一)을 극(極)으로 적어 놓으면 천극(天極)은 지구의 자전축을 늘여서 천구와 맞닿는 가상의 점으로 북두칠성의 가장 밝은 별을 가리키며, 지극(地極)은 지축의 양 끝인 남극과 북극을 가리키며, 인극(人極)은 사람이 마땅히 지켜야 할 도리를 의미한다. 천부경에서 전하고자 하는 天一, 地一, 人一의 뜻이 왜곡될 수 있다.

▶ 천부경 어디에도 신(神)이라는 글자는 나오지 않는다.
'신(神)'은 가상의 존재로 국가가 형성되고 왕권이 강화되면서 통치의 수단으로 발생한 개념이다. 또한 종교가 발생하고 발달하면서 만들어진 것이다. 《삼일신고(三一神誥)》에서 보듯이 천부경이 나온 이후 후세들이 天一, 地一, 人一의 일(一)을 무어라 단정할 수 없어서 천신(天神), 지신(地神), 인신(人神)으로 표현하게 된다. 이에 따라 '한'은 '한얼님', 즉 하느님이 되어 천신(天神), 지신(地神), 인신(人神)의 삼신을 주재하는 것으로 삼신일체(三神一體) 이론의 토대가 된다.
우리의 고전에는 삼신(三神)을 한인, 환웅, 단군이라 하고, 이들을 조화(造化)의 신, 교화(教化)의 신, 치화(治化)의 신 등으로 신격화하고 있다. 그러나 천부경은 한국(桓國) 시대부터 존재했던 것으로 환웅과 단군은 태어나지도 않은 시기였다. 다만 천일(天一)의 본성은 낳는 것으로 조화(造化)이며, 지일(地一)의 본성은 기르는 것으로 교화(敎化)의 의미가 담겨 있으며, 인일(人一)은 다스리는 것이므로 치화(治化)이니 天一, 地一, 人一의 뜻은 명확하게 밝히고 있다.

▶ 현대 과학에서 우주는 한 점이 대폭발(빅뱅, Big Bang)을 일으켜 현재의 우주가 탄생하였다고 하는데 태초에 존재한 그 한 점이 천부경에서 말하는 '한(一)'이다. 그 한 점은 우주의 '씨'이자 '알'이다. 대폭발 이후 시간과 공간이 생기고, 물질이 생성되고, 그 물질이 현재의 우주를 만들고 생명체를 만들어냈다는 것이 현대 과학이고, 태초의 한(一) 속에 이미 天一(천일), 地一(지일), 人一(인일)이 들어 있었기 때문에 이들의 작용과 조화로 인해 현 세상이 만들어지게 되었다고 여기는 것이 우리 선조들이 말하는 원리이다.

2) 천부경의 사상 인내천(人乃天) ●●○

一積十鉅 無櫃化三 (일적십거 무궤화삼)
이는 "한(一)을 쌓아서 크게 열면 궤(櫃)가 없는 三(삼)이 된다."는 뜻이다. 여기서 三(삼)이란 우리말 셋이 뜻하는 人一(인일)을 의미한다. 대략적인 의미는 '한(一)'이 쌓여 사람이 되었으니 '하늘이 곧 사람'이라는 인내천(人乃天)으로 받아들여진다.

그러나 엄밀하게 살펴보면 그렇게 단순하지 않다.

一積十鉅(일적십거)의 一積(일적)은 한(一)을 쌓는 것을 의미한다. 이는 우주의 근본 씨앗인 태초의 한(一)을 쌓고 쌓는 것, 또는 쌓인 것을 말한다. 또는 뒤의 십(十)을 연결하여 한(一)을 무수히 쌓은 것을 뜻하기도 한다. 十鉅(십거)의 '열 십(十)' 자는 말 그대로 숫자 10이 아니라 여는 것을 의미하며, 鉅(거)는 통상 '크다'는 의미이다. 전체적으로 '한(一)을 쌓고 쌓아 더 이상 담을 수가 없으므로 이를 크게 연다.'라고 해석할 수 있다. 우주의 기운이 터지기 일보 직전까지 쌓여서 이를 연다는 의미이다.

無櫃化三(무궤화삼)에서 無櫃(무궤)를 '담을 상자가 없어서'로 해석하면 一積十鉅(일적십거)에 내재된 내용과 중복되는 것이다. 천부경은 완벽한 문장이다. 그 글자 하나하나가 나름대로의 의미(생명)를 가지고 있는 것이다. 한(一)의 기운이 터지기 일보 직전까지 쌓였다면 당연히 담을 상자가 없기 때문이다. 따라서 여기서 말하는 無櫃(무궤)란 '궤(櫃)'가 없는 것이다. 궤(櫃)는 함이나 궤짝을 의미하는 것으로 여기서 말하는 無櫃(무궤)는 '갇힘이 없는'이라는 뜻이다. 즉 無櫃(무궤)는 '자유로운', '걸릴 것이 없는', '구속됨이 없는', '장애가 없는' 등의 의미이다. 化三(화삼)에서 三(삼)은 人一(인일)을 의미하므로 '人一(인일) 또는 人神(인신)으로 된다.'는 의미이며, 단순히 사람(人)이 된다는 것은 아니다. 化三(화삼)에서 삼(三)이 의미하는 것은 뒤에 나오는 명인(明人, 밝은 사람)이 人一(인일)에 가장 적합한 용어이다. 하늘 기운이 쌓여서 사람이 되었다고 한다면 쉽게 一積化人(일적화인)이나 一積十鉅化人(일적십거화인)이라는 표현으로 충분하며, 無櫃(무궤)라는 말을 삽입할 필요가 없고 人(인) 대신에 三(삼)을 사용할 이유가 없는 것이다. '사람 인(人)' 자가 없다면 몰라도 분명히 존재하고 있는데 이를 두고 어렵게 三(삼)이라고 적어서 해석을 어렵게 만들 필요가 없다는 것이다.

▶ 一積十鉅無櫃化三(일적십거무궤화삼)

'우주의 근본 기운인 한(一)을 쌓고 쌓아 크게 열면 걸릴 것이 없는 밝은 사람(明人)이 된다.'는 뜻이다. 이렇게 해석해야 뒤에 나오는 문장들과 자연스럽게 어울리고 우리말 '아홉', '열'과 맞아 떨어진다.

一積十鉅無櫃化三(일적십거무궤화삼)을 달리 해석하면 사람은 명인(明人)이 되기 위하여 一積十鉅(일적십거)하는 수양, 또는 노력을 해야 한다는 것이다. 이렇게 一積十鉅(일적십거)하는 과정이 우리말 '아홉'의 참된 뜻이다. 우리 인간의 궁극적인 존재 목적은 아홉(수양)을 통해 열어서 명인(明人)이 되는 것이다.

이렇게 해석하고 보면 '크게 열다'는 뜻인 十鉅(십거)는 '깨달음'과 일맥상통한 것으로 불교 용어를 빌리면 대오각성(大悟覺醒)이요, 견성(見性)인 것이다. 化三(화삼)의 三(삼)은 단순한 사람이 아니라 人一(인일)의 도리를 깨우친 밝은 사람[明人], 완성된 사람, 또는 참사람[眞人]이 되는 것이다. 불교에서는 부처가 되는 것이며, 도교에서는 신선(神仙)이 되는 것이다. 여기서 보듯이 천부경에서 나온 이론들이 불교의 바탕이 되고, 도교의 뿌리가 되는 것이다.

▶ 천부경에서 전하는 참뜻과는 차이가 있지만 해석하기에 따라

서는 천부경의 핵심 사상을 인내천(人乃天, 사람이 곧 하늘이다)이라고 할 수도 있다. 인내천(人乃天) 사상은 구한말 동학사상의 중심 사상이며, 인즉천(人卽天)이라고도 표현하나 이는 인내천(人乃天)과 동일한 의미이다. 이 시기에는 천부경 사상이 종교의 경전으로 변질되었는데, 여기에서 천도교, 대종교, 증산교 등 다수의 종교가 생겨났고, 대순진리회도 이들 종교의 한 갈래이다.

참고로 동학의 교리는 3단계의 발전 과정을 겪었다고 하며 그 내용은 다음과 같다. 교조인 최제우 단계에서 시천주(侍天主) 사상, 2대 교주인 최시형 단계에서 사인여천(事人如天) 사상, 3대 교주인 손병희에 의해 개창된 천도교 단계에서 인내천(人乃天) 사상으로 변화되었다. 물론 이 3단계의 교리 발전 과정이 전적으로 단절적인 것은 아니었다. 그 안에는 동학의 시천주(侍天主) 사상이 기본적으로 깔려 있다. 시천주란 초월적이면서도 내재적인 천주를 정성껏 내 마음에 모신다는 의미이다. 최시형의 경우, 천주는 인격적, 초월적 개념이라는 주장 대신에 천(天)이라는 비인격적 개념을 우세하게 나타냈다. 즉 사인여천(事人如天), 양천주(養天主), 인즉천(人卽天) 등의 개념이 등장해 사람을 하늘처럼 섬길 것을 강조하고 마음속에서 천주를 기르고, 나아가 사람이 바로 하늘이라는 주장이었다. 손병희 단계에서는 전통적인 천주 개념은 거의 사라지고 인간을 천(天)과 동일시하는 인내천(人乃天) 사상이 등장하게 된다.

3) 천지인(天地人)의 용(用)과 현상(現狀) ●●○

① 天二三 地二三 人二三 (천이삼 지이삼 인이삼)

天二(천이)가 셋(三)이요, 地二(지이)가 셋(三)이요, 人二(인이)가 셋(三)이라는 뜻이다. 뒤에 붙은 삼(三)은 우리말 숫자 '셋'을 뜻한다. 天二, 地二, 人二의 二(이)는 뒤에 나오는 용(用)을 뜻한다.

즉, 天二(천이)는 天(천)의 용(用), 천용(天用)이 셋(三)이라는 말이다. 여기서 용(用)에 근접한 용어로는 섭리(攝理)를 들 수 있으며, 天二三은 하늘의 섭리가 셋(세 가지)이라고 해석할 수 있다. 이 문장에서 나오는 二(이)를 용(用)으로 바꾸어 놓으면 "天用(천용)이 셋이요, 地用(지용)이 셋이요, 人用(인용)이 셋이다."라는 뜻이 된다. 또, 二(이)를 '이치 리(理)'로 바꾸어 놓으면 天理(천리), 地理(지리), 人理(인리)가 되어 발음상으로도 천이, 지이, 인이 등과 유사하다. 다시 말해 하늘의 이치(理致)가 셋이요… 해서, 천지인(天地人)의 이치(理致)가 모두 셋씩이라는 뜻이다. 이 셋(三)이 무엇인지는 뒤에 나오는 일곱, 여덟, 아홉에서 설명한다.

덧붙여 설명하면 天二(천이)란 天一(천일)이 움직여서 나타나는 작용(作用)을 말하는 것이다.

② 大三合六 生七八九(대삼합육 생칠팔구)

▶ 大三合六(대삼합육)

大三合六(대삼합육)은 말 그대로 큰 셋을 합하니 여섯(六)이 된다는 말이다. 一析三極(일석삼극)에서 '한(一)'을 셋으로 나눈 것이 天一 (천일), 地一(지일), 人一(인일)인데, 이 세 개를 합한 것이 육(六)이라는 말이다. 天一(천일)이 하나(一), 地一(지일)이 둘(二), 人一(인일)이 셋 (三)이므로 이 셋을 합하면 우리가 쓰는 숫자 여섯(六)이 된다.

천부경에서 유래한 말 중의 하나가 집일함삼(執一含三), 회삼귀일 (會三歸一)인데, 집일함삼(執一含三)은 '한(一)'에 天一(천일), 地一(지 일), 人一(인일)이 들어 있다는 것이며, 회삼귀일(會三歸一)은 天一(천 일), 地一(지일), 人一(인일)이 모이면 '한(一)'으로 돌아간다는 뜻이다.

그러나 여섯은 겉으로 보기에는 하나로 보이지만 여섯(六) 속에는 天一(천일), 地一(지일), 人一(인일)이 모여 있는 것이다. 大三合六(대삼 합육)은 이를 강조하고 있다. 큰 셋이 모이면 삼태극(三太極)을 형성 하게 된다. 태극(太極)이란 태극기처럼 펄럭이는 것이다. 즉 움직인다 는 것이다.

▶ 生七八九 (생칠팔구)
生七八九(생칠팔구)는 일곱(七), 여덟(八), 아홉(九)이 생겨난다는 말 이다.

▶ 大三合六 生七八九 (대삼합육 생칠팔구)
큰 셋을 합하니 여섯(六)이며, 여기에서 일곱(七), 여덟(八), 아홉(九) 이 나온다.

즉, 큰 셋인 天一(천일)이 하나(一), 地一(지일)이 둘(二), 人一(인일)이 셋(三)이므로 이 셋을 합하면 여섯이 된다. 큰 셋(大三)이 합쳐지면 삼극(삼태극)이 움직여 天二(천이), 地二(지이), 人二(인이)가 현상(現像)으로 나타나게 되는데, 이것이 일곱(七), 여덟(八), 아홉(九)이다. 天二(천이), 地二(지이), 人二(인이)는 천지인(天地人)의 용(用, 작용)을 말하는데 이들의 작용이 현상으로 나타난다는 것이다.

덧붙여 설명을 하자면, 큰 셋이 모여 삼태극을 형성하면 하늘의 진리이자 섭리인 천일(天一)이 움직여 하늘의 작용인 천이(天二)가 현상으로 나타나게 되는데, 그것이 일곱(七)이다. 땅의 진리이자 섭리인 지일(地一)이 움직여 땅의 작용인 지이(地二)가 현상으로 나타난 것이 여덟(八)이며, 사람의 진리이자 섭리인 인일(人一)이 움직여 사람의 작용인 인이(人二)가 현상으로 나타난 것이 아홉(九)이다.

여기서 여섯, 일곱, 여덟, 아홉이 나왔으나 천부경의 한자 풀이만 하고 그 속에 담긴 내용은 넷, 다섯을 먼저 설명하고 나서 하기로 한다. 그래야 정확히 이해가 되기 때문이다.

4) 삼극(三極)의 작용(作用) ●●○

① 運三四成環五七(운삼사성환오칠)

▶ 運三四成 (운삼사성)

"셋을 운용하여 넷을 형성한다."는 말이다. 또는 "셋이 움직이니 넷이 이루어진다."라고도 할 수 있다. 이것이 천지만물 창조의 시작이다. 생명 창조에 있어서 현대 과학도 이 이상의 설명은 할 수 없다.

運三(운삼)은 '셋을 운용하다'라는 뜻이다. 여기서 말하는 셋은 大三合六(대삼합육)으로 만들어진 여섯을 구성하는 天一(천일), 地一(지일), 人一(인일)을 가리킨다. 天一(천일), 地一(지일), 人一(인일)의 셋이 모인 것이 삼태극(三太極)이며, 이들이 움직여서 만들어진 넷(四)이라는 것이 運三四成(운삼사성)의 본 뜻이다.

여기서 만들어진 넷(四)의 상호작용으로 인해 세상 만물이 생겨나는 것이다. 넷은 네 가지 기운을 의미하며, 이것이 만물뿐만 아니라 생명을 탄생시키는 열쇠가 된다는 것이다. 우리 선조들은 이미 생명의 탄생 비밀을 꿰뚫고 있었던 것이다.

여기서 말하는 넷(四)은 토(土, 흙), 수(水, 물), 화(火, 불), 풍(風, 바람) 네 가지를 말한다. 풍(風)을 기(氣)로 적은 문헌도 있지만 엄밀하게 이야기하면 토(土), 수(水), 화(火), 풍(風)이 조화를 이루는 것이 기(氣)이다.

네 가지 기운을 과학적으로 풀어보면 토(土)는 물질을 의미한다. 여기서 토(土)는 우주에 존재하는 모든 물질을 의미하는 것으로 금속과 비금속뿐만 아니라 액체와 기체도 포함하는 것이다. 즉, 우주에 존재하는 모든 항성과 행성에서부터 바위, 조약돌, 모래알까지 모든 물질은 토(土)에 해당하는 것이다. 수(水), 화(火), 풍(風)은 생물(생명체)에게 필요한 요소이다. 물은 모든 생물에게 필수적인 것이다. 물이 없으면 생물은 존재할 수 없다. 현대에도 막대한 자금을 쏟아 부어 로켓을 만들어서 달이나 행성을 탐험할 때 가장 먼저 살피는 것이 물의 존재 여부이다. 액체 상태로 존재하는 물이 있어야 생명체의 흔적을 찾을 수 있기 때문이다. 그 다음으로 중요한 것은 에너지이며, 이 에너지가 화(火)이다. 에너지를 공급받지 못하면 생명은 살아갈 수 없다. 비록 물질(土), 물(水), 에너지(火)가 갖추어져 있더라도 이들이 조화를 이루어야 생명이 탄생할 수 있는데 그 조화를 이루는 것이 바람(風) 또는 기(氣)인 것이다.

※ 녹도문 천부경에서는 우리말 넷이 기(氣)라고 분명히 적고 있다. 삼일신고(三一神誥)를 비롯하여 현재까지 전해지는 고문서들도 천부경의 뜻을 완벽하게 이해하지 못하고 있는 것은 사실이다. 누군가 주해를 달고, 또 그 주해에 해석을 붙이면서 내용이 달라지기도 하고 그 시대에 맞도록 수정되기도 했을 것이다. 그러나 구전으로 전해진 이야기라 하더라도 그 대강의 줄거리는 남아있기 마련이다. 일일이 그러한 내용을 인용하는 것만으로도 몇 권의 책이 될 것이다. 《삼일신고》, 《태백일사》, 《삼성기전》, 《한단고기》, 《부도지》 등에 남아있는 기록들을 종합해 보면 넷이란 위에 열거한 토수화풍(土水火風)으로 집약된다.
《부도지》 제3장의 앞 구절을 옮겨 적는다.
후천의 운이 열렸다. 율려가 다시 부활하여 곧 향상(響象)을 이루니, 성(聲)과 음(音)이 섞인 것이었다. 마고가 실달대성을 끌어당겨 천수(天水)의 지역에 떨어뜨리니 실달대성의 기운이 상승하여 수운(水雲)의 위를 덮고, 실달의 몸체가 평평하게 열려 물 가운데에 땅이 생겼다. 땅과 바다가 나란히 늘어서고 산천이 넓게 뻗었다. 이에 천수의 지역이 변하여 육지가 되고, 또 여러 차례 변하여 수역

(曆數)가 시작되었다. 그러므로 기(氣), 화(火), 수(水), 토(土)가 서로 섞여 빛이 낮과 밤, 그리고 사계절을 구분하고 풀과 짐승을 살지게 길러내니, 모든 땅에 일이 많아졌다.

그 원문은 아래와 같다.

後天運開(후천음개)에 律呂再復(율려재복)하야 乃成響象(내성향상)하니 聲與音錯(성여음착)이라 麻姑(마고)이 引實達大城(인실달대성)하야 降於天水之域(강어천수지역)하니 大城之氣(대성지기)이 上昇(상승)하야 布幕於水雲之上(포막어수운지상)하고 實達之体(실달지체)이 平開(평개)하야 闢地於凝水之中(벽지어응수지중)하니 陸海(육해) 列(렬)하고 山川(산천)이 廣圻(광기)이라. 於是(어시)에 水域(수역)이 變成地界而雙重(변성지계이쌍중)하여 替動上下而幹旋(체동상하이알선)하니 曆數始焉(역수시언)이라. 以故(이고)로 氣火水土(기화수토)이 相得混和(상득혼화)하여 光分晝夜四時(광분주야사시)하고 潤生草木禽獸(윤생초목금수)하니 全地多事(전지다사)라.

《부도지》에서는 넷을 기화수토(氣火水土) 넷으로 보고 있으며, 이것이 풀과 짐승을 살지게 길러냈다고 이야기하고 있다.

※ 브루스 윌리스와 밀라 요보비치가 출연하는 《제5원소》라는 영화에서도 4원소는 흙(土), 물(水), 불(火), 바람(風)이다.

우리말 넷(四)은 그리스에도 전해져서 약 2천 년 동안 주요 사상으로 자리잡는다.

고대 그리스 철학자들은 물질을 이루는 기본 물질을 찾아 물질의 본질을 설명하려고 했다. 기원전 400년경 엠페도클레스는 모든 물질이 흙(土), 물(水), 불(火), 공기(氣 또는 風)라는 4가지 본질적 원소들의 합성물이며, 사물은 이 기본 원소의 비율에 따라 서로 형태를 바꿀 뿐 어떤 사물도 새로 탄생하거나 소멸하지 않는다고 생각했다. 이 4원소설은 이후 플라톤과 아리스토텔레스에 의해서도 계승되었다. 이 사상은 여러 가지 형태로 변화하여 2천 년 동안 서구 과학 사상의 주류가 되었던 '4원소설'의 기초가 되었다.

천부경과 그리스 철학자들이 언급한 토수화풍(土水火風)은 외견상 동일해 보이지만 그 내용은 전혀 다른 것이다. 천부경에서 말하는 토수화풍(土水火風)은 개념적인 것으로 흙(土)이란 흙의 기운(土氣)과 같은 것인데 비해 그리스 철학자들이 말하는 토수화풍(土水火風)은 물질을 구성하는 기본 요소, 현재 우리들이 말하는 원소(元素) 또는 원자(原子) 개념으로 해석했다는 것이다. 따라서 현대의 우리들 상식으로는 터무니없지만 귀한 금도 값싼 금속에서 4가지 원소의 비율만 바꾸면 만들 수 있다고 믿었던 것이다. 값싼 금속으로 금을 만들려는 연금술은 중세 아랍 및 유럽 화학자들의 주된 관심사항이었으며, 아이러니하게도 이러한 발상 때문에 중세 유럽에서 화학이 발전하는 계기가 되었던 것이다.

▶ 成環五七(성환오칠)

運三四成(운삼사성)을 이해했으면 다음은 環五七(환오칠)인데 여기서도 양 문구에서 중복되는 성(成)을 삽입하여 成環五七(성환오칠)이라고 하는 것이 이해가 쉽다. 成環五七(성환오칠)이란 "다섯(五)과 일곱(七)이 고리를 이룬다"는 것이다. 매우 간단한 문장이지만 해석을 못하는 것은 다섯(五)과 일곱(七)의 뜻을 모르기 때문이다.

우리말 다섯은 '땅에 만물이 생겨나다'라는 뜻이며, 일곱은 '일어나서 굽는다(죽는다)'는 뜻이다. 일곱은 하늘의 섭리인 천이(天二)가 현상으로 나타나는 것으로 만물은 무상(無常)하며, 반드시 소멸하게 되어 있다는 것이다. 成環五七(성환오칠)을 다시 해석하면, '이 땅에는 만물이 생겨 나지만 이들은 소멸하게 되는 고리를 형성한다'는 뜻이다.

사람도 다섯이 뜻하는 만물에 포함이 되므로 사람도 이 땅에 계속 태어나지만 이들은 죽고, 또 다른 사람이 태어나는 고리를 형성한다. 나라(국가)도 생겨났다가 언젠가는 멸망하고 그 땅에 새로운 나라가 건국되는 고리를 형성한다.

▶ 運三四成環五七(운삼사성환오칠)

天一(천일), 地一(지일), 人一(인일) 셋(三)이 움직여서(運) 흙(土), 물(水), 불(火), 바람(風)의 넷(四)이 생성되며(運三四成, 운삼사성), 이 넷(四)이 땅에 만물과 생명(生命)을 태어나게 하지만 이들은 나서(生), 자라고(成), 죽는다(滅). 즉 땅에서는 새로운 생명이 지속적으로 태어나며, 이들 생명은 나서 자라고 죽는 고리를 형성하니 成環五七(성환오칠)인 것이다. 이것은 생명뿐만 아니라 만물에 해당하는 사항으로 별도 나서 자라고 죽는다는 것이다. 그래서 일곱은 만물에 해당되는 진리인데, 이는 天二(천이)에 숨어있는 작용이 나타나서 일어나는 현상이다.

▶ 運三四成環五七(운삼사성환오칠)은 천부경 해석에 있어서 가장 난해한 부분으로 여기에 오면 천부경을 해석하는 대부분의 사람들이 세상에 존재하는 모든 사상과 철학을 총망라하기 시작한다. 음양오행설과 팔괘를 비롯하여 사(四), 오(五), 칠(七)이 들어가는 수많은 이론들이 등장한다.

천부경은 인류 최초의 국가인 환국(桓國)에서 유래하였으며, 배달국(倍達國)을 세운 환웅천황에게 한국의 한인천제께서 천부인 세 개와 함께 물려주신 경전이다. 이 때가 우리의 기록으로는 BC 3898년, 즉 현재로부터 약 6천 년 전의 일이다. 당시에는 오행설이 나타나지도 않았으며, 《부도지》에서는 '오행(五行)의 화(禍)'라 하여 가장 많은 내용을 할애하고 있다. 이는 매우 중요하므로 일부 내용을 보면 "때에 거북이 등에 지고 나왔다는 부문(負文, 거북의 등에 쓰여진 갑골문)과, 명협(蓂莢, 중국 요임금 때 나타났다는 전설상의 풀)이 피고 지는 것을 보고, 신의 계시라 하여, 그것으로 인하여 역(曆)을 만들고, 천부(天符)의 이치를 폐하여 부도(符都)의 역을 버리니, 이는 인세(人世) 두 번째의 큰 변이었다."고 하여 '오미(五味)의 화(禍)'에 이은 두 번째 재앙으로 표현하고 있다. 그런데도 천부경 해설서의 대부분은 오행사상과 연관시키고 있으니 이는 어불성설이다. 또한 팔괘를 창시한 태호 복희씨는 배달국 5세 태우의 환웅의 12번째 아들이자, 6대 다의발 환웅의 막내 동생이라 하였으니 팔괘와도 상관이 없는 것이다.

▶ 成環五七(성환오칠)을 해석하기에 따라서는 '생명이 나서, 자라고, 죽는다'는 것이 불교에서 말하는 윤회사상(輪廻思想)과 일맥상통한 것처럼 보인다. 또한 《삼일신고(三一神誥)》에서 말하는 천부경의 결론인 열(十)도 불교의 윤회 사상이나 해탈과 판박이처럼 닮아 있다. 그러나 천부경에서 의미하는 성환오칠(成環五七)은 '만물은 나서 자라고 죽는다'라는 뜻이며, '생명이 있는 것이 다시 태어나서 자라고 죽는다'고 말하는 것은 아니다. 그러나 석가(부처)는 인간이 살아가는 동안 겪는 생로병사(生老病死)를 네 가지 고통(四苦)으로 보았으

며, 사람은 윤회를 통해 영원히 이 고통에서 벗어나지 못할 것으로 보았다. 이에 대한 해답으로 찾은 것이 一積十鉅無櫃化三(일적십거무궤화삼)이다. 수행을 통해 크게 깨달아 명인(明人), 즉 부처가 되면 이러한 윤회의 고통에서 벗어날 수 있다고 본 것이다. 이것이 불교의 핵심 교리이다.

② 우리말 넷, 다섯, 여섯, 일곱, 여덟, 아홉의 뜻

▶ 넷

'넷'은 네 가지 기운이 생겨난 것이며, 그것이 토(土), 수(水), 화(火), 풍(風)이라고 설명하였다. 이들의 작용과 조화로 인해 세상에 만물이 생겨나는 것이다.

불교의 적취설(積聚說)은 '넷'을 구성하는 토(土 또는 地), 수(水), 화(火), 풍(風) 네 가지 요소가 모여서 우주의 삼라만상을 이루었다고 하는 이론이다. 세계를 이루는 근본 요소에 대해 이 네 가지가 인연에 따라 뭉쳐서 나타나며, 인연이 다하면 본래의 모습인 사대로 돌아간다는 것이 불교의 인연법이다. 불교에서 지(地)는 단단하므로 모든 물질을 의미하고, 수(水)는 습기로서 물질 속의 생명의 기운을 말하고, 화(火)는 열기로서 만물을 숙성시키는 기운이며, 풍(風)은 움직이며 살아 있는 힘을 의미한다. 불교의 이러한 이론 또한 천부경에서 유래한 사상이다.

▶ 다섯

다섯은 땅에 만물이 생겨난 것을 의미한다. 토(土), 수(水), 화(火),

풍(風)의 상호작용과 조화로 인하여 땅에 바다와 육지가 생겨나고, 산과 들, 강과 호수가 만들어지며, 생명이 태어나 풀과 나무가 자라고, 온갖 짐승과 사람이 태어나게 되는 것이다.

과학에서는 지구 생성 초기에는 불 지옥과 다름없이 화산이 터지고 용암이 펄펄 끓어올랐으나 하늘에 응축된 수증기가 비가 되어 쏟아져서 육지와 바다가 생겨나고 이후에 최초의 생명체가 탄생되어 현재의 지구와 같은 모습으로 나타난 것이다.

《삼일신고(三一神誥)》에서는 다섯에 대해 다음과 같이 설명하고 있다.

속 불이 진탕하여 바다가 변하고 육지가 바뀌어 지금의 모습이 되었다. 신(神)이 기(氣)를 불어넣고 바닥을 싸고 햇볕을 쪼이며, 열을 더하여 걷고, 날고, 허물 벗고, 헤엄치게 되었고, 모든 식물이 번성하게 되었다.

▶ 여섯

여섯은 하늘에 있는 모든 것이 생겨난 것을 의미한다. 즉 해와 달과 별이 생겨났다는 것이다.

그러나 여섯에 대해 부언 설명하면 여섯은 단순히 해, 달, 별이 생겨난 것이 아니라 大三合六(대삼합육)하여 생성된 것이므로 현존하는 우주의 실체를 일컫는 말이다.

《삼일신고(三一神誥)》에서는 하늘에 700 세계가 있다고 하였다. 현대 과학으로 풀이하면 은하계에는 수천 억 개의 별이 있으며, 우주에는 수천 억 개의 은하가 있으므로 우리가 생각하는 세계(지구)도 무수히 있을 수 있다. 천부경의 여섯은 이것을 말하고 있는 것이다. 여섯은 창조의 완성이며, 모두를 일컫는 말인 것이다.

※ 성경에서는 왜 일곱째 날이 주일이 되어 쉬는 날인지 생각하게 하는 대목이다.

※ 참고로 《태백일사》〈신시본기〉에는 다음과 같은 내용이 적혀 있다. 환국(桓國)에는 칠회제신력(七回祭神曆. 매일매일 신에게 제사하는 달력)이 있었는데 첫째 날에는 하늘의 신(天神), 둘째 날은 달의 신(月神), 셋째 날에는 물의 신(水神), 넷째 날에는 불의 신(火神), 다섯째 날에는 나무의 신(木神), 여섯째 날에는 쇠의 신(金神), 일곱째 날에는 흙의 신(土神)에게 제사를 하였으니 달력은 여기에서 시작되었다고 말하고 있다. 이때가 거발한 환웅 시대라고 적고 있다. 이것을 현재의 요일로 보고 정리해 보면 일주일은 '천월수화목금토'이다. '천(天)'을 '일(日)'로 대체하고 '수화'를 '화수'로 바꾸면 현재 우리가 사용하는 일주일의 이름인 '일월화수목금토'와 동일해진다.

우리는 한국(桓國) 시대에 이미 달력이 있었으며, 이는 태양력을 기준으로 함을 알 수 있다. 그러나 보다 중요한 것은 거발한 환웅이란 바로 한국(桓國)을 세운 천황이며, '쇠의 신(金神)'이란 말이 나오는 것으로 보아 그 당시에 이미 청동기 시대에 들어서 있었다는 것을 증거하는 사실이란 것이다

▶ 일곱

일곱은 '일어나서 굽는다'는 뜻이다. 즉 일곱이 의미하는 것은 "세상 만물은 태어나서 반드시 없어진다"는 것이다.

천부경에서는 하늘의 기운인 天一(천일)이 일으키는 작용이 天二(천이)이며, 이것이 셋(세 가지)이라고 하였다. 즉 天二三(천이삼)이며, 이는 하늘의 섭리다.

세상 만물은 하늘의 기운(天一)을 받아서 태어난다. 그러나 세상 만물은 하늘의 섭리(天二)에 따라 생성멸(生成滅)하는 것이므로 만물은 '나서 자라고 죽는 것'이다.

세상 만물은 하늘의 기운(天一)을 받아 태어나지만 이들은 나서, 자라고, 소멸한다. 만물은 무상(無常)하여 상주하지 않고 변하며, 언젠가는 반드시 소멸하게 되어 있다. 별도 태어나서 성장하다가 언젠가는 죽음을 맞이하게 된다. 모든 동물도 나서, 자라고, 죽는다. 사람도 태어나서 성장하다가 죽음을 맞게 된다. 이는 사물에만 국한되지 않으며, 국가도 세워져서 성장하다가 언젠가는 멸망하게 된다.

※ 인도의 힌두교는 불교의 바탕을 이루기도 하는데 힌두교에는 다양한 신들이 있다. 그중에서도 삼위일체(三位一體)를 상징하는 트리무르티(trimurti)를 보면 브라흐마(Brahma)는 창조(生成), 비슈누(Viṣṇu)는 유지(成長), 시바(Shiva)는 파괴(消滅)를 담당하니 천부경에서 말하는 일곱(七)의 삼상(三相)을 각각의 신에게 분담하여 맡긴 듯하다.

고대 마야에서도 이 세상은 생겨나서 번성하다가 언젠가는 대멸종을 맞이한 후 새로운 세상이 열린다고 믿고 있었다. 이 또한 우리말 일곱이 전하는 내용이다.

▶ 여덟

여덟은 '열매를 더하다'란 말이다. 이 말은 '생물은 번식한다'는 것을 뜻한다.

천부경에서는 땅의 기운인 地一(지일)이 일으키는 작용이 地二(지이)이며, 이것이 셋(세 가지)이라고 하였다. 즉 地二三(지이삼)이며, 이는 땅의 섭리다.

모든 생물은 하늘의 기운인 天一(천일)과 땅의 기운인 地一(지일)을 받아서 태어난다.

모든 생물은 땅의 섭리(天二)에 따라 '자라고(成長), 성숙(成熟)하여, 번식(繁殖)'하는 것이다. 식물은 자라서 꽃을 피우고 열매를 맺는 것이며, 동물은 자라서 성숙하여 번식한다는 것이다. 이는 생명이 있는 모든 것에 해당하는 진리이다.

※ 우리는 생존 조건이 열악한 바위 틈이나 아스팔트 틈새에서도 자라는 풀을 볼 수 있다. 이들의 생존 목적은 어떻게든 꽃을 피우고 씨앗을 남기는 것이다. 평화로워 보이는 벌판에도 우리 눈에 보이지 않는 생존 경쟁이 치열하다. 식물도 종족 보존을 위해서는 상대에게 해를 끼치기도 한다. 또한, 번식률과 생존 능력을 높이기 위해 지속적으로 진화해 간다. 이것은 모든 생물에게 주어진 숙명이다. 즉 여덟의 작용이다.

동물의 왕국을 보면 한낱 곤충이든 영장류든 상관없이 생의 목적이 생존하여 자손을 남기는 것이다. 곤충도 생존 능력과 번식을 위해 다양한 전략을 구사한다. 이는 어류, 양서류, 파충류, 조류, 포유류 할 것 없이 모든 동물도 삶의 목적이 후손을 남기는 것이다. 이를 위해 다른 동물을 사냥하는 포식자는 포식자 나름대로, 잡아먹히는 피식자도 나름대로의 생존 전략을 구한다. 이들의 생존 목적은 살아남아서 새끼를 낳고, 새끼가 성장하여 독립할 때까지 돌보는 것이다. 이것 역시 모든 생명체에게 주어진 숙명인 여덟의 작용인 것이다.

▶ 아홉

아홉은 수양을 통해 하늘의 기운인 '한(一)'을 받는 것이다.

천부경에서는 사람의 기운인 人一(인일)이 일으키는 작용이 人二(인이)이며, 이것이 셋(세 가지)이라고 하였다. 즉 人二三(인이삼)이며, 이는 사람의 섭리다.

사람은 하늘의 기운인 天一(천일), 땅의 기운인 地一(지일), 사람의 기운인 人一(인일)을 모두 받아서 태어난다.

사람은 사람의 섭리(人二)에 따라 배우고 수양하여 깨달음을 얻어야 한다는 것이다. 이는 사람에게만 해당하는 섭리로 사람은 天一(천일), 地一(지일), 人一(인일)의 기운을 모두 받아서 태어나므로 이들 기운을 온전하게 조화시켜 밝은 사람(明人)이 되도록 노력하여야 한다는 것이다.

물론, 사람도 天二(천이)의 작용으로 나서 죽으며, 地二(지이)의 작용으로 후손을 남기지만, 죽기 전에 人二(인이)의 작용으로 학습하고 수양하여 자기완성(自己完成)을 이루도록 노력해야 한다는 것이다. 많은 고전에서도 "사람은 태어나서, 자라고, 배우고, 늙어서 죽는다." 라고 하여 생로병사(生老病死)에 배움, 또는 학습을 추가하고 있음을 볼 때 그것이 사람의 본성이라고 할 수 있다.

> ※ 아홉은 人二(인이)의 현상(現像)으로 사람에게만 해당하는 것이다. 《삼일신고(三一神誥)》에서는 사람은 天一(천일), 地一(지일), 人一(인일) 세 가지(삼진. 三眞)를 모두 받았으니 이를 성명정(性命精)이라 하며, 사람은 이를 갈고 닦아서 밝은 사람(明人)이 되도록 수양해야 한다고 설명하고 있으나 이도 천부경이 종교화되면서 나타난 것으로, 천부경에서 전하고자 하는 내용과는 달라져 있다.

5) 우주('한')의 본성(本性)과 결실(結實) ●●○

① 一妙衍萬往萬來(일묘연만왕왕래) 用變不動本(용변부동본)

▶ 一妙衍萬往萬來(일묘연만왕왕래)

여기에서 사용한 일(一)은 一始無始一(일시무시일)에 나오는 '한(一)'이다. '한(一)'에서 天一(천일), 地一(지일), 人一(인일)이 나오며, 이들이 모여서 움직이니 네 가지 기운이 생겨나서 땅과 하늘에 만물이 생성되어 현재의 우주가 되었다고 하였다.

문자대로 해석하면 '한(一)은 (그 작용이) 묘연(妙衍)해서 만물이 생기기도 하고 없어지기도 한다'는 뜻이다. 앞의 일곱에서 설명했듯이 만물은 생겨나서 소멸되므로 이를 만물이 오고 간다는 의미에서 萬往萬來(만왕만래)라고 적고 있다. 어떤 이는 '하나가 만 번 오고 간다'라고 하는데 이는 틀린 해석이다. 묘연(妙衍)이란 묘하게 널리 퍼지거나 흘러가는 것으로 한(一)의 작용을 나타내는 말이다. 즉 '한(一)'은 만물에 작용하여 만물이 오고 가게 한다는 뜻이다. 우리말로 묘연하다는 것은 '그윽하고 멀다' 또는 '아득하고 멀다'는 의미에서 묘연(渺然), 또는 묘연(杳然)을 사용한다. 간혹 묘하게 간다는 뜻으로 묘행(妙行)이라고 적고 있는 것도 있다.

▶ 用變不動本(용변부동본)

여기서 用(용)은 天二三(천이삼), 地二三(지이삼), 人二三(인이삼)의 二(이)를 가리키는 것이다. 이들의 작용으로 세상의 모든 현상들이 나타나는데 이 모두는 태초의 한(一)에서 시작된 것으로 그 쓰임새(用)가 어떻게 변하더라도 한(一)의 근본은 움직이지 않는다는 뜻이다. 쓰임새라고 하는 것은 바위나 돌과 같은 물질을 만드는 것, 풀과 나무같이 만물이 나타내는 모양, 또는 형태를 나타내는 것, 구름과 같이 생겼다가 사라지거나 식물의 싹이 터서 자라고 꽃이 피고 열매를 맺고 시들어 가는 모든 현상을 포함한 개념이다.

▶ 一妙衍萬往萬來(일묘연만왕왕래) 用變不動本(용변부동본)

한(一)은 그 작용(用)이 오묘해서 만물이 오고 가며, 그 쓰임새가 어떻게 변하더라도 근본은 움직이지 않는다.

② 本心本太陽(본심본태양) 昻明人中天地一(앙명인중천지일)

▶ 本心本太陽(본심본태양)

근본 마음은 원래 크게 밝다는 뜻이다. 태양(太陽)은 해를 뜻하는 것이 아니라 '크게 밝다'는 의미이다. 쉬운 문장이지만 주어가 한(一)인지 사람인지가 문제다. 문맥상으로는 人一(인일)이며, '사람의 근본 마음(심지)은 원래 크게 밝은 것이다'라는 뜻이다. 쉽게 사람의 본성은 밝은 것이라는 의미이다. 한(一)으로 볼 수도 있지만 뒤에 오는 문장과 연결이 안 된다. 그리고 통상 마음이라고 하면 사람을 떠올리지 우주를 떠올리지는 않을 것이다. '한(一)의 근본 마음은 태양(해)이다'라고 하는 것도 말이 안 된다. 한(一)이 태양을 의미하지 않는다는 것은 이때까지의 설명으로 충분할 것이다. 태양도 여섯에 포함된 아주 작은 티끌 같은 존재이기 때문이다.

▶ 昻明人(앙명인)

앞에서도 여러 번 명인(明人)이라는 표현을 사용해 왔다. 이 문장은 昻明人(앙명인)으로 끊어서 밝은 사람(明人)을 우러러보라는 것이다.

단순히 사람이 가장 귀한 존재이니 모든 사람을 우러러봐야 한다는 것이 아니다. 앞에서 설명했듯이 一積十鉅無櫃化三(일적십거무궤화삼)한 사람이 명인(明人)이니 이러한 사람을 우러러야 한다는 것이다. 그래야 천부경 전체에 흐르고 있는 사상과 맞으며, 바로 앞의 문

장과도 연결이 되는 것이다. 경천애인(敬天愛人)이라 하여 하늘을 공
경하고 사람을 사랑해야 하지만 공경하거나 우러러본다는 것과는 의
미가 다른 것이다.

※ 올림픽 시즌만 되면 "건강한 육체에 건강한 정신이"라고 하여
건강한 신체가 건강한 정신이 깃드는 요인인 양 떠들고 있다. 일부
는 수긍이 가지만 주객이 전도된 말이다. 신체는 건장한데 사람을
협박하여 금품이나 갈취한다면 양아치나 건달과 다름없다. 이런 사
람한테 쓰는 말이 "건강한 육체에 건강한 정신이(깃들어야 한다)"이
다. 허우대가 아무리 멀쩡해도 올바른 정신이 깃들어야 온전한 사
람이 된다는 것으로 정신이 육체보다 중요하다는 것이다. 그래야
논리적으로 맞는 말이다. 신체는 비록 장애가 있더라도 올곧은 정
신으로 사회의 귀감이 되는 사람들도 무수히 많다.

마찬가지로 사람이라는 이유만으로 우러러보고, 존경한다는 것은
논리에 맞지 않는다. 한인(桓因) 천제(天帝)도 환한 사람, 밝은 사람
인 것이며, 밝달(밝은 땅)에서 배달이라는 말이 나왔음은 익히 알고
들 있는 사실이다. 한민족이나 배달민족이나 같은 말인 것이다. 한
인천제나 환웅천황처럼 환하고 밝은 사람이 천부경에서 말하는 명
인(明人)이며, 이러한 사람을 우러러야 한다는 것이다. 덧붙이면 우리
말 아홉은 이러한 사람이 되기 위해서 '심신을 수양하고 마음을 다
스려라'라는 뜻이다.

▶ 明人中天地一(명인중천지일)

밝은 사람(明人)은 天一(천일), 地一(지일)의 기운을 온전하게 다스려 속(中)에 한(一, 하늘)의 기운을 쌓은 사람이라는 뜻이다. 人一(인일)을 언급하지 않은 것은 사람이라면 당연히 받는 것이므로 생략한 것이다. 사람이 人一(인일)의 기운을 받지 않으면 다른 동물과 다를 바가 없다. 이는 일곱, 여덟, 아홉에서 설명하였다.

▶ 昻明人中天地一(앙명인중천지일)

밝은 사람(明人)은 타고난 천지인(天地人)의 기운을 온전하게 수양한 사람이니 우러러보고 공경하여야 한다.

③ 一終無終一(일종무종일)

한(一)은 끝남이 없이 존재하는 한(一)이다.

사족을 붙이면 '한(一)의 끝남에 대해 말하자면 한(一)은 끝남이 없이 존재하는 한(一)이다'라는 말이다.

6) 천부경 전문 해설 요약 ●●○

① 一始無始一 析三極 無盡本(일시무시일 석삼극 무진본)

한(一)은 시작됨이 없이 원래 존재하는 한(一)인데 이를 삼극으로 나누어도 그 본(本)은 다함이 없다.

② 天一一 地一二 人一三(천일일 지일이 인일삼)

天一(천일)이 하나(一), 地一(지일)이 둘(二), 人一(인일)이 셋(三)이다. 하나, 둘, 셋은 우리가 사용하는 숫자이다.

여기서 天一, 地一, 人一의 一(일)은 극(極)을 의미한다. 앞에서 삼극(三極)으로 나눈다고 하였으므로 天一(천일)의 一(일)이 뜻하는 것은 극(極)이다.

▶ 우리말 하나, 둘, 셋의 뜻

하나는 시작을 의미하며, 하늘의 속성으로 그 성질은 '낳는 것(生)'이다.

둘은 둘러싸는 것을 의미하며, 땅의 속성으로 그 성질은 '기르는 것(育)'이다.

셋은 사람이 세운 것을 의미하며, 사람의 속성으로 그 성질은 '다스리는 것(世)'이다.

③ 一積十鉅 無櫃化三(일적십거 무궤화삼)

하늘의 근본 기운인 한(一)을 쌓고 쌓아 크게 열면(깨우치면) 걸릴 것이 없는 밝은 사람(三, 즉 人一)이 된다. 여기의 삼(三)은 인일(人一)을 가리키며, 이는 명인(明人, 밝은 사람)을 의미한다.

> ※ 우리말 '열'은 크게 깨우쳐서 여는 것을 의미하며, 이렇게 깨달은 사람이 밝은 사람(明人), 참사람(진인, 眞人), 완성된 사람인 것이다.

④ 天二三 地二三 人二三(천이삼 지이삼 인이삼)

天二(천이)가 셋(三)이요, 地二(지이)가 셋(三)이요, 人二(인이)가 셋(三)이다.

여기서 二(이)는 그 쓰임새(용-[用]), 또는 작용(作用)을 의미하는데 이치(理致) 또는 섭리(攝理)로 해석하여도 전체적인 뜻은 통하며, 셋(三)은 우리말의 숫자 셋이다.

⑤ 大三合六 生七八九(대삼합육 생칠팔구)

큰 셋을 합하니 여섯(六)이며, 여기에서 일곱(七), 여덟(八), 아홉(九)이 나온다.

큰 셋인 天一(천일)이 하나(一), 地一(지일)이 둘(二), 人一(인일)이 셋(三)이므로 이 셋을 합하면 여섯이 된다. 큰 셋(大三)이 합쳐지면, 삼극(三極)이 움직여 天二(천이), 地二(지이), 人二(인이)가 현상(現像)으로 나타나게 되는데 이것이 일곱(七), 여덟(八), 아홉(九)이다.

일곱은 나서(生) 자라고(成) 소멸(滅)하는 것이다.

여덟은 자라고(成長) 성숙(成熟)하여 번식(繁殖)하는 것이다.

아홉은 배우고, 수양하여, 하늘의 기운을 쌓는 것이다. 삼진(三眞)인 성명정(性命精)을 닦아서 수양하는 것이다. 쉽게 표현하면 심신을 수양하여 마음을 다스리는 것이다.

⑥ 運三四成環五七(운삼사성환오칠)

큰 셋(大三)이 합쳐서 형성된 여섯(六) 속에 들어있는 天一(천일), 地一(지일), 人一(인일)의 셋(三)이 움직여(運), 흙(土), 물(水), 불(火), 바람(風)의 넷(四)을 생성하며(運三四成, 운삼사성), 이 넷(四)이 땅에 만물

(萬物, 생물(생명)을 포함)을 생겨나게 하지만 이들은 나서(生), 자라고 (成), 죽는다(滅). 즉 땅에서는 새로운 생명이 지속적으로 태어나며, 이 들 생명은 나서 자라고 죽는 고리를 형성한다.(成環五七, 성환오칠)

⑦ 一妙衍萬往萬來(일묘연만왕왕래) 用變不動本 (용변부동본)

한(一)은 쓰임새가 오묘해서 만물이 오고 가며, 그 쓰임새가 어떻 게 변하더라도 그 본(本)은 움직이지 않는다. 세상에 나타나는 만물 과 현상은 한(一)의 작용이며, 한(一)의 근본은 불변(不變)이다.

⑧ 本心本太陽(본심본태양)

사람의 근본 마음(심지)은 원래 크게 밝은 것이다.

⑨ 昻明人中天地一(앙명인중천지일)

밝은 사람(明人)은 타고난 천지인(天地人)의 기운을 온전하게 수양 하여 하늘의 기운을 쌓은 사람이니 우러러보고 공경하여야 한다. 천 지인(天地人)의 기운이란 天一(천일), 地一(지일), 人一(인일)의 기운을 말한다.

⑩ 一終無終一(일종무종일)

한(一)은 끝남이 없이 존재하는 한(一)이다.

제 4 장

녹도문(鹿圖文) 천부경

4. 녹도문(鹿圖文) 천부경

천부경(天符經)은 한민족 최고(最古)의 나라로 알려진 환국(桓國)에서 비롯되어 구전되어 오던 중 환웅(桓雄)의 명을 따라 신지(新誌) 혁덕(赫德)에 의해 최초로 녹도문(鹿圖文)으로 기록되었다고 한다. 그때가 BC 3890년이니 지금으로부터 약 6천 년 전이다.

《(신)영변지(1948년 판)》에 소개된 신지필적이 천부경 원본이므로 이를 가지고 설명한다.

녹도문 천부경

설명에 앞서 우리는 몇 가지 전제 조건을 짚고 넘어가야 한다.

앞서 천부경의 실체에서 환국(桓國)이 동북아시아 문화의 중심인 실질적인 중국(中國)이며, 그 문화가 현재의 중국(지나)으로 전해졌다고 하였다. 그렇기 때문에 우리 글에 있는 글자가 중국(지나)에는 없을 수도 있지만 어떤 형태로든 그 흔적은 남아있다고 보아야 한다. 《농은유집》에 전하는 천부경이 이를 대변하고 있다.

보다 중요한 것은 녹도문(鹿圖文)은 표음문자가 아니라 한자와 같은 표의문자라는 것이다. 소리를 표현한 것이 아니라 한자와 같이 뜻을 나타냈다는 말이다. 그 한 자 한 자가 소리를 표현했다면 'ㅅ'에 해당하는 기호가 중복되어야 하는데 그런 것을 찾아볼 수 없다.

마지막으로 녹도문(鹿圖文)이 정말 사슴 발자국을 보고 만든 것인지는 몰라도 천부경에 나오는 문자가 우리들이 그림책에서나 보는 진짜 그림 같은 문자와는 전혀 다른 형태를 취하고 있다는 것이다. 은허시대의 원시 갑골문에서는 그 그림을 보면 무엇을 나타낸 것인지 알 수 있는 문자들이 다수인데 비해서 녹도문(鹿圖文)은 그렇게 녹녹하지 않다는 것이다. 그것은 원시 그림 문자를 탈피해서 상당히 진화되고 정제되어 있다는 것이다. 직설적으로 말하면 문자로 정립되어 있었다는 것이다.

이러한 전제하에서 녹도문(鹿圖文)으로 작성된 천부경을 보아야 참뜻을 알 수 있다.

녹도문 천부경은 우리말 하나, 둘, 셋, 넷, 다섯, 여섯, 일곱, 여덟, 아홉, 열 16자를 기록한 것이다. 한자 천부경의 내용을 이해하고 있어야 녹도문으로 쓰여진 천부경을 보다 쉽게 이해할 수 있다. 이제부터 한 자씩 살펴보기로 한다.

1) 녹도문 천부경 16자의 의미 ●●○

① 하나

'하' 자라고 하지만 원래는 '한'이었을 것으로 추정
된다. 즉 '하나'의 원래 이름은 '한나'였을 수도 있다.
이는 땅에서 씨앗이 발아하여 싹이 트는 모양을 형
상화한 것이다. 보기에 따라서는 한 손으로 무엇인가를 받치고 있
는 형상이다. 그런데 일반적으로 식물은 외떡잎식물과 쌍떡잎식물
로 분류하지만 떡잎이 세 개인 식물은 없다. 이는 '한'이라는 글자가
우주(현 세상)의 씨앗(시작)을 의미하는 것이기 때문이다. 즉 '한'이라
는 우주의 씨앗에는 천(天一), 지(地一), 인(人一)의 세 가지 기운이
내포되어 있음을 나타내는 것이다. 한자로 쓰여진 일석삼극(一析三
極, '한'을 삼극으로 나누는 것으로 그 삼극은 천일, 지일, 인일이다.)을 의미
하는 것이다.

보다 구체적으로 살펴본다.

녹도문 '하(한)' 자도 현재의 한자에 흔적이 남아 있는데, 그것이
'싹 날 철(屮)'이다. 한자의 부수로 사용되지만 넓은 땅 위에서 초목의
싹이 움터 나오는 모양을 본뜬 것이다. 현재는 '왼손 좌(屮)'의 의미만
남았다. 녹도문 '하' 자는 현재 우리가 사용하는 한자에서는 거의 대

부분 손(手)을 의미한다. 녹도문이 생겨날 당시만 해도 그렇지는 않았을 것이다. 이 글자를 보여주면서 '땅에서 싹이 나오는 모습이다'라고 하면 대부분의 사람이 수긍하겠지만 이게 손을 의미한다고 하면 의아해하는 사람이 더 많을 것이다. 관념적으로 손가락은 다섯 개라는 인식이 강하기 때문이다. 그런데 우리 선조들은 3의 민족이라 '셋(삼)'을 너무나도 좋아해서 손(手)에도 손가락을 세 개만 그려 넣었다. '싹 날 철(屮)'의 변천 과정을 보여주는 그림을 아래에 나타내었다. 처음에 나오는 글자가 녹도문 '하'와 유사한 모양을 하고 있다.

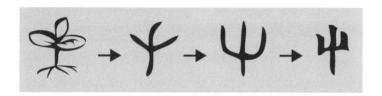

싹이 튼다는 것은 시작을 의미한다. 따라서, 녹도문 '하'는 시작을 나타내는 글자이다.

현재는 '싹 날 철(屮)'과 '왼손 좌(屮)'가 같은 글자로 취급되고 있으므로 '왼손 좌(屮)'의 전자체(왼쪽 두 자)와 금문(오른쪽)의 형태를 아래에 나타내었다.

ψ	ψ	Y
S00277	L26989	B00684

해당 숫자는 서체 번호 (http://qiyuan.chaziwang.com/etymology-105.html)

이와 유사한 한자를 또 찾아보면 '있을 유(有)' 자가 있다. 아래 그림에서 왼쪽은 전자체(篆字體)이며, 오른쪽은 갑골문(甲骨文)이다. 유(有) 자의 전자체(篆字體)가 녹도문 '하'와 매우 닮았다.

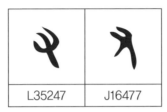

해당 숫자는 서체 번호 (http://qiyuan.chaziwang.com/etymology-105.html)

따라서 녹도문 '하(한)'라는 글자는 '시작'과 '있다'를 동시에 의미하는 글자라고 볼 수 있다.

천부경의 첫 구절인 一始無始一(일시무시일)을 한 자로 표현하는 데 있어서 이것보다 더 명쾌한 글자는 없을 것이다. 일시무시일(一始無始一)이란 '한의 시작은 시작됨이 없이 원래부터 있는 것이다'라는 뜻이다.

'나' 자는 누가 보아도 논에 모를 심거나 땅에서 싹이 세 개 올라온 모양이다. '나'는 낳는 것, 창조하는 것을 의미한다. 한자 '날 생(生)'의 어원이다. 글자의 모양은 하늘에서 내려온 세 개가 하나로 합쳐지는 모양이니 '셋이 모여 하나'가 되는 회삼귀일(會三歸一)을 의미하기도 한다. 즉 앞의 '하(한)'와 연결해 보면, '한'에는 천지인이라는 세 개의 씨앗이 들어 있으니 집일함삼(執一含三, 하나를 잡으면 셋이 포함됨)이요, '나'는 회삼귀일

(會三歸一, 셋이 모이면 하나로 돌아감)이라는 것이다. 여기서 회삼귀일
은 천(天一), 지(地一), 인(人一)의 세 가지 기운이 모이면 외관상 하나
가 되지만 이것은 천지인이 내포된 삼태극(三太極)이 형성된다는 것
이다. 집일함삼(執一含三)과 회삼귀일(會三歸一)은 천부경에서 비롯된
말이다.

'나' 자에 대해 보다 구체적으로 살펴본다.

'하(한)'는 천지인의 기운이 내포된 우주의 씨앗이며, 하나는 그중
에 포함된 천(天一)을 상징하기도 한다. 천(天一)은 하늘의 속성으로
낳은 것, 창조하는 것이다. 그렇다면 녹도문 '나'의 형태도 풀이 솟아
나는 모양이니 분명히 낳는 것과 연관된 글자일 것이다. 갑골문이나
금문에도 동일한 글자는 없지만 비슷한 형태는 남아있다. 그것이 '낳
다'를 의미하는 '날 생(生)'이다.

아래는 '날 생(生)' 자의 갑골문(甲骨文)으로 오른쪽의 두 글자가 녹
도문 '나'와 닮았다.

J15323	J15324	J15325	J15326	J15327	J15328	J15329

해당 숫자는 서체 번호 (http://qiyuan.chaziwang.com/etymology-105.html)

글자(그림)의 의미상으로도 땅에서 싹이 트는 것을 나타낸다. 글

이라는 게 어떤 사람에게는 올라가라는 의미인데 누군가에게는 내려가라는 의미로 해석된다면 그건 글이 아닐 것이다. 보통 사람들이 보았을 때 서로 공감할 수 있어야 문자로서 의미를 갖는다 할 것이다.

보는 사람의 관점에 따라서 다르기는 하겠지만 녹도문 '나'에서도 우리 문화와 지나(중국) 문화의 차이를 느낄 수 있다. 개인적인 편견인지는 모르겠지만 녹도문 '나'를 보면서 바로 연상된 것이 논에 모를 심은 것이었다. '날 생(生)' 자의 갑골문 형태는 일반 초목이 땅에서 싹이 나와 가지를 친 모습이다. 문자의 형태상으로 볼 때 환국(桓國)의 농경 문화가 훨씬 발달했으며, 이로 미루어 볼 때 문자뿐만 아니라 다른 문화도 상당한 격차가 있었을 것으로 생각된다.

※ 녹도문 '나'와 '날 생(生)'이 동일한 농경 문화를 의미한다고 해도 글자의 어원으로 볼 때는 상당한 차이가 있다. 녹도문 '나'가 모를 심은 것이라면 우리 역사서에 나오듯이 물을 다스리는 능력, 치수(治水) 또는 관개(灌漑. 논에 물을 댐) 능력이 매우 발전되어 있었다는 것을 의미하기 때문이다. 반면에 한자(漢子)인 '날 생(生)'은 그냥 씨를 뿌려서 키웠다는 의미가 강하기 때문이다. 녹도문 천부경을 해석하면서 확신할 수 있었던 것은 우리의 녹도문이 갑골문이나 금문의 뿌리 글이며. 우리의 문화가 지나(중국)로 전해졌다는 것이다. 뿌리 글이라고 하면 더 원시적이어야 하는데 녹도문이 오히려 보다 진화된 형태를 보이고 있다는 것도 특이하다.

 이렇게 추정할 수 있는 근거로는 청원군 옥산면 소로리 일대에서 1997년 실시한 대대적인 발굴 조사 결과를 들 수 있다. 여기에서는 구석기 유적이 광범위하게 펼쳐져 있었으며, 지하 1.3m의 토탄층에서는 20여 알의 볍씨가 출토되었는데, 이 볍씨의 탄소 연대 측정 결과가 1만 3천~1만 7천 년 전의 것으로 밝혀졌다는 것이다. 이는 세계 최고(最古)의 볍씨로 기록된다. 중국 양자강 유역의 하모도(河姆渡) 유적 볍씨는 7천 년 전이고 회하(淮河)의 볍씨는 8천5백 년 정도밖에 안 된다. 이 볍씨가 재배 벼인지, 야생 벼인지는 확실히 밝혀지지는 않았으나 이중 일부는 재배 벼의 흔적이 있으며, DNA 분석 결과 현재의 재배 벼와 약 40% 정도 유사성이 있는 것으로 드러났다. 환웅 시대는 지금으로부터 약 6천 전이며, 그 이전의 한인 시대는 지금으로부터 무려 1만 년 전의 일이다. 그러니까 우리 조상들은 그 이전부터 벼를 재배해 왔다는 것이다.

다음은 녹도문 '하나'를 읽는 방법이다. 우리말이 중국(지나)으로 전해졌으므로 대개는 우리의 발음이 그대로 전해졌겠지만 모두가 그렇지는 않을 것이다. 글자의 의미가 변해가듯이 발음도 변했으리라고 생각하는 것은 당연하다. 앞에서 설명한 한자어대로 '하나'를 '철생'으로 읽지는 않았을 것이다. 이두식 발음으로 보면 '한낱'이며, 이것이 '한나', '하나'로 변한 것으로 추정된다. 녹도문 '하'는 시작을 뜻

하며, 우리말에서 '하나부터 열까지'라고 하면 '처음(시작)부터 끝까지'라는 뜻이다. 우리는 하나를 숫자 '하나'라는 뜻으로 사용하지만 이는 시작을 상징하는 말이기도 하다. 우리말 숫자 하나도 숫자의 시작이다.

녹도문 '한'은 우주(현 세계)의 씨앗이며, 나는 '낳다'를 의미한다. '한'에는 천지인이라는 세 개의 씨앗이 들어 있으며, 그중에서 하나는 좁은 의미로 천(天一)을 의미하는데 이는 하늘의 속성으로 '낳는 것'을 의미한다. 즉 천지만물이 생성, 창조되는 것이란 뜻이다. 한자 천부경 해석에서도 "하나는 시작도 끝도 없이 존재하는 우주의 본질이며, 삼극(三極)으로 나누었을 때 천일(天一)을 의미하는 것으로 그 본성은 낳는 것이다."라고 하였다.

녹도문 '하나'는 '시작'과 '있다'라는 의미의 '하(한)' 자와 '낳다'라는 의미의 '나' 자가 합쳐진 것이다. 형태상으로는 집일함삼(執一含三)과 회삼귀일(會三歸一)을 의미한다. 천부경에서 말하는 '하나'의 의미를 두 글자로 압축하여 표현한 것이라고 할 수 있다.

왼쪽 그림은 한말 시대의 서예 대가 김규진이 지은 《서법진결》에 수록된 녹도문자 11자이다. 여기서는 천부경에 나오지 않는 글자도 몇 보이는데 글자의 형태도 보다 세련되어 보인다. 천부경이 나온 이후보다 진화해 온 형태의 문자로 보인다.

여기서는 녹도문 '나'라는 글자가 아래와 같이 쓰여 있다. 이것은 순수한 우리글이다.

전체적인 내용은 알 수 없지만, "○, 많이 낳고, 기르고, 받들고, ○, 모두 번영하고, 모든 것이 시작되고, ○" 등의 단어로 볼 때 축원문의 일종으로 생각된다.

② 둘

'둘'은 둘러싸는 것을 형상화한 글자이다. 즉 둘러싸서 기르는 것을 의미한다. 둘은 '한'에 내포된 천지인 중에서 지일(地一)을 의미한다. 원래 땅(대지)은 모든 것을 품어서 키운다. 천부경에서 하나(천일, 天一)는 낳은 것이며, 둘(지일, 地一)은 키워서(자라서) 번식하는 것이다.

'둘'이라는 글자는 한자에 없지만 현재의 한자 속에 그 흔적은 남아 있다. 녹도문 '둘' 자와 동일한 형태의 한자는 없지만 모양으로 보아 가장 가까운 것이 '질그릇 거(㇋)', '이에 내(乃)', 활을 뜻하는 궁(弓) 자 정도이다. 녹도문 '둘'은 'ㄱ' 두 개를 연결한 '㇋'인데 한국이나 중국에서도 없어진 글자다. 이 중에서 녹도문 '둘'은 '거(㇋)'와 내(乃) 자의 어원이다. '거(㇋)' 자의 뜻인 질그릇이란 것도 무언가를 담는 용도이며, 그것은 무언가를 '둘러싸다', '두르다'는 의미이다. 한자 내(乃) 자를 보면 '㇋' 안에 '丿'을 품고 있는 글자이다. '丿'을 사람으로 보면 내(乃) 자는 사람을 품어서 기르는 것을 의미하기 때문이다. 지금은 없어진 글자이지만 'ㅋ' 자의 형태도 분명히 무언가를 둘러싸거나 품는 뜻이 있는 글자라고 생각된다. 달리 해석해 보면 내가 품어서 길러 낸 것이 너(乃)라는 의미에서 '내(乃)' 자가 '너'를 의미한다고 볼 수도 있다.

그러면 현재 남아있는 내(乃) 자도 기본적으로는 무언가를 감싸거나 기른다는 의미가 남아 있을 것이다. 물론 현재는 '곧', '너(you)' 등을 뜻하며, 노를 저으며 내는 소리 '애(乃)'라고도 한다. 이는 본래의 의미가 퇴색하거나 사라져서 나타나는 현상이다. 이와 연관시켜 보면 '아이 밸 잉(孕)' 자는 분명히 '기르다'라는 의미가 확연히 드러나는 글자이다. 잉(孕) 자는 엄마의 자궁 속에 들어 있는 아기를 나타내고 있지만 이는 우리 글인 '둘(ㅋ)'에서 파생된 것이다.

아래는 '아이 밸 잉(孕)' 자의 전자체(篆字體)이다.

弓	孕	孕
L37177	L24449	L24450

해당 숫자는 서체 번호 (http://qiyuan.chaziwang.com/etymology-105.html)

이러한 의미에서 녹도문 '둘'은 한자의 '질그릇 거(ㅋ)'에서 보듯이 질그릇을 뜻하기도 한다. 당시의 그릇이란 흙을 빚어서 구워낸 토기(土器)가 기본으로 이는 흙, 즉 땅(地)을 상징하는 것이다. 또한 그릇의 기본적인 기능은 밥이나 국을 담는 용기이며, 사람은 이를 먹고 자라니 '기르다'의 의미도 포함되어 있다. 이를 뒷받침하는 글자가 '찰 영(盈)'이며, 뜻은 '차다', '가득차서 넘치다'라는 뜻이다. 이는 그릇이 넘치는 것으로 녹도문 '둘'이 그릇을 의미하는 것을 상징적으로 보여준다. '찰 영(盈)'의 아래에 있는 '기명 또는 그릇 명(皿)'은 그릇이나 그릇의 덮개를 의미한다. 녹도문 '둘'이 그릇을 의미한다고 보면 '그릇 명(皿)'은 손잡이가 달린 뚜껑을 상징하는 것이다. 물론 우리의 전통적인 가마솥 뚜껑처럼 뒤집어서 그릇처럼 사용했을 가능성도 있지만 이는 의미가 약하다. '찰 영(盈)'은 그릇이 가득 차서 뚜껑이 아래로 떨어진 것을 의미한다고 보아야 한다.

녹도문 '둘'이라는 글자는 '둘러싸다', '두르다'라는 것을 형상화한 것이다. 천부경에서는 지일(地一)을 뜻하며, 그 본성은 '기르다'를 뜻한다.

③ 셋

'셋'은 '세우다'라는 것을 형상화한 글자이다. 한자 '세상 세(世)'의 어원이다. '셋'이라는 글자는 다음에 나올 여섯의 '여' 자와 닮은 꼴이지만 '여' 자가 둥글둥글한데 비해 '셋'은 각이 서 있다. 녹도문 '셋'이라는 글자도 세 개의 선으로 이루어져 있다. '사람 인(人)' 자의 갑골문(甲骨文)이나 금문(金文)을 찾아보면 비슷하게 생긴 글자는 있지만 견(〈) 자 왼쪽에 붙어 있는 팔의 방향이 모두 아래쪽을 향하고 있으며, 녹도문 '셋'처럼 위를 향한 것은 없다. 그래서 이것은 우리말로 '사람이 세운 것'을 의미한다.

천부경에 나오는 녹도문 '셋'이란 글자는 순수한 우리 글로 금문이나 갑골문에도 없다. 녹도문 '셋'이 '사람이 세운 것'을 뜻한다면 그것은 현재 한자로는 '인간 세(世)' 자이다. 즉 녹도문 '셋'은 '세상 세(世)'의 어원이다. 본래 세(世) 자는 인간을 의미한다. 알기 쉬운 '사람 인(人)' 자를 제쳐 두고 '세(世)' 자를 적은 것은 우리말 셋을 나타내면서 동시에 그 글자에 숨어 있는 의미를 전달하려는 것이다. 반복해서 말하지만 '셋'은 사람을 뜻하는 것이 아니라 인일(人一)을 뜻하므로 사람 인(人)을 쓰지 않은 것이다.

셋의 본성은 '다스리다, 수양하다'라는 것으로 스스로를 닦아서 인간 세상에 도움이 되게 하라는 것이니 홍익인간(弘益人間)을 실천하라는 의미도 내포하고 있다. 수양의 목적이 개인의 깨우침일 수도 있지만 바른 세상을 만들거나 적어도 그러한 일에 이바지하라는 의미도 포함되어 있는 것이다.

※ 세(世) 자는 사람이라는 좁은 의미보다는 본래 넓은 세상을 뜻하는 것으로 '세상 사람', '인류 사회'라는 의미가 더 적절하다. 한 개인을 일컫는 것이 아니라 많은 사람, 또는 그러한 집단이나 사회를 의미한다. 세(世) 자를 사용하는 용도에 따라서는 한 왕조의 재위 기간을 나타내기도 하며, ○○씨 몇 세손처럼 서열이나 차례를 나타내기도 하고, 중세(中世)처럼 어떤 시대를 나타내기도 한다. 이처럼 세(世) 자는 본래의 사람을 뜻하는 의미가 변화되어 이후에는 사람과 연관된 세상사를 총칭하는 의미로 쓰이게 된다.

현재의 금문에 나타난 세(世)의 글자체로서는 맨 오른쪽에 있는 것이 가장 가깝다고 할 수 있다.

B02948	B02949	B02950	B02951	B02952	B02953	B02954

해당 숫자는 서체 번호 (http://qiyuan.chaziwang.com/etymology-105.html)

참고로 녹도문 '셋'과 유사한 '인(人)' 자의 갑골문(甲骨文)을 보면 다음과 같다.

J18647	J18655	J18686	J18758	J18647	J18752	J18680

해당 숫자는 서체 번호 (http://qiyuan.chaziwang.com/etymology-105.html)

'셋'은 '한' 속에 포함된 천지인 중에서 '인일(人一)'을 의미하며, 그 의미는 '세우다'이며, 본성은 다스리는 것, 수양하는 것이다. 인간의 존재 목적은 홍익인간(弘益人間)하고 재세이화(在世理化)하는 것이다. 바로 고조선의 건국 이념이기도 하다. 고조선의 건국 이념은 홍익인간(弘益人間, 널리 인간 세상을 이롭게 한다), 재세이화(在世理化, 세상에 있으면서 다스려 교화시킨다), 이도여치(以道與治, 도로써 세상을 다스린다), 광명이세(光明理世, 밝은 빛으로 세상을 다스린다)라는 것이다. BC 2333년에 개국한 고조선의 건국 이념이 이토록 고상하고 위대한 것이었다. 현재 세계의 어떤 나라도 이렇게 고귀하고 철학적인 건국 이념을 가진 나라는 없을 것이다.

④ 넷

'넷'은 네 가지 기운이 조화를 이룬 것을 형상화한 것이다. 그 의미는 네 가지 기운이 생겨난다는 뜻이다. 우리글 'ㅅ'은 '셋'의 의미로 '세우다', '생겨나다'라는 것을 뜻한다. 네 가지 기운이 생겨난다는 의미에서 '넷'이다. 녹도문 '넷'은 한자 '기운 기(氣)' 자의 어원이다.

한자 천부경의 운삼사성(運三四成)은 삼극(三極)인 천일(天一), 지일(地一), 인일(人一) 셋이 움직여서 '넷'을 만든다는 뜻이다. 여기서 '넷'은 네 가지 기운으로 토(土, 흙), 수(水, 물), 화(火, 불), 풍(風, 바람) 또는 기(氣)를 의미한다. 이 네 가지를 합쳐서 그냥 기(氣)라고 하면 바람(風)을 의미하는 것으로도 해석되어 전체 문맥이 맞지 않고 숫자 넷과도 어울리지 않는다. 엄밀하게 이야기하면 토(土), 수(水), 화(火), 풍(風)이 조화를 이루는 것이 기(氣)라는 것이다.

※ 네 가지 기운을 과학적으로 풀어보면 토(土)는 물질을 의미한다. 여기서 토(土)는 우주에 존재하는 모든 물질을 의미하는 것으로 금속과 비금속뿐만 아니라 액체와 기체도 포함하는 것이다. 즉, 우주에 존재하는 모든 항성과 행성에서부터 바위, 조약돌, 모래알까지 모두 토(土)에 해당하는 것이다. 수(水), 화(火), 풍(風)은 생물(생명체)에게 필요한 요소이다. 물은 모든 생물에게 필수적인 것이다. 물이 없으면 생물은 존재할 수 없다. 그 다음으로 중요한 것은 에너지이며, 이 에너지가 화(火)이다. 에너지를 공급받지 못하면 생명은 살아갈 수 없다. 비록 물질(土), 물(水), 에너지(火)가 갖추어져 있더

라도 이들이 조화를 이루어야 생명이 탄생할 수 있는데 그 조화를
이루는 것이 바람(風) 또는 기(氣)인 것이다.

※ 불교에서는 '넷'을 구성하는 토(土, 지(地)라고도 표현한다), 수
(水), 화(火), 풍(風) 네 가지 요소가 모여서 우주의 삼라만상을 이루
었다고 하는 이론이 있는데 그것이 바로 적취설(積聚說)이다. 세계
를 이루는 근본 요소에 대해 이 네 가지가 인연에 따라 뭉쳐서 나
타나며, 인연이 다하면 본래의 모습인 사대로 돌아간다는 것이 불
교의 인연법이다. 불교에서 지(地)는 단단하므로 모든 물질을 의미
하고, 수(水)는 습기로서 물질 속의 생명의 기운을 말하고, 화(火)는
열기로서 만물을 숙성시키는 기운이며, 풍(風)은 움직이며 살아 있
는 힘을 의미한다. 불교의 이러한 이론 또한 천부경에서 유래한 사
상이다.

※ 천부경의 이러한 사상은 유럽에도 전해져서 성경의 창세기편으
로 편집되고, 2천 년 동안 서구 과학 사상의 주류가 되었던 '4원소
설'의 기초가 되었다. 《삼일신고(三一神誥)》에서는 "너희들의 땅이
스스로 크다고 하나 (우주에서는) 한 알의 구슬과 같다. 그 속에 있
는 불(용암, 鎔岩)이 흔들리고 움직여서, 바다가 변하고, 육지(陸地)가
움직여서 너희가 보는 지금의 모습이 된 것이다. 신(神)이 기운을
불어넣어 밑바닥을 감싸면서 햇빛과 열로 따뜻하게 하여 걷고, 날
고, 허물 벗고, 헤엄치고, 흙에서 자라는 모든 것들이 번성(繁盛)하
게 되었다."라고 적고 있다. 이를 정리하면 밑바닥(흙(土)과 물(水))을

불어넣어 밑바닥을 감싸면서 햇빛과 열로 따뜻하게 하여 걷고, 날고, 허물 벗고, 헤엄치고, 흙에서 자라는 모든 것들이 번성(繁盛)하게 되었다."라고 적고 있다. 이를 정리하면 밑바닥(흙(土)과 물(水))을 감싸고. 햇빛(火)을 비추며, 숨(氣)을 내뿜어(風) 모든 생명을 창조하여 번식하게 하였다는 뜻이다.

성경에서도 인간의 창조에 대해 "하나님이 흙으로 하나님의 형상대로 지으시고 숨을 불어넣어…"라고 적고 있는데 이것을 해석하면 흙(土)에 물(水)을 섞어 반죽을 만들었으며, 형상을 빚었다는 것은 그때 열(火)이 가해졌다는 것이며, 숨을 불었다는 것은 기(氣)를 더했다는 것이다. 성경 내용도 시대에 따라 변해가는데 아마도 성경 내용이 과학적인 내용과는 너무 동떨어진 것이라고 생각했던지 현재 성경에는 "하나님이 자기 형상, 곧 하나님의 형상대로 사람을 창조하시되 남자와 여자를 창조하시고"로 되어 있으며, 잠든 아담에게서 갈비뼈를 취해 이브를 만들었다는 얘기는 없어졌다.

《(구)영변지》(1942년 최초 발간)에서는 '넷'이 아래와 같은 형태를 하고 있다.

 어떤 글자가 알아보기 쉬울지는 사람마다 다르겠지만 뒤에 예를 든 것이 천부경의 내용을 이해하는데 더 나을 것 같다. 위쪽 두 개의 점이 불(火)과 바람(風)을 상징한다면 아래의 두 점은 흙(土)과 물(水)을 상징하며, 이들이 태극 문양에서 보는 것처럼 서로 조화를 이루고 있는 모습이다. 앞서 나온 녹도문 '넷'이란 글자는 한자인 기(氣) 자에 더 가까운 형태이다.

녹도문 '넷'도 현재는 없어진 글자이다. 기(氣) 자의 전자(篆字)는 아래와 같다. 맨 오른쪽 글자는 토(土), 수(水), 화(火)의 문자가 합쳐진 것처럼 보인다. 이들이 조화를 이룬 것이 기(氣) 자임을 보여준다.

氣	氣	氣	氣	氣	氣	氣
L35852	L35853	L35854	L20134	L20136	L20137	L19773

해당 숫자는 서체 번호 (http://qiyuan.chaziwang.com/etymology-105.html)

기(氣) 자의 어원을 가장 비슷하게 설명하고 있는 것이 아래의 그림이다. 공중에 뭉게뭉게 떠오르는 수증기 모양을 본떠서 만든 '구름의 기운'을 뜻한 글자라 하여 아래 그림과 같이 설명하고 있다. 이걸 보고 삼(三) 자를 기(氣)로 표현하는 오류가 생기는 것이다. 금문이나 갑골문은 서로 닮았다. 그러나 일반인들이 최초의 그림을 보고 기(氣) 자를 상상할 수 있다고 보기도 어렵거니와 토(土), 수(水), 화(火), 풍(風)의 숨은 뜻을 찾아내기란 불가능할 것이다.

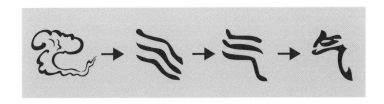

우리말 '넷'이란 네 가지 기운이 생겨난 것을 의미한다.

⑤ 다섯

'다'는 땅 위에 나무가 많이 서 있는 것을 형상화한 것이다. 한자로는 '많을 다(多)' 자의 어원이다. 글자의 형태는 땅에서 나온 나무가 서 있는 모습이다. 우리말 '다'는 '모두'를 의미하며, '모두 다'라고 하면 전부 또는 전체를 가리킨다. 즉 '다'라고 하는 것은 '많다'라는 것과 일맥상통한 것이다. 우리말 다섯은 '땅에 만물이 생겨나다'의 뜻이다. 한글의 'ㄷ'은 땅을 의미하며, '셋'은 '세우다, 생겨나다'를 의미하므로 다섯은 '땅에 만물이 생겨나다'란 뜻이다. 즉 땅에 산과 들, 바다와 강과 호수가 생겨나며, 온갖 식물과 동물이 태어난다는 의미이다.

녹도문 '다'라는 글자에서 가로로 길게 그은 선은 땅(지, 地)을 상징하며, 그 위에 모든 것이 생겨난 것을 상징적으로 보여준다. 땅은 모든 것을 품어서 키운다. 땅에서 가장 중요한 생명이 탄생하는 것이다. 현재 우리 한자에는 없지만 가장 유사한 한자는 夶(大大)이다. 글자의 뜻은 규모가 크거나 정도가 심한 것을 의미하니 녹도문 '다' 자가 변한 글자임에 틀림이 없다. 땅 위의 모든 것을 의미하는 글자이다.

아래에 '많을 다(多)' 자의 여러 가지 전서체(篆書體)를 나타내었다. 왼쪽 두 개의 글씨체를 보면 녹도문 '다' 자와 서로 많이 닮아 있음을 알 수 있다. 비록 동일한 형태는 아니지만 상당히 비슷하다. 녹도문은 환국(桓國)의 문자이며, 이것이 현재의 중국(지나)으로 전해진 것이다. 천부경에 나타난 녹도문이 갑골문의 원형이다. 녹도문도 시대가 변하면서 그 형태가 조금씩 변해간 것을 유추해 보면 녹도문에서 갑골문과 전서체가 나왔음은 자명한 일이다. 바로 앞에 나온 녹도문 '넷'이라는 글자에서 유래된 기(氣) 자도 천부경의 뜻을 알고 보면 녹도문 '넷'이 기(氣) 자의 본래 뜻에 더욱 가깝게 느껴지며, 다섯에서 나오는 녹도문 '다'라는 글자 역시 천부경의 내용과 결부시켜 보면 녹도문의 '다' 자가 본래의 의미에 더욱 충실해 보인다.

　녹도문 '다'라는 글자는 '땅 위의 많은 것', 확대 해석하면 '땅 위의 모든 것'을 의미한다.

'많을 다(多)' 자의 여러 가지 전서체(篆書體)

L08443	L32372	L08441	L32373	L32374	L32375	L08439

해당 숫자는 서체 번호 (http://qiyuan.chaziwang.com/etymology-105.html)

'섯'은 모든 생명의 탄생을 형상화한 것으로 '쌀 미(米)' 자의 어원이다. 녹도문 '다'가 땅(지구=물질)의 모든 것이라고 하면 '섯'은 모든 생물의 탄생을 나타낸다. 땅 위와 하늘 위의 생물과 땅 속, 바다 속의 모든 생물이 생겨나는 것을 의미한다. 이 생물 중에는 사람도 포함된다. 《삼일신고》에서 말하는 흙에서 자라는 식물, 물에서 헤엄치는 생물, 날아다니는 생물, 걸어 다니는 생물 등 모든 생명체가 태어나서 번성하는 것을 의미한다.

　녹도문 '섯'은 가로로 그은 막대기 아래위로 점이 세 개씩 있다. 셋은 많다는 뜻이다. 간혹 농담으로 원시인들은 수를 셀 때 '하나, 둘, 많다'라고 했다면서 수를 잘 못 세는 후배들을 놀리기도 했는데, 이게 그냥 지어낸 말이 아니고 현재도 통상 그렇게 표현한다. 현재에도 '하나, 둘, 등등' 해서 셋을 말하지 않고 많다는 의미로 사용하고 있다. 학술적으로도 세 개 이상이면 많은 것이다. 예를 들면, 화학식에서도 하나(mono-), 둘(di-), 셋 이상이면 폴리(poly-)로 표현한다. 숫자 셋이 갖는 의미는 많다는 것이다.

녹도문 '섯' 자에서 가로로 그은 막대기를 기준하면 위에도 많고 아래에도 많다는 것이다. 천부경과 결부시켜서 생각해 보면 "땅 위의 하늘에 모든 것을 생겨나게 하고, 하늘 아래인 땅에 모든 것을 생겨나게 하였다"라는 의미라고도 할 수 있다. 우리 민족은 3의 민족이니까 보다 구체적으로 표현하면 "하늘에 구름과 비와 바람을 생겨나게 하고, 땅에 육지와 바다와 모든 생명이 생겨나게 하였다"라는 정도로 표현할 수 있겠다. 하늘에 생겨난다고 해서 해와 달과 별을 가리키는 것은 아니다. 이것은 여섯에서 나타나는 것이다.

녹도문 '섯'은 쌀 미(米) 자의 어원이다. 녹도문 '섯'에 '쌀 미(米)'를 선택한 것에도 많은 뜻이 숨겨져 있다고 생각한다. 쌀이라고 하는 것은 우리 민족의 주식이다. 우리말 다섯은 땅 위에 모든 것이 생겨난다는 의미인데, 그 모든 것 중에서도 가장 중요한 것이 사람이다. 또, 사람(우리 민족)이 살아가는 데 있어서 가장 중요한 식량이 쌀이다. 이러한 의미에서 다섯의 '섯'에 쌀 미(米) 자를 사용한 것으로 추정된다. '섯'에 미(米) 자를 선택한 이유 중에는 미(米) 자가 벼에서 탈

곡하여 낱알을 하얗게 정미한 쌀을 의미하지만 그 글자의 형태가 앞서 설명한 것처럼 하늘에 있는 것과 땅에 있는 것을 구분하여 설명하기 좋은 형태인 것도 포함되며, 이를 가마니에 담으면 '섬' 단위로 세기도 한다. 또 다른 이유는 우리 민족에게 중요한 곡물인 쌀 또한 식물이자 하나의 생명체다. 쌀알만큼 많은(모든) 생물(생명체)이 탄생했다는 것이다. 이런 여러 가지 이유로 녹도문 '섯'에 해당하는 글자를 '쌀 미(米)'를 선택한 것이라 생각된다.

아래는 '쌀 미(米)' 자의 여러 갑골문(甲骨文) 형태이다.

J17350	J17351	J17352	J17353	J17354	J17355	J17356

해당 숫자는 서체 번호 (http://qiyuan.chaziwang.com/etymology-105.html)

한자의 변천 과정을 보면 아래 그림과 같다.

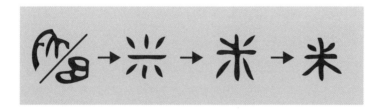

다섯은 땅 위에 만물을 생겨나게 한 것이다. 여기서 말하는 만물은 산과 바다 같은 물질만이 아니라 식물과 동물 같은 생물을 포함

하며, 만물 중에서 가장 중요한 사람도 포함된다.

⑥ 여섯

'여'는 하늘에 생겨난 것을 형상화한 것이다. 즉 하늘에 구름이 생겨난 것이다. 한자 '이를 운(云)'과 '구름 운(雲)'의 어원이다. 앞서 나온 녹도문 '셋' 자와 비슷한 모양이지만 셋은 각이 져 있지만 '여' 자는 각이 지지 않고 둥그스름한 모양을 하고 있다. 녹도문 '셋'이 '사람이 세운 것'을 의미한다면 녹도문 '여'는 '둥그스름한 반원(하늘)이 세운 것'을 의미한다. 우리말 여섯은 '하늘에 모든 것이 생겨나다'라는 뜻이다. 녹도문 '여' 자도 우리 고유의 문자로 오늘날의 한자에는 없다. 금문(金文)이나 갑골문(甲骨文)에서도 이와 유사한 형태의 글은 없다.

천부경에서 말하는 여섯의 뜻을 가지면서 녹도문 '여' 자의 형태에 가장 근접한 글자는 '이를 운(云)' 자이다. 현재는 '말하다'라는 뜻이며, 어조사로 쓰이는 정도다. 어조사란 기타 등등과 같이 '천부경 운운하며…'라고 할 때 사용하는 말이다. 그러나 좀 더 깊이 들어가면 '돌아가다'란 의미도 있으며, 무언가가 흥성하게 일어나는 것을 일컫기도 하며, 구름이란 뜻도 있다. 녹도문 '여'가 '하늘에 융성하게 일어나다'라는 의미도 있으므로 여기에서 파생된 것이 '이를 운(云)' 자이며, 의미상으로는 구름 운(雲) 자에 해당된다. 녹도문 '여' 자는 원래 구름을 뜻했으며, 이것이 중국(지나)에 가서 '구름 운(雲)' 자와 '이를 운(云)' 자로 변했다고 볼 수 있다. 전자체(篆字體)에서 이 두 개가 같은 글자로 나타나는 것이 좋은 예가 된다. 이를 운(云) 자의 맨 위에 있는 가로 막대(一)를 없애면 녹도문 '여' 자가 된다.

　녹도문 '여' 자는 '이를 운(云)' 자를 뜻하며, '운(云)' 자가 의미하는 것은 구름이 융성하게 일어나 하늘을 가득 메운 것을 의미한다. 우리말 여섯의 뜻에 맞추어 확대 해석하면 "구름이 융성하게 피어올라 하늘을 가득 메운 것처럼 은하수처럼 많은 별들이 하늘을 가득 채웠다."라고 표현할 수 있다. 녹도문 '여'는 하늘을 가득 채운 것을 의미한다.

　한자 천부경의 대삼합육(大三合六)은 큰 셋을 합하니 여섯이란 의미이다. 한자 천부경을 풀이할 때 이 여섯은 (셋이 모여서 하나로 돌아간) 하나가 아니라 여섯이란 사실을 몇 번이고 강조했었다. 하나가 아니라 셋이 모여 있는 것이며, 이 삼태극의 작용으로 일곱, 여덟, 아홉이 생기게 되는 것이다. 회삼귀일(會三歸一)은 셋이 모여 하나로 돌아가는 것이다. 그러나 셋이 모여 있는 것을 보면 외관상으로는 하나처럼 보인다. 그래서 회삼귀일(會三歸一)이란 말이 나왔다. 운(云) 자에 '돌아가다'는 뜻이 있으니 이것을 회삼귀일(會三歸一)과 연관시켜 보면 녹도문 '여'란 글자는 대삼합육(大三合六)을 상징하기도 한다. 한자인 '이를 운(云)'은 '말하다'의 뜻인데, 여기에 전혀 상관없는 '구름', '융성하게 피어나다', '돌아가다'란 뜻이 있다는 자체가 상식적으로 이해가 되지 않는 것이다. 이것은 분명히 녹도문 '여' 자의 뜻이 남아있는 것이다.

　참고로 운(云) 자와 운(雲) 자의 전자체(篆字體)는 아래와 같다. '운(云)' 자의 맨 위에 있는 가로 막대(一)가 없었다면 녹도문 '여' 자와 같이 표현했을 가능성이 높다.

'이를 운(云)'의 전자체(篆字體)

S08529

'구름 운(雲)'의 전자체(篆字體)

雺	雲	雺	雲	雲	雲	云
L04958	L04959	L04960	L04961	L04962	L04944	L04945

해당 숫자는 서체 번호 (http://qiyuan.chaziwang.com/etymology-105.html)

 다섯의 '섯'이 땅에 모든 생물이 생겨난 것을 의미
하는데 비해, 여섯의 '섯'은 (하늘에) 모든 것이 생겨난
것을 형상화한 것이다. 한자 '바 소(所)'의 어원이다.
글자의 형태는 두 사람이 하늘을 우러러보고 있는 모습처럼 보이지
만 그것을 뜻하는 글자는 아니다. 다섯의 '다'와 마찬가지로 '모두'를
의미하는 것이다. 즉 여섯의 '여'는 '하늘에 생겨나다'라는 뜻이고,
'섯'은 '모두'를 의미하므로 우리말 여섯은 '하늘에 모든 것이 생겨나
다'라는 뜻이다. 우리 민족은 3의 민족이므로 굳이 셋으로 표현하자
면 하늘에 있는 해와 달과 별이 생겨난 것을 의미하지만 실제로 여
섯이 의미하는 것은 현실 세계의 완성이다. 즉 네 가지 기운이 생겨
나(넷), 땅에 만물이 생성되고, 생명이 탄생하며(다섯), 하늘에 해와
달, 별들이 생겨나서(여섯) 우리가 살고 있는 현재의 세상이 완성되었
다는 것이다. 여섯은 현재 실존하는 우주 전체, 우리가 살아가는 세

상을 의미한다. 이렇게 완성된 세계에는 세 개의 섭리가 있으니 그것이 일곱, 여덟, 아홉인 것이다.

녹도문 '섯'은 현재 한자로 '바 소(所)' 자를 나타낸다. 그것이 의미하는 것은 장소, 경우, 도리, 얼마쯤, 있다, 거처하다, 만일 등이라고 사전에 나와 있다. 앞에서도 그런 예가 있었지만 한자는 시대에 따라서 그 뜻이 변해 가기 때문에 녹도문이 쓰일 당시의 뜻을 알아야 해석할 수 있다. 녹도문 '섯'은 '바 소(所)'의 '있다(有)'를 의미하며, 정확하게는 소유(所有)를 나타낸다. 소유(所有)란 모든 것, 전체를 의미한다. 녹도문 '섯'은 '(하늘에) 모두가 있다(생겨나다)'라는 뜻이다.

'바 소(所)' 자의 여러 전자체(篆字體)를 보면 다음과 같다. 왼쪽 두 번째가 유사한 형태이다.

S10652	L14861	L14863	L34457	L34458	L14844	L14852

해당 숫자는 서체 번호 (http://qiyuan.chaziwang.com/etymology-105.html)

우리말 여섯은 '하늘에 모든 것이 생겨나다'는 의미이다. 넷, 다섯과 이어져 현재 세상이 완성되는 것이다.

⑦ 일곱
'일'은 나무에 잎이나 꽃망울이 '일어나는' 것을 형상화한 것이다.

한자 '꽃부리 영(榮)' 자의 어원이다. 글자의 형태로 보면 줄기나 가지가 뻗어 있고 그 위에 꽃이 피거나 다른 가지가 갈라지는 형상이다. 우리말 일곱은 '일어나서 자라고 소멸한다'는 뜻이다. 녹도문 '일' 자는 나서 자라고 꽃을 피우는 모습을 형상화한 것이다. 우리말 '일굽'은 '일어나서 굽는다'는 것이며, 이는 '태어나서 자라고 죽는다'는 것이다. 모든 생물(생명체)은 나서, 자라고, 번식하고, 죽는 것이 자연의 섭리인 것이다. 녹도문 '일'은 '일어나다, 태어나다'를 뜻하는 글자이다. 일곱의 의미로 볼 때 우리말 일곱은 원래 '일굽'이었을 것으로 추정된다.

녹도문 '일'과 유사한 한자가 '꽃부리 영(榮)'이다. '꽃 영(榮)'이라고도 하며, '꽃, 싱싱하게 우거지다, 기운이 일어나다, 광명' 등을 의미한다. 일곱의 '일어나다'를 뜻하는 글자이다.

'꽃부리 영(榮)' 자의 금문(金文)을 살펴보면 녹도문 '일'의 변형임은 누구나 쉽게 알아볼 수 있다.

B08609	B08602	B08605	B08608	B08613	B08616	B08618

해당 숫자는 서체 번호 (http://qiyuan.chaziwang.com/etymology-105.html)

다른 의미에서 풀 초(草) 자를 연상할 수도 있는데 이는 거리가 멀다. 참고로 풀 초(草)의 전자체(篆字體)를 아래에 나타낸다.

L34911	L34912	L16855	L16857	L16858	L16859

해당 숫자는 서체 번호 (http://qiyuan.chaziwang.com/etymology-105.html)

'곱(굽)'은 사람이 죽어서 땅에 묻힌 것을 형상화한 것이다. 한자 '주검 시(屍)' 자의 어원이다. 일곱을 지방에 따라서는 아직도 '일굽'으로 발음하고 있으며, 이는 원래의 일곱이 갖는 의미가 남아 있는 것이다. '굽는다'는 것은 기운이 꺾여서 쇠한다는 의미이며, '죽는다'는 것을 의미한다.

※ 녹도문 '곱' 자의 형태를 보고 유추되는 것은 환웅 시설의 장례 문화이다. 나중에 설명할 기회가 있겠지만 우리 선조들은 장례를 어떻게 치렀는지 한 번쯤 생각해 볼 일이다. 상당히 일정한 규칙이 그때도 존재했다는 것을 알게 될 것이다. 녹도문 '곱' 자는 어딘지 모르게 고인돌을 연상시킨다. 돌을 세워 놓은 것은 선돌이고 다른 돌로 고여 놓은 것은 고인돌이다. 북방식과 남방식이 다르다고는 하지만 기본 원리는 같은 것이다. 녹도문 '곱' 자의 형태로 보아서는 다리가 기니 북방식일 것이며, 이는 환웅 시절의 영역을 고려해 보면 당연한 것이다. 북방식이든 남방식이든 최초의 고인돌은 밀폐되지 않고 열려 있는 것이 보통이다. 그 안에 시체를 담은 항아리를 묻는 것이다.

먼저 '주검 시(尸)' 자의 변형을 살펴본다. 주검 시(尸) 자는 사람이 죽어서 곧게 누워 있는 앙상한 모양을 본떠서 주검을 뜻하는 부수 글자가 되었다고 하며, 아래와 같이 변천되었다고 설명하고 있다. 가운데 있는 글자는 녹도문 '곱' 자 위에 그려진 것과 동일한 형태를 하고 있다.

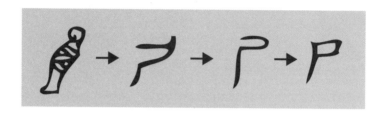

다음은 그 안에 있는 반원형의 글자이다. 이는 '덮을 멱(冖)' 자의 옛날 표기이며, 흔히 민갓머리라고도 한다. 민갓처럼 보자기로 물건을 밋밋하게 덮는 모양을 본뜬 것으로 '덮다'를 뜻하는 부수 글자라고 설명하고 있다. 그 변천 과정은 아래와 같으며, 가운데 있는 글자가 녹도문 '곱' 자의 아래에 있는 모양과 닮았다. 녹도문 '곱' 자는 현재 우리가 사용하는 '무덤 시(屍)' 자와 같은 의미이다.

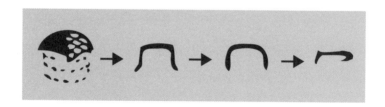

녹도문 일곱은 말 그대로 '일어나서 굽는다(죽는다)'는 것을 나타낸다. 천부경에서 말하는 일곱의 참뜻을 두 글자로 명확하게 표현하고 있다. 일곱이란 '하늘의 기운(天一)을 받아서 생성된 세상 만물은 반드시 소멸한다'는 것이다. 별(星)도 탄생하여 자라다가 시간이 지나면 소멸되는 것이니 세상 만물은 구름과 같이 생겼다가 없어진다는 것이다. 한마디로 무상(無常)이며, 영원한 것은 없다는 하늘의 진리(天二)이자 섭리이다.

⑧ 여덟

'여' 자는 '기르다'를 의미하는 글자이며, 한자 '몸 기(己)' 자의 어원이다. 우리말 여덟은 '여름(열매)을 더해서 번영하다'는 뜻이다. 현재의 한자 '몸 기(己)' 자는 말 그대로 몸이나 자신을 가리키는 것이며, 다스린다는 뜻도 있다. 그러나 초기의 기(己) 자는 몸을 웅크려 씨앗을 심어 기르는 것을 의미하며, 나아가서 '길러서 열매를 맺는다'는 뜻이 내포되어 있다. 열매를 맺는다는 것은 번식하는 것이다. 여덟은 모든 생물이 성숙하면 열매를 맺어서 번식하는 것을 의미한다.

'몸 기(己)' 자는 사람이 허리를 굽혀 인사하는 모양을 본뜬 것이라 하며, 아래와 같이 변화해 간다.

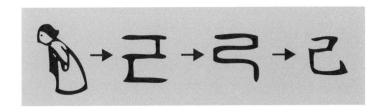

그런데 기(己) 자도 금문(金文)이 변해가는 과정을 보면 위에서 설명한 것과는 전혀 다르다. 엎드려서 기원하거나 제사를 지낸다는 의

미가 훨씬 많다. 초기의 '기르다'라는 의미에서 기원할 기(祈) 자의 뜻으로 변해간다. 어떤 의미에서는 풍년이나 다산(多産)을 기원한다는 의미로도 볼 수 있다. 또는 거창하게 국가나 인류의 번영을 기원했다고도 볼 수 있다.

'몸 기(己)' 자의 전자체(篆字體)의 형태는 아래와 같다. 갑골문(甲骨文)도 거의 유사하다.

L34246	L14050	L14051	L14052	L14053	L14054	L14055

해당 숫자는 서체 번호 (http://qiyuan.chaziwang.com/etymology-105.html)

'덦' 자는 나무에 기(旗)를 꽂아 시장이 형성된 것을 형상화한 것이며, '저자 시(市)'의 어원이다. 이는 노력의 결과(열매)를 수확하는 것으로 번성 또는 번영을 의미한다. '덦' 자는 나무에 무언가 달려 있어서 열매를 맺거나 무엇이 자라는 형태를 나타내고 있다. 얼핏보면 나무 목(木)같기도 하지만 목(木) 자와는 거리가 멀다. 녹도문 '덦' 자는 목(木) 자 위에 두 개의 점이 선명한 탓이다. 환웅(桓雄) 시절에는 시장을 열 때 나무 위에 기(旗)를 달아서 시장이 열렸음을 알렸다. 녹도문 '덦'은 이를 형상화한 것이다. 초기의 시(市) 자는 시장을 의미하는 것으로 여기에서 파생된 것이 '장사하다, 팔다' 등의 개념이다. 현재는 도시나 시가지를 의미한다. 시(市)는 시장이 열리는 곳으로 변두리에 비해 인구가 늘어나고 발전해서 번영한 곳이다.

시장은 자신이 지은 농산물, 사냥한 동물, 또는 제조하여 만든 물건을 팔고, 자신에게 필요한 물품을 구입하는 곳이다. 즉 노력의 결과를 수확하여 서로 거래하는 장소이다. 자연히 시장이 서는 곳은 사람이 붐비고, 가게가 늘어나면서 취급하는 품목도 다양해진다. 모든 것이 더해지는 (늘어나는, 증가하는) 것이다.

시(市) 자의 전자체(篆字體)를 보면 아래와 같다. 이들 글자는 나무 막대에 기(旗)를 단 모습을 나타낸 형상들이다. 왼쪽 세 번째 시(市) 자가 녹도문 '덟' 자와 가장 유사하다.

ꁇ	ꁈ	ꁉ	ꁊ	ꁋ	ꁌ	ꁍ
L13537	L13538	L13539	L13540	L13541	L13542	L13543

해당 숫자는 서체 번호 (http://qiyuan.chaziwang.com/etymology-105.html)

※ 녹도문 '덟' 자와는 다르지만 조금 비슷해 보이는 것은 '벼 화 (禾)' 자이다. 녹도문 다섯에서 '쌀 미(米)' 자가 '섯'으로 사용되었으므로 '벼가 익어서 번성하다'라는 의미에서 '벼'가 사용될 가능성도 있다. 농경 문화를 상징하는 것이 바로 쌀 농사이며, 누렇게 익어가는 황금 벌판이야말로 풍요의 상징이요, 번영의 상징이기 때문이다. 그러나 '벼 화(禾)' 자는 벼 이삭이 익어서 고개를 숙이고 있는 모양을 본뜬 것이어서 가운데 있는 작대기 끝이 구부러져 있으며, 가로로 그은 선도 목(木) 자와 같은 형태라서 점을 찍어 놓은 것이라고 볼 수는 없다. 아래 그림을 참조한다.

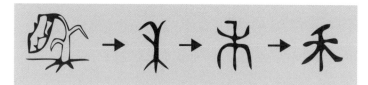

'벼 화(禾)' 자의 전자체(篆字體)는 다음과 같다.

L08588	L08589	L08590	L08591	L08592	L08593	L08586

해당 숫자는 서체 번호 (http://qiyuan.chaziwang.com/etymology-105.html)

여덟은 한글로 '열매(여름)를 더한다'는 의미로 번식하고 번영하는 것을 의미한다. 녹도문 여덟은 '길러서 번영하다'를 뜻한다. 하늘의 기운(天一)과 땅의 기운(地一)을 받아 태어난 모든 생물(생명체)은 태어나서, 성숙하여, 번식하는 것이 여덟이며, 이는 땅의 진리(地二)이자 섭리이다.

※ 동물의 왕국을 즐겨보는 사람은 누구나 수긍하는 이야기이지만 곤충들은 존재 목적이 번식하는 것이다. 매미를 예로 들어보면, 매미는 애벌레인 굼벵이의 형태로 5~6년, 심지어는 11~17년을 땅속에서 지내다가 성충이 되며, 이 성충은 불과 1~3주일 살고 죽는다. 성충이 된 매미는 짝을 찾아 짝짓기를 해서 알을 낳는 것이 가장 중요한 일생의 목표이다. 가장 수명이 짧은 하루살이 역시 마찬가지로, 오랜 시간을 애벌레로 지내다가 성충이 되면 성충은 아무것도 먹지 않고 오로지 교미하여 산란하는 데 남은 생을 바친다.

이는 곤충에게만 국한되지 않고 어류, 조류, 파충류, 포유류를 포함하여 모든 동물은 후손을 남기는 것이 지상 최대의 과제이자 숙명이다. 동물뿐만 아니라 모든 식물에도 해당하는 사항이다. 식물도 자라서 꽃을 피우고 결실을 맺어 이를 널리 퍼뜨리는 것이 생의 목적이다. 즉 모든 생물은 자라서, 성숙하여, 번식하는 것이 존재의 일차적인 이유이며, 이것이 자연의 섭리라는 것을 '여덟'으로 설명하고 있다.

⑨ 아홉

'아'는 '뫼 산(山)'과 '몸 기(己)'를 아래위로 합쳐 놓은 형상으로 수양하고 다스리는 것을 의미한다. 현재 우리나라뿐만 아니라 중국 한자에서도 없어진 글자이다.

※ 옛 기록을 보면 "13세 단군인 흘달 재위 20년에 소도(蘇塗)를 많이 설치하고 천지화(天指花)를 심으셨다. 미혼의 소년들에게 독서와 활 쏘기를 익히게 하고, 이들을 국자랑(國子郞)이라 부르셨다. 국자랑이 밖에 다닐 때 머리에 천지화를 꽂았기 때문에 당시 사람들이 천지화랑(天指花郞)이라 불렀다."라는 내용이 나온다. 이 전통이 이어져 신라에서는 화랑(花郞)이 되는 것이며, 이후 조선 시대까지 지속적으로 이어져 내려오게 되는 것이다. 천부경의 내용으로 미루어 볼 때 이러한 전통은 이미 환국(桓國) 시대에서부터 시작되어 대대로 이어져온 것이다.

※ 수양과 관련해서 보면, 천부경에서 선도(仙道)의 뿌리가 싹트게 되는데 살펴보면 다음과 같다. 《삼성기전》 상편에서 "환인이 지기를 타고 놀았다.(乘遊之氣)"라고 하여 신신도가 처음 등장한다. 이 맥이 이어져 고구려에서는 조의선인, 신라에서는 화랑선인, 백제에서는 문무도 또는 무사도로 나타난다. 가야의 암시선인, 고려의 국선도, 조선의 선도 역시 근본은 천부경의 아홉이 뜻하는 수양(닦는 것)에서 비롯된다.

명산(名山)에 들어가면 천지의 기운이 서로 조화를 이루어 초목이 무성하고 온갖 동물이 번성하니 심신을 수양하기에는 그만한 곳이 없을 것이다. 녹도문 '아'에 산(山)과 기(己)를 합쳐 놓은 것이 그것을 뜻하는 글자라는 것이다.

'뫼 산(山)' 자의 금문(金文) 형태를 보면 다음과 같다. 녹도문 '아'의 위 쪽에 있는 것이 산(山) 자라는 것을 분명히 알 수 있다.

B14271	B14272	B14273	B14274	B14275	B14276	B14277

해당 숫자는 서체 번호 (http://qiyuan.chaziwang.com/etymology-105.html)

'몸 기(己)' 자는 '기르다'라는 것으로 여덟에서 이미 설명하였으므로 생략한다.

녹도문 '아'는 산에서 심신을 기르는(수양하는) 것을 의미하는 글자이다. 이는 살아가면서(삶) 알아가기(앎) 위해 노력하라는 것이다.

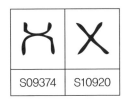 '홉'은 풀을 베는 것을 형상화한 것으로 한자 '벨 예(乂)'의 어원이다. 칠(七) 자나 비(匕) 자도 형태는 유사하지만 의미는 전혀 다르다. 예(乂) 자는 기본적으로 '풀을 벤다'는 뜻이지만 이에서 파생된 의미로 '다스리다, 징계를 하다, 어진 사람, 쓸쓸하다' 등을 나타내기도 한다. 녹도문 '홉'은 이 중에서도 '다스리다'를 의미한다. 우리말로 풀어보면 하늘(ㅎ)의 기운을 받는(ㅂ)것이다.

'벨 예(乂)' 자의 전자체(篆字體)는 다음과 같다. 녹도문 '아' 자는 현재의 예(乂)와 더 닮아 있다.

S09374	S10920

해당 숫자는 서체 번호 (http://qiyuan.chaziwang.com/etymology-105.html)

녹도문 아홉의 글자를 붙여서 해석하면 '심신을 수양하고 마음을 다스린다'는 뜻이다. 확대 해석하면 열기 위해(깨달음을 얻기 위해) 노력하는 것이다. 사람은 하늘의 기운(天一), 땅의 기운(地一), 사람의 기운(人一)을 모두 받아서 태어난다. 이렇게 태어난 사람은 공부하고, 수양하여, 마음을 다스리는 것이 '아홉'이며, 이는 사람에게만 해당하는 인간의 진리(人二)이자 섭리이다.

> ※ 아홉은 다스리는 것, 수양하는 것이며, 한자(漢子) 천부경 해설에서는 《삼일신고(三一神誥)》에 나온 말을 인용하여 성명정(性命精)을 닦는다고 하였다. 천부경에서는 '아홉'이 인간의 섭리로 수양을 해야 한다고 하지만 그 방법에 대한 설명은 없다. 우리말 중에 "아홉 수가 가장 어렵다"는 것은 이를 뜻한다. 《삼일신고(三一神誥)》는 천부경의 또 다른 해설서로 볼 수 있으며, 《삼일신고》의 진리훈(眞理訓, 진리에 대한 가르침)이 아홉의 방법에 가장 가까운 것일지도 모르지만 《삼일신고》는 이미 종교화되어 천부경이 전하고자 하는 본래의 내용이 다소 달라져 있다.

> ※ 한자 천부경에서는 이 '아홉'과 연관된 구절이 두 개 있다. 하나는 일적십거 무궤화삼(一積十鉅 無櫃化三)으로 "우주의 근본 기운인 한(一)을 쌓고 쌓아 크게 열면 걸릴 것이 없는 밝은 사람(明人)이 된다."는 뜻이다. 여기서 '아홉'은 일적십거(一積十鉅), 즉 하늘의 기운을 쌓은 것을 의미한다. 또 하나는 명인중천지일(明人中天地一)로 '밝은 사람(明人)은 천일(天一), 지일(地一)의 기운을 온전하게 다스려 속(中)에 갈무리한 사람'이라는 뜻이다. 즉, '아홉'은 한(一)에 들어있는 천일(天一), 지일(地一), 인일(人一)의 기운을 조화롭게 다스려 하늘의 기운인 한(一)을 쌓고 또 쌓는 것을 말하는 것이다.

⑩ 열

'열' 자는 두 손으로 문을 여는 것을 형상화한 것으로 '열 개(開)' 자의 어원이다. 녹도문 '열'은 '열다'를 의미하는 것이다. 또, 다른 의미는 두 손으로 공손하게 받드는 모양으로 '들 공(廾)' 자의 어원이기도 하다. 나무가 두 그루 서 있는 모양에서 '풀 초(草)'를 연상시키지만 이와는 아무런 상관이 없는 글자이다. 녹도문의 '하' 자는 현재 '왼손 좌(屮)'의 의미만 남아 있으며, 이는 손(手)을 가리키기도 한다.

녹도문 '열' 자는 '열 개(開)'를 나타낸 글자이다. 개(開) 자는 개(开)로도 쓴다. '열 개(開)'는 두 손으로 문을 여는 것을 의미하며, 문(門) 자 밑에 두 손을 의미하는 개(开) 자가 들어있는 것이다. 전자체(篆字體)를 찾아보면 개(開)와 개(开)는 같은 글자로 나온다. 아래에 '열 개(開)' 자의 전자체(篆字體)를 나타내었다. 녹도문 '열'과 닮은 글자를 여러 곳에서 볼 수 있다.

즉 녹도문 '열'은 '열 개(开)' 자이며, 뜻은 '열다'를 의미한다.

L30954	L30955	L30956	L30957	L30958	L30959	L30960
L30961	L03842	L03843	L03844	L03845	L03846	L03847

해당 숫자는 서체 번호 (http://qiyuan.chaziwang.com/etymology-105.html)

또 다른 한자(漢子)인 '들 공(廾)'도 '열 개(开)'와 거의 동일한 모양을 하고 있다. 녹도문 '열' 자는 '들 공(廾)'의 의미도 포함하고 있다. 천부경 해석에서 앙명인중천지일(昻明人中天地一)을 해석하면서 앙명인(昻明人)을 끊어서 해석하였다. 그 뜻은 '밝은 사람(명인, 明人)을 우러러보라'는 것이다. 명인(明人)을 다른 말로 표현하면 '열린 사람, 깨달은 사람'이며, 이런 사람을 우러러보고 공경하는 것이 앙명인(昻明人)의 뜻이다.

녹도문 '열' 자가 '열 개(开)'와 '들 공(廾)' 두 가지 의미를 갖는 것은 아홉(수양)을 통해 여는 것이 '열'이며, 이는 자기완성에 해당하는 것이고, 이렇게 연(깨달은) 밝은 사람(明人)은 공경을 받아 마땅하므로 두 손으로 받들어 모시듯이 우러러보고 공경하라는 뜻이다.

'들 공(廾)' 자는 '받들 공(廾)'이라고도 하며, 어떤 물건을 두 손으로 떠받쳐 올리는 모양을 본뜬 것으로 아래 그림과 같이 변천되었다.

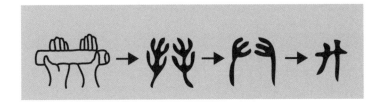

'들 공(廾)' 자의 전자체(篆字體)는 다음과 같다.

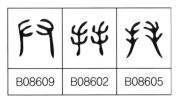

| B08609 | B08602 | B08605 |

해당 숫자는 서체 번호 (http://qiyuan.chaziwang.com/etymology-105.html)

녹도문 '열'은 '열다'를 뜻하는 것으로 '열 개(开)'의 어원이다. 또한, '받들다'를 뜻하는 것으로 '받들 공(廾)'의 어원이기도 하다. 공(廾)은 한자 천부경의 '우러를 앙(昂)'과 동일한 의미이다.

녹도문 '열'은 천부경의 결론이다. 사람은 천지인의 기운을 모두 받아 태어났으니 세상 만물 중에 가장 귀한 존재이다. 이렇게 귀한 존재인 사람은 아홉을 통해 열어서 자기완성을 이루어야 한다는 것이다. 그렇게 하여 명인(明人, 밝은 사람)이 되어 홍익인간(弘益人間)에 이바지하라는 것이다. 또한 사람들은 이러한 명인(明人)을 우러러보고 공경해야 한다는 것이다.

2) 녹도문(鹿圖文) 천부경 요약 ●●○

앞서 살펴본 녹도문(鹿圖文)으로 작성된 천부경을 요약하면 다음과 같다.

① 하나

'싹 날 철'이다. '있을 유(有)' 자와도 동일하다.

'시작'과 '있다'를 의미한다.

글자의 모양은 一析三極(일석삼극)을 의미한다.

'날 생(生)'의 어원이다.

하나(한)의 속성인 '낳는다'를 의미한다.

글자의 형태는 '셋이 모여 하나'가 되는 회삼귀일(會三歸一)을 의미한다.

하나는 천일(天一)을 뜻하며, 본성인 '낳는다'를 의미한다.

② 둘

밥 그릇을 뜻하는 거(𠄌)와 내(乃) 자의 어원이다.

질그릇은 토기(土器)이므로 지(地)를 상징한다. 그 용도는 '기르다'를 상징한다.

둘은 지일(地一)을 뜻하며, 본성인 '기르다'를 의미한다.

③ 셋

'세상 세(世)' 자의 어원이다.

녹도문 '셋'은 그 본질을 설명하는 글자인 것이다.

셋은 인일(人一)을 의미하며, 그 본성은 수양하는 것이다.

④ 넷

'기운 기(氣)'의 어원이다.

만물과 생명을 창조하는 근원이다.

'넷'이란 네 가지 기운이 생겨난 것을 의미한다. 네 가지 기운은 토(土), 수(水), 화(火), 풍(風)이다.

⑤ 다섯

'많을 다(多)'의 어원이다.

원래의 글은 大大이다.

글자의 의미는 땅 위의 모든 것을 의미한다.

'쌀 미(米)'의 어원이다.

글자의 뜻은 위에도 많고 아래에도 많다는 의미이다.

다섯은 땅 위에 만물을 생겨나게 한 것이다. 만물은 산과 바다, 식물과 동물 모두를 뜻한다.

⑥ 여섯

'구름 운(雲)'과 '이를 운(云)'의 어원이다.

'하늘에 구름이 융성하게 일어나다'를 의미한다.

'바 소(所)'의 어원이다.

소유(所有)를 의미하는 글자로 모두를 뜻한다.

여섯은 하늘에 모든 것이 생겨나게 한 것이며, 현실 세계를 뜻한다.

⑦ 일곱

'꽃부리 영(榮)'의 어원이다.

'꽃', '싱싱하게 우거지다', '기운이 일어나다'의 뜻 중에서 '일어나다'를 뜻한다.

주검 시(屍)의 어원이다.

'굽는다'에서 기운이 꺾여서 죽는 것을 의미한다.

일곱은 '일어나서 굽는다(죽는다)'는 것을 의미한다.

⑧ 여덟

'몸 기(己)'이다.

'기르다'를 의미한다. 본 뜻은 '기원하다'이다.

'시 시(市)'의 어원이다.

'번영하다'를 의미한다.

여덟은 '열매(여름)를 더한다'는 의미로 모든 생물이 번식하고 번영하는 것을 의미한다.

⑨ 아홉

'뫼 산(山)'과 '몸 기(己)'를 합친 글이다.
심신을 수양하는 것을 의미한다.

'벨 예(乂)' 자이다.
'다스리다'를 의미한다.

아홉은 '심신을 수양해서 마음을 다스린다'는 뜻이다.

⑩ 열

'열 개(开)'와 '들 공(卄)'의 어원이다.
'열다'를 의미한다.

열은 '열다'를 의미하며, 사람이 깨우침을 얻어 크게 여는 것을 뜻한다. 또한 이렇게 깨달은 사람을 공경하라는 뜻이다.

3) 평양 법수교 비문 해독

녹도문 천부경을 해석하였으니 이와 비슷한 평양 법수교 비문을 해석해 본다.

서로 뜻이 통하지 않으면 녹도문 천부경의 해석이 틀린 것이다.

여기서 우측 네 번째에 있는 글자는 천부경에 나오지 않았던 글자이다. 우리글이므로 한자에는 없다. 이를 '글월 문(文)'으로 보고 해석한다.

우측 위에서부터 번호를 매겨 살펴보면

01. 세(世): 셋, 인간, 세상
02. 기(己): 여덟의 여, 몸, 다스리다
03. 생(生): 하나의 나, 낳다
04. 문(文): 글월, 꾸미다, 아름답다, 어지럽다
05. 운(云): 여섯의 여, 구름, 융성하게 일어나다
06. 개(开): 공(廾), 열, 열다, 받들다
07. 다(多): 다섯의 다, 땅 위의 모든 것, 많다
08. 아홉의 아, 수양하다, 힘쓰다
09. 둘, 돌, 그릇(土器), 담다, 기르다
10. 시(屍): 일곱의 곱, 굽다, 쇠하다, 죽다
11. 철(丫): 하나의 하, 싹이 나다, 시작, 있다
12. 소(所): 여섯의 섯, 모두, 전체
13. 미(米): 다섯의 섯, 쌀, 많다
14. 예(乂): 아홉의 홉, 풀을 베다, 다스리다, 징계하다
15. 기(氣): 넷, 기운, 조화를 이루다, 기운이 일어나다
16. 시(市): 여덟의 덟, 번영하다, 번성하다

연결해서 보면 다음과 같은 내용으로 추정된다.

세상을 다스리다 (임금이나 지도자가) 나오니(모습을 드러내니) 그 아름다움에 (사람들이) 구름처럼 일어나 받들더라.[준공식을 기념하는 행사로 여겨짐]

모두가 힘을 써서 돌(그릇)을 굽혀 (다리를 놓으니), (새로운 세상이, 문화 교류가) 시작된다.[그간의 노고를 치하하고 미래의 변화를 역설하는 대목으로 보임]

모두들 많이(잘) 다스려서 (아니면, 쌀을 다스려 풍요롭고) 기운차게(조화롭게) 번영하라.[앞으로의 번영을 기원함]

4) 창성 조적서 비문 해독 ●●○

이번에는 동일한 녹도문으로 쓰여진 창성 조적서 비문을 해독해 본다. 여기서는 앞에 나오지 않았던 글자들이 상당수 보인다. 녹도문이 한자의 기원이라는 것이 증명되었으므로 유사한 한자를 찾아서 해석해 보면 된다.

전체 문장의 후반부는 서로 말이 달라서 불편하므로 글을 만들어서 문화가 발전하게 되었다는 내용으로 보이며, 전반부는 해석하기에 따라서 다르겠지만 아무래도 무덤과 관련이 있어 보인다. 거석 문화인 고인돌(무덤)이 세워진 시기는 적어도 BC 15000~BC 12000년 전이며, 이들이 발전하여 한인천제 말기 또는 환웅천황 시절에는 피라미드의 형태를 띄게 되며, 대략 BC 4000~3000년경으로 추정된다.

창성 조적서 비문이란 녹도문을 만들어 보급한 환웅천황의 업적을 기리는 피라미드의 입구나 그 속에 있어야 할 글로 추정된다. 또한 전체 문장이 매끄럽게 연결되지 않는 것으로 볼 때 사진의 아래쪽에도 다수의 글자가 있었을 것으로 생각되며, 당시의 환웅천황 이름이나 연대의 기록도 있었으리라 추정된다.

창성 조적서 비문

평양 법수교 비문처럼 우측 위에서부터 번호를 매겨서 전체 글을 정리해 본다.

01. 세(丗): 셋, 인간, 세상, 다스리다
02. 기(己): 여덟의 여, 몸, 다스리다, 기르다
03. 운(云): 여섯의 여, 구름, 융성하게 일어나다, 말하다, 이르다

04. 둘, 돌: 그릇, 기르다, 둘러싸다, 품다

05. 시(屍): 일곱의 곱, 굽다, 쇠하다, 죽다. 여기서는 본래의 뜻인 무덤을 의미하는 것으로 보인다

06. 생(生): 하나의 나, 낳다, 만들다

07. 영(榮): 일곱의 일, 꽃이 피다, 싱싱하게 우거지다, 기운차게 일어나다, 이름이 드러나다, 융성하다

08. 개(开): 공(廾), 열, 열다, 받들다

09. 소(所): 여섯의 섯, 모두, 전체, 만일, 경우, 거처하다

10. 싹날 철(丫), 철 유(有): 하나의 하, 싹이 나다, 시작, 있다, 존재하다

11. 미(米): 다섯의 섯, 쌀, 많다

12. 다섯의 다(大大): 땅 위의 모든 것, 모두, 많다

13. 예(乂): 아홉의 홉, 풀을 베다, 다스리다, 징계하다

14. 아홉의 아(山+己): 수양하다, 힘쓰다

15. 하품할 흠 또는 검: 모자라다, 어지러짐, 굽히다

16. 해독 못함

17. 왼손 좌(左): 그르다, 어긋나다, 멀리하다, 돕다, 낮추어보다

18. 서로 호(互): 서로, 함께, 같이, 뒤섞이다, 어긋나다, 교차하다

19. 말 이을 이(而): 편안할 능, 그러하다, 곧, 잘, 말을 잇다

20. 바를 아 또는 짝 필(疋): 적다, 기록하다, 바르다, 기다리다

21. 마땅할 당(當): 마땅하다, 주관하다, 술병, 그 시간 또는 장소

22. 없을 무(無)의 어원으로 추정되며, 원래는 모두를 의미한다

23. 함께 공(共)의 어원으로 추정됨. 함께, 모두, 규칙, 바치다, 맞다

24. 우뚝할 올(兀): 우뚝하다

25. 살필 규(糾): 살피다, 읽히다, 모으다

26. 예(乂): 아홉의 홉, 풀을 베다, 다스리다, 징계하다

27. 기(氣): 넷, 기운, 조화를 이루다, 기운이 일어나다

28. 시(市): 여덟의 덟, 번영하다, 번성하다

이를 연결해 보면 다음과 같은 내용으로 추정된다.

세상을 다스려 (문명이) 융성하게 일어나며, 이를 발전시켜(기르며) 무덤(피라미드)을 만들어 이름을 드러내니 (사람들이) 받들더라. [업적을 기리는 무덤(피라미드)을 건설한 것으로 추정됨]

모두가 존재하는 땅 위의 모든 것을 다스리는 데 힘을 쓰나 모자람이… (해독을 못하였으나 말이나 언어와 관련된 것으로 추정됨) 어긋나고 뒤섞여 편안히 기록….[서로 말과 글이 달라서 불편했다는 내용으로 추정됨. 둘째 줄 아래에 글자가 더 있었을 것으로 추정됨]

마땅히 모두 함께 우뚝하게 살피고 다스리니 기운차게 번영하더라. [나라의 발전상을 기록한 내용임]

제 5 장

가림다(加臨多) 문자의 역사

5. 가림다(加臨多) 문자의 역사

'가림다(加臨多)'란 우리말 '가리다'에서 나온 것으로 소리를 그려서 뒤에 다툼이 생겼을 때 잘잘못을 가린다는 의미에서 나온 이름이다. '가림다'의 한자 이름에는 뜻이 없고, 우리말 '가림다'를 한자로 표기한 것에 불과하다. '가림다'에 사용된 '다'는 우리말로 '땅'을 뜻하므로 이를 한자로 표현하여 '흙 토(土)'로 대체하여 '가림토(加臨土)' 문자라고도 부른다. 소리를 그린 것이므로 표음문자인 것이다. 단군조선(檀君朝鮮) 때에도 한국(桓國)과 배달국(倍達國)에서 유래한 참글이라 불리는 진서(眞書)가 있었지만 이는 뜻을 나타내는 표의문자로 일반인이 익혀서 쓰기에는 어려움이 많았다. 그래서 새로 만든 것이 '가림다' 문자이다. 세종대왕 때에도 한자가 있었지만 일반 민중이 익혀서 사용하기에는 어려움이 많아서 새로이 훈민정음이라는 한글을 만든 것이다. 훈민정음(訓民正音)이란 '백성을 가르치는 바른 소리'라는 뜻이다.

《한단고기(桓檀古記, 환단고기)》의 〈단군세기〉에 따르면 3대 단군인 가륵 재위 2년(BC 2181년)에 단군이 삼랑 을보륵에게 명하여 정음(正音) 38자를 만들게 했다고 한다. 그 목적이 세종대왕이 한글을 만든 취지를 설명하는 대목과 동일하다. 즉 지방마다 말이 서로 다르고,

형상으로 뜻을 나타내는 참글(眞書(진서), 한자의 어원이 되는 녹도문 (鹿圖文)이나 전자(篆字)로 추정됨)이 있다 해도 열 집 사는 마을에 도 말이 통하지 않는 경우가 많고 백 리 되는 땅의 나라에서도 글을 서로 이해하기 어려웠다. 이에 삼랑 을보륵에게 명하여 정음 38자를 만들어 이를 가림토(加臨土)라 하였다고 한다. 또 다른 기록인 《한검 세기》에는 BC 2305년 삼랑 을보륵에게 글자를 만들게 하여 정음 38 자를 만들어 가림토라고 하였다고 한다. 연도의 차이는 있으나 가림 토 문자는 적어도 BC 2000년 이전에 만들어진 것은 분명하다. 가림 토 문자에 대해서는 학자마다 의견이 분분하며, 이러한 기록이 남아 있는 《한단고기》마저 진위가 의심받는 논란에 휩싸여 있기도 하다.

1) 한글은 언제 어떻게 생겨 났을까 ●●○

인류 최초의 나라이자 우리 민족 최고(最古)의 나라는 천산(天山, 현재 중국의 산)에 개국한 한국(桓國, 환국)이며, 시기는 BC 7198년이 다. 한인(桓仁, 桓因, 환인) 천제(天帝)가 나라를 다스렸다. 이후 한인 (桓仁) 천제(天帝)께서 삼위(三危), 태백(太白)이 좋은 땅이라는 말을 듣고 널리 인간을 유익하게 할 수 있다고 여겨 환웅(桓雄) 천황(天皇) 을 보내어 태백산(太白山, 현재 중국의 산) 아래에 나라를 세우게 하 니 이것이 배달국(倍達國)이며, 시기는 BC 3898년 10월 3일이다. 우 리가 알고 있는 개천절은 실제로는 배달국에서 기원하는 것인데 현 재는 단군조선의 개국일로 이야기하고 있다. 배달국은 천산의 동쪽에 있다고 하므로 현재의 지도를 보아도 이것은 일치하는 내용이다. 다음에는 한국(桓國)의 정통성을 계승한 단군(檀君) 왕검(王儉)이 BC 2333년 10월 3일에 조선(朝鮮)을 건국한다. 조선이라는 국호는 태조 이성계가 세운 조선과 이름이 동일하므로 구분하기 위해 단군조선(檀君朝鮮) 또는 고조선(古朝鮮, 옛 조선)이라 부른다. 우리가 단기(檀紀) 4333년이라고 하면 현재 연도(AD)에 단군조선이 설립된 2333년을 더한 것으로 현재 연도는 2000년이 되는 것이다.

고대 우리 민족의 국호와 임금의 호칭도 한자로는 다른 것 같지만 실제로는 동일한 것이다. 한국(桓國)은 환한 나라, 밝은 나라, 광명의 나라라는 뜻이며, 한인(桓仁) 역시 밝은 사람, 환한 사람을 뜻하는 것으로 한자 천부경 해설에 나오는 명인(明人, 밝은 사람)인 것이다. 다음의 배달국(倍達國)도 우리말을 한자로 표기했을 뿐으로 '밝은 나라', '밝달 나라'이니 한국(桓國)과 동일한 의미이다. 여기에서 '배달민족(밝은 민족)', '배달의 겨레'라는 말이 나온 것이다. 임금의 호칭인 환웅(桓雄, 한웅) 역시 우리말로 환한 님, 밝은 님을 의미하는 것으로 한인(桓仁)과 동일한 의미이다. 그 이후의 조선(朝鮮)은 우리말 '앗선'을 한자로 표기한 것으로 '처음으로 세운'이란 뜻이지만 그 이전에 한국(桓國)과 배달국(倍達國)이 있었으므로 이는 '앗'의 원래 뜻인 '아침', 즉 해가 뜨는 나라, 광명의 나라를 의미하므로 결국은 '밝은 나라'라는 뜻이다. 단군(檀君)이란 호칭도 우리말의 한자식 표기이며, 밝은 님, 환한 님을 의미하므로 한인(桓仁)이나 환웅(桓雄)과 동일한 뜻이다. 단군(檀君)의 단(檀)은 박달나무를 의미하는 것으로 이는 '밝달'을 한자로 표현한 것에 불과하며, 군(君) 역시 '님', '임금'을 뜻한다.

'밝달'은 '배달'과 같은 뜻이다.

※ 우리나라의 수많은 고전에 환웅(桓雄)이 세운 배달국(倍達國)의 위치는 태백산(太白山) 지역이라고 설명하고 있다. 역사는 기록과 유물이라고 입에 침이 튀도록 강변하는 우리나라 역사가들이 태백산(太白山)을 왜 백두산(白頭山)이라고 우기는지는 알다가도 모를 일이다. 태백산(太白山)은 크고 흰 산으로 백두산(白頭山, 흰 머리 산)과는 의미가 다르다. 우리 상고사와 신화를 베껴서 사용하는 일본에서는 이 태백산(太白山)을 '히코산(희고 큰 산)'이라고 부른다. 다음에 나타낸 예전의 중국 관광 지도뿐만 아니라 아직도 중국에서는 태백산(太白山)을 그대로 사용하고 있다. 현재 우리나라에 있는 태백산은 평야가 없고, 물이 부족하여 나라를 세울 만한 자리가 아니다. 우리의 녹도문(鹿圖文)은 한국(桓國)에서 유래하여 배달국(倍達國)으로 이어졌으며, 가림토(加臨土) 문자는 배달국(倍達國)을 이은 단군조선(檀君朝鮮)에서 만들어졌으므로 그 유물은 현재 한반도보다는 중국에 있는 태백산(太白山) 유역을 중심으로 살펴보아야 한다. 실제로 가림토(加臨土) 문자의 흔적이 현재 중국 길림성에서 발굴된 적이 있으나 그것보다는 지도에 나타나 있는 서안(西安)과 천수(天水) 지역에 더 많은 유물이 있을 것으로 추정된다. 지도를 천천히 음미해 보면 무척 재미있는 것들도 많다. 얼핏 보면 꼭 우리나라 특정 지역의 관광 지도처럼도 보인다. 지도상에서 '복희(伏羲)' 묘와 '신라 왕릉 지역'이 매우 이채롭다. 복희(伏羲)는 우리 민족의 한 갈래로 그 무덤이 있는 곳은 곧 그곳이 우리의 영역이었음을 시사하기 때문이다.

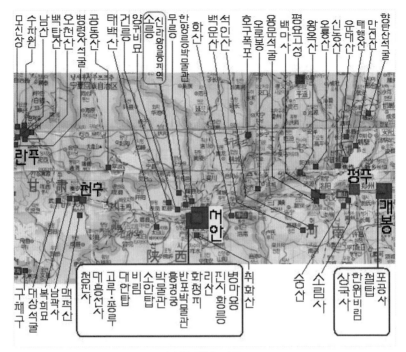

모신상
수차원
남산
백탑산
오천산
병령사석굴
공동산
태백산
건릉
양귀비묘
소릉
신라왕릉지역
무릉
한양(山西)박물관
화산
백운산
석인산
백마사
용문석굴
평요고성
평요고성
왕옥산
오룡산
신동산
운대산
태행산
만선산
향당산석굴

구채구
대상석굴
복희묘
남곽사
맥적산
청진사
고루·종루
대안탑
비림
소안탑
박물관
흥경궁
반포박물관
화청지
진시황릉
병마용
취화산
숭산
소림사
상국사
한원비림
철탑
포공사

중국 관광 지도

※ 다음에 다시 이야기할 기회가 있겠지만 신라 왕릉 지역도 예사롭지 않다. 단군 조선 시대에는 나라를 진한, 마한, 변한(역사가들은 가락국을 변한으로 보고 있다)의 삼한으로 나누어 다스렸으며, 이들이 나중에는 신라, 백제, 고구려가 된다. 진한은 단군왕검이 직접 통치하는 나라로 지금의 서안 훨씬 아래쪽에 위치해 있었다. 신라를 대표하는 지명이 '계림(桂林, 중국 관광지)'이므로 그 부근이 신라 지역인 것이다.

백제와 신라가 피 터지게 싸운 황산(黃山) 역시 중국 지도에 아직까지 선명하게 남아있다. 옛 기록을 보면 백제와 신라의 싸움에서 수십 채의 성을 뺏고 뺏기는 싸움을 벌이는데 성이란 것이 무슨 빌라도 아니고 그 수백 채의 성을 기존의 이론대로 남한에 지어 놓으면 남한 전체가 성으로 꽉 찼을 것이다. 현재 우리나라 국토는 70%가 산이며, 조선 시대에만 해도 개간이 덜 되어 지금보다 산이 더 많았으며, 마을도 널찍이 떨어져 있었다는 걸 감안하면 거의 마을 하나가 성이어야 한다는 소리다. 역사가들은 또 경주가 계림이라고 우겨 대니 그들은 계두(鷄頭, 닭대가리)임에 틀림없다.

백제 근초고왕 때 현재의 중국에 식민지를 건설했다고 하는데 그것은 식민지가 아니라 원래 그곳이 백제의 땅인 것이다. 한반도에 있는 백제는 백제가 신라의 영역을 침범한 것이며, 이에 따라 신라는 중국에 있는 신라와 한반도에 있는 신라로 분리된 것이다.

계림에 대해 《삼국유사》에서는 신라의 시조 혁거세 왕조(條)에 보면, 왕은 계정에서 태어났고 왕비 알영은 계룡에게서 태어났기 때문에 계림국이라 나라 이름을 지었다고 하였으나 이는 계림의 계(鷄)를 '새'로 읽어 계림은 '새벌'의 다른 표기에 불과한 것이다. 신라의 서울 이름은 서라벌이며, 이것이 셔블로 발음되고, 현재의 '서울'이 된 것이다. 신라 시대 처용가에 보면 처용이 "셔블 밝은 달에 밤들이 노닐다가…(달 밝은 서울에서 밤이 깊도록 놀다가…)" 하고 노래를 부르는데 여기에 나오는 셔블이 서라벌인 것이다.

※ 여기서 주목할 것이 있다. 신라의 서울 서라벌을 한자로는 동경(東京)이라고 적는다. 현재 일본의 서울도 동경이다. 그런데 역사학자들이 궁금해하는 것은 신라의 서울이 동경이라면 어딘가에 서경(西京)이 있어야 하는데 서경은 흔적도 보이지 않는다는 것이다. 중국에는 서경, 북경(北京), 남경(南京)은 있으나 동경이 없다. 여기서 우리는 배달국의 영역이 동경, 서경, 남경, 북경을 중심으로 하며, 이 영역의 서쪽과 남북으로 세력을 떨치고 있었음을 알 수 있다.

고구려의 전신인 변한은 몽고에서 시베리아 바이칼호를 거쳐 아무르강이 바다에 닿는 쪽까지를 영역으로 하였다. 몽고의 신은 뎅그리(Tengri)이며, 이는 단군의 이름이 변형된 것이다. 또한 이들은 위대한 고구려의 후손임을 자랑스럽게 여기고 있다. 백제의 전신인 마한은 북경을 중심으로 하여 백두산 북방까지, 변한 영역의 아래쪽을 영역으로 하고 있었다. 신라의 전신인 진한은 마한의 아래쪽인 서경과 남경에서 한반도에 있는 동경까지의 영역이며, 아래로는 티베트와 인도, 일본에까지 영향력을 행사하고 있었다.

　《한단고기》에서 말하는 한국(桓國)의 영역이 동서 이만 리, 남북 오만 리라는 것이 과장이 아닌 것이다. 한반도에 신라의 서경이 없는 것은 신라의 영역이 이렇게 광대하여 저 멀리 중국에 있었던 것이다. 이를 좁은 반도에서만 찾으려 하니 보이지 않는 것이다. 역사학자들도 이제는 눈을 크게 뜨고, 세계를 바라보아야 우리의 역사가 올바르게 보인다.

※ 복희(伏犧)에 대해서는 우리 고전 《규원사화》에 다음과 같이 적고 있다. "풍족(風族)에서 태어나서 숫자에 의지하여 변화를 바라보는 이치에 대하여 자세히 익힌 뒤, 서쪽으로 중토로 나아가 수인씨(燧人氏)의 세상을 이어 황제가 되어 사황(史皇)의 도움과 하도(河圖)의 상서로움을 얻어서 팔괘(八卦)를 그리니, 중토 역리(易理)의 원조가 되었다. 복희씨는 스스로 능히 희생(犧牲, 제물에 쓰이는 동물)을 잘 길들이고 복종케 하여 그 위엄이 승냥이와 표범에까지 이르렀기에 '복희(伏犧)'라는 이름이 그로 연유한 것이며, 풍족에서 태어난 까닭으로 '풍'을 성씨로 삼았다. 용(龍)으로 벼슬을 기록한 것 또한 호가(虎加)나 마가(馬加)라고 일컬음과 같은 유형에서 근원한 것이다."

※ 한인(桓仁)은 한인(桓因, 환인)으로도 표기하며, 이는 우리말의 한자식 표기일 뿐이다. 우리말 한인은 '환한 님, 밝은 님'을 의미한다. 이것이 뒤에 가면 '한나님', '한얼님', '한울님' 등으로도 발음되며, 최종적으로는 '하느님'으로 자리잡게 된다. 처음에는 한인(桓仁) 천제(天帝)를 지칭하는 것이었으나 이후에는 천부경에서 말하는 천일(天一〉天極〉天神), 지일(地一〉地極〉地神), 인일(人一〉人極〉人神)의 삼신(三神)을 주제하는 한(一)을 의미하는 하느님이 된다. 애국가에 나오는 "하느님이 보우하사…"도 이러한 하느님을 의미한다. 즉, 천신(天神), 지신(地神), 인신(人神)의 삼신(三神)이 하나로 되는 것으로, 기독교의 삼위일체(三位一體) 사상도 천부경(天符經)에서 유래한 것이다. 우리나라에서 기독교가 교세를 그렇게 빨리 확장할 수 있었던 이유가 우리 민족에게는 이미 하느님에 대한 신앙과 믿음이 뿌리 깊게 자리잡고 있었으며, 하느님에 대한 개념이 정립되어 있었기 때문이다. 또한, 기독교의 창세기 편이 우리의 고대 상고사를 모방한 부분이 많은 것도 이유 중의 하나이다

환웅(桓雄) 천황(天皇)이 태백산(太白山, 현재 중국의 산)의 신단수(神壇樹) 밑에 내려와 신시(神市)를 열어 배달국(倍達國)을 개국할 때 한인(桓仁, 환인) 천제(天帝)가 개국의 선물로 천부경(天符經)과 천부인(天符印) 세 개를 주었다는 기록이 나온다. 환웅(桓雄) 천황(天皇)이 개국 행차를 할 때 풍백(風伯), 우사(雨師), 운사(雲師)와 무리 3천 명을 거느리고 행진을 하는데, 앞에서는 북을 치면서 흥을 돋우고 길을 열며, 다음은 천부경을 새긴 청동 거울을 말에 올라 높이 들고 나아가며, 그 옆으로는 청동검을 든 무사들이 호위하였다. 여기서 우리는 천부인(天符印) 세 개가 북(또는 방울), 청동 거울, 비파형 청동

검을 상징한다고 믿는다. 이는 일반적으로 고인돌 등을 발굴하면 늘 함께 발견되는 것이 비파형 청동검, 번개 무늬 청동 거울, 청동 방울이기 때문이기도 한다. 그러나 실제 천부인은 한자 천부경 해설에서 설명한 천일(天一), 지일(地一), 인일(人一)의 상징물이다. 알기 쉽게 말하면 천지인(天地人), 즉 원(圓, 하늘[天], ○), 방(方, 땅[地], □), 각(角, 사람[人], △)의 상징물이다. 천부인(天符印)은 천지인(天地人) 세 개를 상장하는 상징물이며, 이는 원방각(圓方角), 즉 ○□△을 나타낸다. 이 천부인(天符印)은 한국(桓國)의 신표로 하느님의 나라이고, 하느님의 자손임을 증명하는 것이다. 우리 한글은 한국(桓國)의 신표로 부여받은 이 천부인(天符印) 세 개에서 유래한다.

가림다(加臨多) 문자는 《한단고기(桓檀古記)》의 〈단군세기〉에 따르면 3대 단군인 가륵 재위 2년(BC 2181년)에 단군이 삼랑 을보륵에게 명하여 만들게 한 정음(正音, 바른 소리) 38자이며, 이를 만들게 된 동기는 세종대왕이 예전에 있던 가림다(加臨多) 문자를 음운학적으로 분석 연구하고, 실제 운용법과 사용법을 설명하여 1446년에 반포한 훈민정음(訓民正音)의 제작 취지와 동일한 것이다. 즉, 가림다(加臨多) 문자는 이미 존재하고 있었으나 일반인들이 사용하는 방법이 제각각이어서 이를 정리하여 정음(正音) 38자로 정립한 것이다. 그러니까 실제 가림다 문자는 BC 2181년 정음(正音) 38자를 만들기 이전부터 있었던 것으로 그 역사는 배달국(倍達國)의 천부인(天符印) 세 개로 거슬러 올라간다. 처음에는 훈민정음이라고 이름이 붙어있던 것이 '한글'이라고 불리게 된 것 역시 한글은 '한국(桓國)의 글'이라는 뜻이 숨어있는 것이다.

우리가 현재 사용하는 한글은 가림다(加臨多) 문자에서 온 것으로 그 역사를 거슬러 올라가면 소름 끼치도록 무서운 진실과 맞닥뜨리게 된다. 문자라고 하는 것은 말(언어)이 생겨난 후에 그 소리를 그리는 표음문자(表音文字)나 그 뜻을 나타내는 표의문자(表意文字)가 만들어지는 것이 일반적이다. 표음문자는 영어의 발음 기호에 해당하는 것으로 우리 한글이나 영어와 같은 것이고, 표의문자는 그 뜻을 나타내는 것으로 한자가 대표적인 것이다. 표음문자는 불과 몇십 개의 기호로 수많은 낱말을 만들 수 있는데 반해 표의문자는 말 그대로 사물 하나에 하나의 글자가 있어야 되므로 글자 수가 많을 수밖에 없고 문자로서는 비효율적이기도 하다. 반면에 표의문자는 그 의미를 정확하게 전달할 수 있는 장점도 있다. 일례로 사장이라는 단어를 보면, 한글로는 모두 사장이지만 회사의 사장(社長), 바닷가의 사장(沙場, 모래밭), 사용하지 않고 묵혀 두는 사장(死藏), 사돈을 일컫는 사장(查丈), 활을 쏘는 사장(射場), 네 가자 장애를 일컫는 사장(四障) 등등 많은 사장이 있지만 한글로 사장이라고만 적어 놓으면 부수적인 설명이 없이는 어떤 의미의 사장인지 알기 어렵다. 그렇더라도 표의문자는 문자로서 치명적인 약점이 있는 것은 분명하며, 우리가 과학 시간에 배우는 원소 주기율표의 중국식 이름만 보아도 새삼 한글이 고맙게 느껴질 것이다.

그런데 한글은 분명히 소리를 그리는 표음문자임에 틀림이 없지만 거기에는 뜻을 나타내는 표의문자의 의미가 담겨 있다는 것이다. 더욱 놀라운 것은 우리가 사용하는 말(언어)이 한글의 형태와 일치하는 것으로 이는 한글이라는 문자와 우리의 말(언어)이 동시에 같이 만들어졌다는 느낌마저 드는 것이다. 상식적으로는 도저히 있을 수 없는, 상상할 수도 없는 마법 같은 일이 일어난 것이 우리의 말과 한글이다. 그렇기 때문에 가림다(加臨多) 문자의 역사는 단군조선의 기록인 BC 2181년보다 앞선 배달국(倍達國) 시대로 거슬러 올라가는 것이다. 우리말과 한글이 동시에 만들어졌다고 가정하면 한글은 말이 생길 때부터 있었던 것으로 그 역사는 BC 8000년 이전까지도 거슬러 올라갈 것이다. 그러나 이는 비약이 너무 심하므로 가림다(加臨多) 문자는 최소 BC 2500년 이전에 만들어진 것으로 추정된다.

가림다(加臨多) 문자는 천부인(天符印)에서 유래하므로 배달국에서 처음 만들어진 시기는 적어도 BC 2500년 이전이지만 기록상으로는 BC 2181년에 만든 정음(正音) 38자이다. 물론 앞서 말한 대로 정음(正音) 38자는 가림다(加臨多) 문자의 창제가 아니라 기존의 가림다 문자를 38자로 정리한 것이다. 이는 훈민정음이 전해져 오는 가림다 문자를 28자로 정리한 것과 동일한 것이다. '한글'이라는 이름이 '한국(桓國)의 글'임을 명심하여야 한다. 또한 한국(桓國)이 세계의 중심인 중국(中國)이었음도 잊어서는 안 된다.

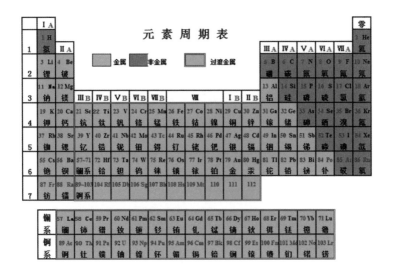

元 素 周 期 表

중국의 원소 주기율표

2) 우리말과 한글이 외국에서 유래했다는 궤변 ●●○

대부분의 학자들이 한글은 세종대왕이 창제하였다고 하는 고정관념에 사로잡혀 있기 때문에 훈민정음보다 앞선 시대의 유물에 우리 글과 유사한 글이 발견되거나 언어학적으로 말이 비슷하면 우리의 한글과 말이 그곳에서 유입되었다고 주장한다.

가장 가까운 일본만 해도 자신들의 신대문자(神代文字)인 아비루(또는 아히루) 문자가 세종대왕이 훈민정음을 반포한 1446년보다 100~700년이 앞서므로 한글은 자신들의 아비루 문자에서 유래했다고 주장한다. 우리나라 학자들 중에는 인도의 구자라트어가 한글과 형태가 유사하며, 훈민정음보다 약 1천 년이 앞서 있다는 이유로 한글은 구자라트어에서 유래했다고 주장한다. 또, 인도의 드라비다어가 우리말과 유사하다는 이유에서 우리말이 드라비다어에서 유래했다고 주장한다. 우리나라의 유명한 언어학 박사 중에서도 우리말이 인도의 산스크리스트어에서 왔다고 주장하며, 이를 증명하려 한다. 조금은 엉뚱해 보이지만 우리말과 상당히 유사한 말이 많은 중앙아프리카의 르완다어에서 왔다고 주장하는 이도 있다.

우리말의 역사는 1만 년 전으로 거슬러 올라가며, 한글의 역사도 최소 4천 년 이상이다. 보다 중요한 것은 한글은 우리말을 확실히 그려내고 있다는 것이다. 뒤에 설명할 한글의 창조 원리를 보면 이는 분명하며, 더욱 놀라운 것은 한글의 모양이 우리말의 뜻과 너무도 일치하여 말과 글이 동시에 만들어졌다고 해도 과언이 아닐 정도이다. 앞서 언급한 고대 인도어나 르완다어는 우리말과 유사하지만 이를 표현하는 글은 표음문자로 발음만 나타내지 한글처럼 소리를 그려 내지는 못한다. 우리말과 글의 역사와 한글의 형태를 고려하면 우리말과 한글이 그들 지역에 전해진 것이 분명하다.

① 일본의 신대문자(神代文字)인 아비루 문자

일본의 아비루(또는 아히루) 문자는 신대문자(神代文字) 중 하나로 대마도의 우라베 아비루(占部阿比留) 가문에 전해져 내려온 데서 유래한다고 한다. 아비루 문자는 일본의 신사(神社)에서 소중하게 여기는 보물로 여기에는 우리의 초기 가림다(加臨多) 문자가 기록되어 있다. 특히, 일본의 천황만이 공물을 바친다는 최고의 신사인 이세신궁(伊勢神宮)에는 천부인의 상징인 가림다 문자가 새겨진 청동 거울이 소장되어 있으며, 가림다 문자로 쓰여진 서적도 보관되어 있다. 가림다 문자의 흔적은 문서나 서적뿐만 아니라 일본의 오래된 비석이나 사찰 등 곳곳에서 발견된다. 일본에서는 한자가 전래되기 이전의 고대 일본에서 사용되었다고 주장하며, 에도 시대부터 있었다고 주장한다. 일본에서는 아비루 문자의 사용 시기를 『고사기』가 나온 712~1339년으로 추정하고 있다. 이를 기준으로 하면 아비루 문자는 1446년에 반포된 훈민정음보다 최대 700년, 최소 100년이나 앞선 것이 된다. 따라서 일본에서는 한글이 자기들의 신대문자(神代文字)인 아비루 문자에서 유래했다고 주장하는 것이다.

반면에 우리나라 학자들은 일본의 신대문자는 위작이며, 일본의 주장은 모두 거짓이라고만 이야기한다. 일본의 역사 왜곡을 그렇게 질타하면서 정작 자신들은 진실을 직시하지 않고 일본과 똑같은 위선을 떨고 있는 것이다. 이는 '한글은 세종대왕이 만들었다'는 맹신에서 비롯된 무지의 소치인 것이다.

한반도에서는 가림다 문자의 흔적이 거의 남아있지 않다는 이유로 가림다 문자를 부정하는 경향이 강하다. 그러나 가림다(加臨多) 문자는 단군조선 이전에 만들어진 것으로 그때의 배달국(倍達國)과 단군조선은 동일한 곳에 위치하였으며, 그곳은 현재 중국에 있는 태백산(太白山)과 그 이남 지역이다. 우리의 녹도문(鹿圖文)과 가림다(加臨多) 문자의 흔적을 찾으려면 한반도가 아니라 배달국이 있던 곳을 찾아야 한다. 가림다 문자의 흔적이 인도 지역이나 일본에서도 발견되는 이유이다. 그러나 세종대왕이 훈민정음을 만든 것을 감안하면 조선 시대까지만 해도 가림다 문자의 흔적이 남아 있었던 걸로 추정된다.

② 일본어는 우리말

옛날 일본에서 사용했던 언어는 고대 경상도의 방언이 기본이었다. 이것이 세월이 흘러 현재의 일본어가 되었다. 일본과 사할린, 쿠릴열도, 캄차카반도 등 현재의 러시아 동부에는 원래 '아이누족'이 살고 있었으며, 이들이 사용하는 언어는 '아이누어(語)'였다. '아이누'를 우리말로 해석하면 '해누리'로 '태양의 자손' 내지는 해가 뜨는 곳에 사는 사람들이란 의미이다. 일본(日本)이란 이름도 '해 뜨는 곳'이란 뜻이다. 이는 일본 지역이 배달국(倍達國)의 영향권에 속해 있었기 때문일 것이다.

한반도 남부의 김해를 중심으로 여러 부족이 연합하여 김수로왕을 가락국의 임금으로 추대하였으며, 그 시기는 기록상으로 AD 42년이다. 가락국은 6가야의 연합국이다. 김수로왕의 아내는 천신의 명을 받아 배를 타고 바다를 건너온 아유타국(阿踰陀國)의 왕녀 허황옥(許黃玉)이다. 김수로왕은 왕으로 즉위 후 관직을 정비하고 도읍을 정해 국가의 기틀을 확립하였다. 당시 가락국의 제철 기술은 같은 시대의 어떤 나라보다도 우수하였으며, 군사적으로도 잘 훈련된 철마 기마대가 있어서 주변국에서 함부로 볼 상태가 아니었다. 그러나 어느 날 갑자기 가락국은 우리 역사의 뒤안길로 사라지고 만다. 가락국을 구성하던 6가야는 점차 힘을 잃고 결국에는 신라로 편입되고 만다. 이는 가락국의 주력 세력이 AD 200년을 전후하여 일본으로 나라를 옮기면서 발생한 현상이다. 한반도의 삼국을 통일한 신라의 주역은 김유신 장군이며, 김유신도 가락국의 후예이다.

개인적인 생각이지만 이는 김수로왕의 왕비인 허황후의 영향력이 컸던 것으로 생각된다. 인도에서 배를 타고 가락국에 올 정도면 그 당시에도 일본에 대해 잘 알고 있었을 것이다. 또한 인도는 배달국의 영향력 아래에 있었기 때문에 단군 조선 시대의 진한과 이를 물려받은 신라에 대해서도 사전 지식이 풍부했을 것이다. 가락국의 발전과 번영을 위해서는 신라와 인접한 한반도 남부 지방보다는 아직 문명이 미미하고 국가의 체계를 갖추지 못한 다수의 부족들이 흩어져 있는 일본으로 국가를 옮기는 것이 미래를 위해 바람직하다고 생각했을 것이다.

가락국이 나라를 옮겨 자리를 잡은 곳은 현재 일본의 가장 중심부 지역이었다. 교두보는 오사카였으며, 일본의 나라현(奈良縣)은 그 이름에서 알 수 있듯이 가락국이 나라를 세운 곳으로 나라의 중심지이며, 초기에는 나가노현, 기후현, 아이치현 등 주로 일본의 중심부를 장악하였다. 당시로서는 뛰어난 문명과 막강한 군사력을 가진 가락국은 5세기를 전후하여 일본 열도 전체를 실질적으로 지배하는 중심 세력이 된다. 가락국이 세운 나라를 일본 이름으로는 야마토국(大和國)이라 부른다. 야마토국은 가락국이 세운 나라이므로 가락국이 있었던 경남 지역의 가야 유물과 야마토국의 유물은 서로 같을 수밖에 없다. 이를 두고 일본의 역사가들은 4세기 후반 무렵부터 6세기 중엽까지 일본의 야마토(大和) 정권이 가야를 식민 지배했다고 하는 '임나일본부설'(任那日本府說)을 주장하는데 이는 주객이 전도된 것이다. 가락국이 일본을 정복하고 세운 나라가 야마토국(大和國)이라고 해야 한다.

　여기서 大和(대화)를 읽는 방법에도 의문점이 있다. 大和를 일본식으로 읽으면 '다이와' 내지는 '오오와'가 되어야 하는데 왜 '야마토'라고 읽느냐는 것이다. 대화(大和)와 '야마토'라는 말은 전혀 상관관계가 없으며, 일본에서도 대화(大和)에 대해서만 '야마토'라고 읽는다. 일본어 '야마'는 통상 산(山)을 가리키는 말로 야마모토(山本), 야마다(山田) 등에서 볼 수 있다. 한자어 대화국(大和國)은 '크게 화합한 나라'라는 뜻으로 가락국처럼 연방 국가임을 나타내며, '야마토'를 우리말로 해석하면 '태양을 받는 신성한 땅'이라는 뜻으로 '해 뜨는 곳'과 동일한 의미다. 그래서 한자로는 대화국(大和國)이라는 연방 국가임을 나타내고, 이를 읽을 때는 우리말 '야마토'라고 읽었다. 그런데 달리 보면 대화국(大和國)이 단군조선의 연방국임을 의미할 수도 있으며, '야마토'라는 말도 '해 뜨는 나라', 즉 조선(朝鮮)임을 암시할 수도 있다. 즉 '야마토'는 '해 뜨는 곳'이라는 의미로 일본(日本)의 의미와 동일한 것이다. '일본(日本)'이 해 뜨는 곳이 되는 것도 가락국(한국)에서 보았을 때의 이름이다. 사전에도 '야마토'는 일본의 옛이름이라고 정의해 놓았다.

　임나(任那)는 일본에서 가야를 지칭하는 말이다. '임나'라는 말도 우리말로는 '임금이 나온 곳'이라는 뜻으로 야마토국의 임금이 나온 곳을 가리킨다. 사회, 경제, 문화의 중심지였던 야마토국(가락국)의 언어가 일본 전체로 퍼져 나간 것은 당연한 일이다. 그래서 고대 일본어는 고대 경상도 방언이 주를 이루게 되는 것이다. 가락국에서 출토된 기마상은 전형적인 일본 기마무사와 닮아 있고, 가락국의 가옥 형태가 현재 일본에 남아있는 전통 가옥과 흡사한 것도 이를 증명하는 것이다.

가락국의 기마상과 가옥 토기   일본 나가노현의 가옥

일본어에 대한 단적인 예를 들어보면 '겐모호로'라는 말이 있다. 일본에서는 그 어원이 '꿩의 울음'에서 유래했으며, '닭의 울음'은 아침을 알리지만 '꿩의 울음'은 의미가 없어서 '쓸데없다'라는 의미를 갖는다고 설명하고 있다. 그러나 '겐모호로'는 경상도 말로 '건 머하러 (그건 뭣 하려고)'의 뜻으로 '쓸데없는 짓 하지 말라'는 의미이다.

일본의 나라현과 긴키 지방에서 가장 높은 산의 이름이 히코산(희고 큰 산)인데 이것 역시 한국(桓國)의 역사에 등장하는 태백산(太白山, 크고 흰 산)을 상징하여 지은 우리말 이름이다. 일본의 북부 지역에는 신라인들이, 홋카이도(北海道)에는 고구려인들이 다수 살고 있었지만 이들의 영향력은 적었다.

이후 일본의 남부 지역에는 패망한 백제의 유민들이 대거 몰려들게 된다. 우리 역사에 기록되었듯이 백제는 패망 후 일본에 있던 의자왕의 아들 풍을 왕으로 내세워 신라와 전쟁을 벌인다. 이것도 백제가 일본과 가까웠던 것이 아니고 당시 일본 남부 지역은 백제의 식민지 정도로 보아야 한다. 이렇게 일본으로 모여든 백제 유민들도 큰 세력을 형성하게 되며, 일본 남부 지역의 언어에 많은 영향을 미치게 된다.

단적인 예로, '사무라이'는 일본에서 무사를 뜻하는데 한자로는 표기가 없다. 이는 '사무라이'가 백제의 무사를 뜻하는 '싸울아비'에서 유래한 때문이다.(싸울아비→사우라비→사무라이)

일본 영화 중에 《가케무사(影武者, 그림자 무사)》라는 영화가 있다. 가케무사(影武者)란 자신과 닮은 사람을 내세워 적에게 혼란을 주는, 대역을 담당하는 존재이다. 영화 《가케무사》는 일본의 역사를 가르는 중대한 전쟁이지만 우리에게도 상당한 의미가 담긴 영화이다. 다케다신겐(武田信玄)이 죽은 후 가락국의 대표 주자인 다케다(武田) 가문과 백제 유민의 대표 주자인 도쿠가와(德川) 가문의 싸움을 그린 것이 《가케무사》란 영화이다. 다케다 신겐은 1521년 가이국(가야국과 발음도 비슷하다)의 슈고 다케다 노부토라의 적장자로 태어났다. 본명은 다케다 하루노부로, 신겐은 출가하여 받은 법명이다. 그의 아버지 노부토라는 14세에 가문을 잇고 가이를 통일하여 전국 다이묘로 우뚝 선 용장이었다. 다케다(武田)는 일본 전국시대(戰國時代) 유명 다이묘(大名)로 다섯 손가락 안에 드는 막강한 세력이었다. 다케다 가문의 철기 기마대는 일본 전국시대 최강의 군대로 군림하였다. 이들도 가락국의 기마무사와 판박이다. 도쿠가와 이에야스가 다케다군과 맞섰다가 대패한 후 혼자 말 위에서 똥을 싸며 도망쳤다는 이야기는 너무나 유명하다. 물론 도쿠가와 연합 세력에는 오다 노부나가, 도요토미 등의 가문도 참여한다. 영화의 결말은 다케다군의 철갑 기마대가 도쿠가와 연합 세력의 조총 부대에 의해 궤멸되면서 패배한다. 이후의 일본 역사는 도쿠가와(德川) 가문을 중심으로 흘러가게 된다.

이 전쟁이 우리에게도 중요한 의미가 있는 이유는 이 전쟁으로 인해 가락국의 맥이 일본에서마저도 끊어지게 되었다는 점이다. 일본 황실의 천황은 전통적으로 가락국의 후예였으나 이 전쟁으로 인해 천황 일가에 백제의 피가 섞이게 된다. 이는 2001년 12월 일본 천황궁에서 아키히토(明仁) 125대 일본 천황이 한일 고대사에 관해 "나 자신, 간무천황의 어머니가 백제 무령왕(武寧王)의 자손이라고, 《속일본기》에 기록되어 있는 사실에서, 한국과의 인연을 느낍니다."라고 인정한 데서도 알 수 있다. 도쿠가와 가문은 전쟁이 끝난 후에도 다케다 가문의 학살을 멈추지 않고 자행하는데 이는 앞서 다케다 신켄에게 혼줄이 난 이후의 열등 의식에서 비롯되었을 것이다. 그리하여 다케다 가문의 사람들은 도쿠가와의 세력이 미치지 않는 깊은 산으로 숨어들어 살게 된다. 또한, 혹시나 모를 도쿠가와 세력의 침입에 대비하여 다케다신켄에 의해 만들어진 닌자(忍者)의 무술을 연마하며 살아간다. 일본의 유명한 만화 '나루토'를 보아도 '닌자'들은 깊은 산속에서 생활하며, 이들이 기거하는 집은 앞에서 나온 가락국의 가옥과 판박이처럼 닮아 있다.

일본 천황의 성(性)을 아는 사람은 거의 없다. 고대에도 왕이나 귀족은 출신이 중요하며, 성이 없는 왕은 상상할 수 없다. 그럼에도 일본 왕가의 성이 알려지지 않은 것은 왕권이 가락국에서 백제로 바뀌면서 천황의 권위와 왕권의 유지를 위해 고의로 은폐한 것으로 생각된다.

참고로 영화에 나오는 다케다(武田)군의 깃발에는 풍림화산(風林火山)이란 글이 쓰여 있다. 그 뜻은 바람처럼 빠르게, 숲처럼 고요하게, 불길처럼 맹렬하게, 산처럼 묵직하게 적을 엄습한다는 것이다. 이는 전쟁에서 기선을 제압하여 승리를 취하는 방법에 대하여 논한 손자(孫子)의 군쟁(軍爭)에서 나온 말이다.

"그러므로 병법은 적을 속이는 것으로 세우고, 이익으로 움직이며, (병력을) 나누기도 하고 합하기도 함으로써 변화를 주는 것이다. 그러므로 군사를 움직여 내달릴 때는 바람처럼 빠르고, 서서히 움직일 때는 숲처럼 고요하고, 치고 빼앗을 때는 불이 번지듯이 맹렬하고, 주둔하여 움직이지 않을 때는 산처럼 묵직해야 한다. 적이 모르게 은폐할 때는 그림자에 가린 듯하고, 군사를 움직일 때는 벼락이 치듯이 신속하게 해야 한다. 우회하여 공격할 것인지 곧바로 공격할 것인지를 먼저 아는 자가 승리할 것이니, 이것이 군사를 가지고 싸우는 방법이다. (故兵以詐立, 以利動. 以合分爲變者也. 故其疾如風, 其徐如林, 侵掠如火, 不動如山. 難知如陰, 動如雷震, 先知迂直之計者勝. 此軍爭之法也.)"

▶ 일본의 옛 노래를 모아 놓은 《만엽집》

일본에서 현재 사용하는 가나 문자가 만들어진 시기는 10세기경이다. 그런데 그보다 앞선 9세기 이전의 기록이 남아있는 것이 《만엽집》이며, 주로 4~8세기경의 노래이다. 이에는 약 4,600수의 노래가 실려 있으며, 내용은 일본 왕실을 비롯한 왕자, 여왕, 귀족들의 노래들이다. 그러나 일본인들은 《만엽집》에 실려 있는 만엽가를 절대로 해독할 수 없다. 이는 한자의 소리를 차용해서 읽는 것으로 '향찰식 표기(이두문과는 다르다)'라고 한다. 《만엽집》에 실려 있는 만엽가는 우리말을 모르면 해독이 불가능한 것이다. 현재는 많은 만엽가가 우리말로 해설되어 있다. 여기서 주목할 것은 한국 사람만이 읽을 수 있는 수많은 만엽가를 당시 일본 왕실이나 귀족들이 불렀다는 사실이다. 이는 당시의 왕족이나 귀족은 모두가 한국 사람이었다는 것을 의미한다. 그 주류 세력은 가락국의 후예이며, 나머지 세력은 백제의 후예인 것이다. 최초 일본의 천황이 한국 사람(가락국의 후예)이었다는 것은 만엽가를 통해서도 알 수 있다.

아래에 김인배, 김문배 선생이 해설한 만엽가의 한 구절을 예로 든다.

본문: 垂乳根之母我養蠶乃眉隱馬聲蜂音石花蜘(蟲廚)荒鹿異母二不相而 (27자)

垂(드르우)乳(젖)根(근)之(지)母(어미): 드르(들판의 고어)우(上)젖 큰 지어미

我(아)養(기를)矗(눗헤)乃(내): 아기를 눕혔(눗헤/누에: 고어)네

眉(미)隱(은)馬(말)聲(셩)蜂(버리)音(그늘): 미운 말썽버리(벌/버리/고어)거늘

石(돌)花(화)蜘(거믜): 돌아 거믜(까물아지다/고어)

(蟲廚)(쥐메노호리/쥐메늘/고어): 째매놓으리

荒(그츠)鹿(사잠)異(다르): 그치사 잠(사잠/사슴/고어)들어

母(어미)二(두)不(불)相(상)而(이): 어미두 불쌍이 (생각한다)

이를 현재 말로 해석하면,

들판에 젖이 큰 지어미가 아기를 눕혔네(젖먹인다) 미운 말썽부리거늘 (젖달라고) 돌아 까물어지니 짜매놓으리 (우는 것을) 그치사+잠(寢) 들어 어미두 불쌍이 생각한다

문자 풀이: 아기를(我. 아)+養(기를)=목적격 '를'까지 그들이 사용했다는 것이다. 이 노래를 해석하여 놓고 보니 현재 우리들이 사용하고 있는 말들이 그 당시에도 같이 사용되었다는 것을 알 수 있다. 향찰식 표기는 한자의 소리를 차용한 것이다. 한자의 의미는 은유로 사용되고 한자를 발음 기호로 사용한 것이다.

音(그늘/陰)은 옛날에는 陰 자 대신 音을 사용하여 '그늘'이라 했다.(큰 사전 참조)

훈민정음은 우리말 소리말의 소리 부호=발음 부호의 창조이다. 이 시기 향찰의 표기법은 '한자'는 '소리 부호' 발음 부호의 역할인 셈이다.

특이한 것은 충부(蟲廚)는 부엌 주(廚)에 벌레 충(蟲)이 붙은 글자로서 한문사전에도 나오는 것이 없다는 사실이다. 이는 순전히 노래

의 기록자가 고안해 낸 글자로 부엌 등의 그늘지고 습기 찬 곳에 서식하는 벌레라는 의미에서 부엌 주(廚)와 벌레 충(蟲)의 회의자(會意字, 모아서 만든 뜻글자)로 만든 글자이다.

(쥐메느리/(공벌레): 고어: 쥐메노호리/째매놓으리/소리 차용) 놀라운 용자법이다. 한국인이 아니면 어디 감히 일본인이 이것을 해석하리오.

③ 고대 인도의 언어

인도의 구자라트어는 한글과 닮은 것이 꽤 많으며, 한글을 읽듯이 읽어도 발음이 같다. 뿐만 아니라 같은 뜻을 가진 낱말도 상당히 많다. 인도의 구자라트어는 기록상으로 AD 400년부터 사용된 것으로 훈민정음보다 약 1천 년이 앞선다. 인도의 드라비다어는 우리말과 같은 것이 수백 개에 달한다. 우리나라의 어떤 학자는 구자라트어가 훈민정음보다 먼저 만들어졌다고 해서 '한글'이 인도의 구자라트어에서 기원한다고 주장한다. 또한 인도의 산스크리스트어가 우리말의 기원이라고 주장하는 박사도 있다.

이처럼 인도 유역에 우리말과 비슷한 언어가 많고, 한글과 유사한 형태의 글이 남아있다는 것은 티베트를 포함하여 인도 지역이 고대 한국(桓國)의 영향권에 속해 있었다는 반증이 된다. 인도의 신화는 우리의 신화와 유사한 것이 많은 것도 하나의 예가 된다. 인도의 힌두교는 기독교와 이슬람교 다음으로 신자 수가 많아서 9억 명이 넘는 것으로 추정된다. 인도에서 발생한 또 다른 종교로는 불교가 있다. 힌두교와 불교의 가장 기본이 되는 교리는 윤회(輪廻) 사상이다. 이러한 윤회 사상의 시초가 되는 것이 천부경(天符經)에 담겨 있는 것이다. 천부경에서는 사람이 죽은 다음 다시 환생한다고 하는 윤회 사상을 직접적으로 표현하지는 않았지만 천부경을 해석하기에 따라서는 사람이 삶을 반복하는 것으로 볼 수 있는 대목이 있다. 우리 민족의 사상과 철학인 천부경이 인도 지역으로 퍼져 나갔다면 당연히 우리말과 글도 인도로 퍼져 나갈 수밖에 없는 것이다.

천부경 내용 중에 성환오칠(成環五七)이라는 구절이 나온다. 이 말은 5(다섯)와 7(일곱)이 고리를 이룬다는 뜻이다. 천부경 해설에서 설명한 대로 우리말 다섯은 '땅 위의 모든 것'이며, 일곱은 '일어나서 굽는다'의 의미이다. 다섯과 일곱이 고리를 형성한다는 것은 세상 만물은 끊임없이 생겨나지만 이들은 나서 자라고 죽는 고리를 형성한다는 것이다. 이를 해석하기에 따라서는 사람도 나서 자라고 죽지만 다시 태어난다고 할 수 있는 것이다. 즉 힌두교와 불교의 중심 교리인 윤회 사상인 것이다. 성환오칠(成環五七)의 원래 뜻은 무상(無常)으로 '영원한 것은 없다'는 것이다. 만물은 구름과 같아서 생겼다가 없어지니, 별도 나서 자라고 소멸되며, 국가도 생겨나서 성장하다가 소멸한다는 것이다. 우리말 일곱은 '나서, 자라고, 죽는다'는 뜻으로 생성멸(生成滅)을 의미한다. 이는 힌두교의 우주관에 그대로 반영되어 힌두교에서는 "우주는 생성, 발전, 소멸을 반복한다"고 한다. 이를 신이 주관하는 것으로 보아서, 브라흐마신이 우주를 생성하고, 비슈누신이 우주를 유지 발전시키며, 시바신이 우주를 소멸시킨다고 한다. 마치 계절이 바뀌듯 우주의 시간도 바뀌어 결국에는 낡은 우주가 소멸되고 새로운 우주가 만들어진다고 하는 것이다. 이러한 천부경 사상은 마야에도 전해져서 마야 사람들도 이 세상은 성장하다가 언젠가는 멸망하고 새로운 세상이 열린다고 믿었다.

　불교는 천부경 사상에 더욱 가깝다. 불교도 기본적으로는 윤회 사상이 근간을 이룬다. 그러나 이를 바라보는 시각은 힌두교와 다르다. 부처는 인생을 생로병사(生老病死)의 네 가지 고통으로 보았다. 즉 태어나는 괴로움(아이를 낳는 괴로움), 늙어가는 괴로움, 병드는 괴로움, 죽는 괴로움이 그것이다. 부처는 인간이 이러한 고통을 벗어날 수 있는 방법을 오랫동안 명상하다가 그 답을 천부경에서 찾는다. 천부경의 첫 구절과 마지막 구절을 보면 일시무시일(一始無始一)과 일종무종일(一終無終一)이다. 이를 연결해서 해석하면 "세상(우주)은 시작도 끝도 없이 존재하는 것이다."라는 의미이다. 천부경의 일(一)을 나로 인식하면 나라는 존재의 몸은 죽지만 나의 넋은 영원히 존재한다고 해석할 수 있다. 즉 끝없는 윤회고(輪廻苦, 윤회의 고통)에 시달리는 것이다. 부처는 윤회를 생로병사를 반복하는 고통으로 인식한 것이다. 우리말 아홉은 수양을 하는 것이며, 열은 아홉을 통해 마음을 열어서 깨달음을 얻는 것이다. 천부경에서는 이것을 일적십거 무궤화삼(一積十鉅 無櫃化三)으로 적고 있다. 이를 해석하면 "우주의 근본 기운인 한(一)을 쌓고 쌓아 크게 열면 걸릴 것이 없는 밝은 사람(明人)이 된다"는 뜻이다. 부처는 사람도 수양을 통해 모든 사람이 부처(천부경에서는 밝은 사람(明人))가 될 수 있으며, 부처가 되면 윤회의 고통에서 벗어날 수 있다고 보았다. 이것이 불교의 핵심 교리이다.

　힌두교나 불교의 근본 사상은 천부경에서 유래한 것이다. 따라서 인도 지방에는 우리말과 글이 널리 퍼질 수밖에 없는 상황에 놓여 있었던 것이다.

부처에 대해 좀 더 알아본다.

혹자는 부처가 우리와 같은 겨레의 일족인 동이(東夷)족이라고
한다.

여기서 먼저 주지해야 할 사항은 우리 한민족은 단일 민족이 아니
라는 것이다. 단군 신화에서도 나오듯이 환웅이 웅(熊)족과 결혼하
여 단군을 낳는다. 이는 우리 민족이 단일 민족이 아니라는 것을 증
명하고 있다. 한은 '큰', '많은'의 뜻이 있으므로 한민족이란 큰 민족
내지는 다수의 민족이 모인 것이다. 요즘 말로는 다문화 사회를 이
루고 있었다는 것이다. 한국(桓國)의 영역을 감안해 보아도 동북아시
아 전역의 민족을 수용하고 있었다.

불교의 시조가 되는 부처를 한자로는 석가모니(釋迦牟尼)라고 부른
다. 석가모니(釋迦牟尼)에서 석가는 북인도에 살고 있던 샤키아라 불
리는 한 부족의 총칭이며, 모니는 성자를 의미하는 무니의 발음을
한자로 적은 것이다. 따라서 석가모니는 '석가(샤키아)족 출신의 성자'
라는 의미이다. 여기에 부처가 동이족의 갈래임을 알 수 있는 단서가
나온다. 터키는 돌궐(突厥, 투르크)에서 유래한 나라인데 돌궐이 색
국(塞國, saka)에서 나왔다고 보는 견해가 있기 때문이다. 색국(塞國)
이 사카(saka)이므로 석가(샤키아)족과 동일한 것으로 볼 수 있다. 부
처의 본명은 고타마 싯다르타(悉達多喬達摩, 실달다 교달마)이다. '고타
마'라는 부처의 성은 한자로 구담(瞿曇)이라고 적는다. 부처를 일반적
으로 '붓다'라고도 하는데 이는 '깨달은 자'를 뜻하며, 중국에서는 이
를 한자로 '불타(佛陀)' 또는 줄여서 '불(佛)'이라고 한다. 여기서 부처

의 성인 구담(瞿曇)은 '고타마'의 한자 발음을 빌린 것으로 이를 비슷한 발음의 구담(龜潭, 거북 연못)으로 바꾸어 놓으면 김수로왕의 탄생 설화가 담긴 구지봉(龜旨峯)의 거북과 연관되기도 한다.

부처가 태어난 곳은 카필라 왕국인데 이는 현재의 네팔 부근으로 티베트와 인접해 있다. 티베트 원주민은 우리와 생김새도 흡사하며, 풍습과 문화도 같은 것이 많으며, 언어도 상당수가 우리말과 동일하다. 지리적 측면에서 본다면 카필라 왕국도 티베트와 어느 정도 유사성이 많았을 것이다. 특히 부처가 상투를 틀고 있는 모습은 우리 민족과 일치한다. 불상을 보면 모두가 머리 가운데가 불룩하게 솟아 있는데 이것은 우리의 상투를 표현한 것이다. 현재 네팔의 곳곳에는 구자라트어로 된 간판이 즐비하며, 이는 우리의 가림다 문자에서 발전한 것이다. 이러한 정황 등을 고려하면 부처가 우리 민족과 전혀 연관이 없다고는 할 수 없다.

그런데 부처가 우리 민족과 보다 가깝다고 할 수 있는 증거는 부처의 설법 현장에서 나타난다. 부처가 법을 설할 때에는 많은 부처들이 천상에서 내려와 경청을 하는데 여기에 한인천제, 환웅천황과 단군왕검도 참석한다는 것이다. 물론 이것도 부처 사후의 기록이겠지만 이러한 기록이 남아있다는 것이 부처는 우리 민족과 연결 고리가 있다는 증거일 것이다. 달마가 동쪽으로 간 까닭도 부처의 원고향인 한국(桓國)으로 가기 위한 것이었다.

아래에 부처의 초상화를 나타내었다. 석가모니의 16살 때 초상화는 프랑스 루브르 박물관에 소장되어 있다. 석가모니의 41세 때의 초상화는 부처님의 제자인 부루나가 그린 것으로 돈황 유역에서 출토되었으며, 대영박물관에 조장되어 있다. 인물화를 보면 아리안족과는 거리가 멀며, 동이족이나 동부 아시아인 계열임을 확실히 알 수 있다.

석가모니 16세 때 초상화

석가모니 41세 때 초상화

중국 지도

우리나라는 북방계의 기마 민족과 남방계의 농경 민족이 결합하여 상고사에 대제국인 한국(桓國)을 건설했음은 누구나 아는 얘기이다. 이는 단군신화에도 나타나는 전설이다. 이렇게 두 민족이 결합하면서 우리나라에는 천손신화(天孫神話, 하느님의 자손)와 난생신화(卵生神話, 알에서 태어남)라는 두 가지 신화가 공존하며, 녹도문(鹿圖文)에서 유래하는 한자와 가림다(加臨多)에서 유래하는 한글이라는 두 가지 문자를 창조한 전 세계에서 유일무이한 나라이다. 인도와 일본은 남쪽에 위치하고 가림다 문자의 흔적이 가장 많이 남아 있는 곳이다. 이는 우연이 아닌 필연적인 결과이다. 단군 조선 때만 하여도 나라를 진한(辰韓), 마한(馬韓), 변한(弁韓)의 삼한(三韓)으로 나누어 다스렸으며, 환웅천황은 진한에 머물렀다. 이후 삼한의 진한은 신라, 마한은 백제, 변한은 고구려로 발전한다. 진한의 위치는 태백산 아래 쪽 계림을 중심으로 하여 동서로 길게 뻗어서 서쪽으로는 티베트와 인도 북쪽, 동쪽으로는 한반도를 비롯하여 일본까지를 영향권으로 하였으므로 이들 지역에 천부경 사상과 가림다 문자가 일찍부터 전해졌음을 알 수 있다. 고대에는 국경이란 것도 명확하지 않았으며, 특정한 도시를 제외하고는 수많은 부락으로 이루어져 있었다. 당시에는 그 영역이라는 것이 현재 말하는 국경의 개념이 아니라 문화에 영향을 미치고, 영향력을 행사한 것으로 보아야 한다.

앞서 살펴본 대로 난생 신화를 간직한 남방계의 농경 문화에서 사용한 문자가 가림다 문자이므로 자연히 녹도문은 천손 신화를 간직한 북방 기마 민족의 것으로 귀결된다. 그래서 《한단고기》에서 말하는 한국(桓國)의 영역이 바이칼 호수에서 인도에 이르는 남북 오만

리라는 기록도 설득력이 있다. 여기에서 생각해 보아야 할 것은 우리 민족의 발원지이다. 《한단고기(桓檀古記)》를 해석함에 있어서 일부는 시베리아의 바이칼호가 우리 인류의 발상지라고 하며, 일부는 파미르 고원이 우리 민족의 발상지라고 주장한다. 그러나 이들 지역이 우리 문화의 영향권에 있기는 하나 우리 민족의 발원지는 아니다. 뒤에 설명하겠지만 문화 유적이나 문명의 이동으로 볼 때 우리 민족의 발원지는 동서로는 현재의 한반도에서 지금은 바다로 변해버린 황해와 대만에 이르는 지역이며, 남북으로는 일본 오키나와 북쪽에서 만주 벌판에 이르는 지역으로 추정된다.

제 6 장

한글의 창조 원리

6. 한글의 창조 원리

'가림다(加臨多) 문자의 역사'에서 환웅(桓雄) 천황(天皇)이 배달국(倍達國)을 건설할 때 한인(桓仁) 천제(天帝)로부터 한국(桓國)의 정통성을 이어받았음을 증명하는 천부인(天符印) 세 개를 받았는데, 이것은 천지인(天地人)을 상징하는 원방각(圓方角), 즉 ○□△이라고 하였다. 우리의 한글은 여기에서 유래한다. 원방각(圓方角)의 형태(모양)에서 시작하기 때문에 표의문자(表意文字)처럼 한글에는 그 뜻도 담겨 있다.

우리 말과 글에서 자음은 뜻을 나타내는 모양의 주체이고 모음은 자음의 상태를 나타내는 수단이다. 이는 의성어(擬聲語, 소리를 흉내낸 말)나 의태어(擬態語, 모양을 흉내낸 말)를 보면 확연하게 드러난다. 예를 들어 촐랑촐랑, 찰랑찰랑, 출렁출렁, 철렁철렁과 같은 의태어는 모음에 따라 가볍고 무거운 차이는 있으나 본질적인 의미는 유사하다. 또한, 재잘재잘, 조잘조잘, 주절주절과 같은 의성어도 모음에 관계없이 본질적인 의미는 유사하다. 따라서 우리 말과 글은 자음을 중심으로 하며, 모음은 자음의 상태를 부언해서 설명하는 역할을 한다. 자음에 대한 설명은 내용이 방대하므로 먼저 모음에 대한 설명부터 한다.

전 세계의 언어(말)는 모음의 표현이 거의 대부분 극히 제한적이다. 일본어의 경우에는 아이우에오 다섯 자가 전부다. 그래서 일본인들은 외국어를 배워도 발음이 부정확하다. 물론 자음이 제한적인 것도 이유 중의 하나이다. 영어의 모음은 아(a), 에(e), 이(i), 오(o), 우(u), 우(w), 이(y)로 7자에 불과하지만 이들의 조합에 따라서는 어, 야, 여, 요, 유, 와, 웨 등의 발음도 나고, 경우에 따라서는 발음 기호가 없이는 소리를 낼 수 없을 정도로 복잡하다. 한자는 우리 조상들이 만든 녹도문을 기초로 하기 때문에 중국어에는 그나마 다수의 모음 발음이 있지만 한자는 한 자 한 자마다 발음을 외워야 하며, 이도 상당히 복잡하다. 영어나 중국어의 모음은 비교적 많지만 그것도 제한적이긴 마찬가지다. 한글의 모음 체계에 비하면 부족한 점이 많다.

※ 발음은 초성(첫소리), 중성(모음), 종성(받침)으로 이루어지는데, 우리말의 종성은 초성이나 중성보다 더 많으며, 이는 전 세계의 어느 언어에서도 찾아볼 수 없는 특징이기도 하다. 외국어의 경우에는 한글처럼 정해진 종성은 없으며, 초성을 그대로 사용한다. 발음에 따른 종성은 ㄱ, ㄴ, ㄷ, ㄹ, ㅁ, ㅂ, ㅅ, ㅇ, ㅌ, ㅍ 정도에 불과하다. 그러나 우리글은 종성이 명확하게 정해져 있으며, 각, 갂, 간, 갅, 갈, 감, 갑, 갓, 갔, 갖, 갗, 갘, 같, 갚, 갛, 갔, 앉, 않, 맑, 갋, 갌, 삾, 핥, 갎, 갏, 값 등에서 보듯이 상당히 많다. 이는 우리글이 단순히 소리를 표현한 표음문자가 아니라 그 뜻을 나타내는 표의문자의 기능을 갖기 때문이다.

1) 한글 모음의 창조 원리 ●●○

한글은 천부인(天符印) 세 개인 천지인(天地人)을 형상화한 ○ㅁ△을 기본으로 하며, ○ㅁ△이 문자로 표현될 때는 ○은 '하늘 소리', ㅁ은 '땅의 소리', △은 '사람의 소리'를 나타낸다. 이들이 모음으로 사용될 때는 ○은 'ㆍ', ㅁ은 'ㅡ', △은 'ㅣ'가 되며, '아래 아'라고 읽는 'ㆍ'은 양성 모음, 'ㅡ'는 음성 모음, 'ㅣ'는 중성 모음(사람은 남녀가 있으므로)이 된다. 우리말의 모음은 기본적으로 'ㆍ', 'ㅡ', 'ㅣ' 3음소에 불과하며, 여기에서 모든 모음이 만들어진다.

가장 먼저 만들어지는 모음은 '오, 우, 아, 어, 의'인데, 땅(ㅡ) 위에 해가 뜨면 'ㅗ'(양성 모음), 땅 밑으로 해가 지면 'ㅜ'(음성 모음), 예전에는 오른손이 '바른손'으로 양성을 뜻하므로 사람(ㅣ)의 오른쪽에 해가 있으면 'ㅏ'(양성 모음), 왼쪽에 해가 있으면 'ㅓ'(음성 모음)가 만들어진다. 또한 'ㅡ'와 'ㅣ'가 합쳐진 'ㅢ'가 만들어진다. 'ㅗ'와 'ㅜ'를 보면 한자 '위 상(上)'과 '아래 하(下)'와 모양이 비슷하다. 이는 한자가 본래 우리 선조들이 만든 녹도문(鹿圖文)에서 발전했기 때문에 발생하는 당연한 현상이다. 또한, 우리글에서도 'ㅗ'와 'ㅜ'는 위아래(상하)라는 명확한 의미를 나타낸다.

우리말에는 모음조화라는 것이 있어서 양성 모음은 양성 모음끼리만 음성 모음은 음성 모음끼리만 이어지는 것이다. 초기의 우리말은 모든 낱말에 공용으로 적용되었을 것으로 추정되나 시대가 변하면서 이에도 변화가 생긴다. 그러나 앞서 예를 든 의성어나 의태어에서는 모음조화의 규칙이 철저하게 지켜진다. 즉 '찰랑찰랑', '출렁출렁'은 있지만 '찰렁찰렁'이나 '출랑출랑'이란 말은 없다. 모음을 만들 때에도 이 규칙은 철저하게 지켜진다. 즉 'ㅗ'(양성 모음)와 'ㅏ'(양성 모음)를 합쳐서 'ㅘ'(와)를 만들며, 'ㅜ'(음성 모음)와 'ㅓ'(음성 모음)를 합쳐서 'ㅝ'(워)를 만든다. 그러나 'ㅗ'(양성 모음)와 'ㅓ'(음성 모음)을 합친 'ㅘ'라는 모음은 없는 것이다.

사람 소리인 'ㅣ'는 중성 모음이므로 양성 모음이나 음성 모음 모두에 결합할 수 있다. 즉 처음에 만들어진 'ㅏ(아)', 'ㅓ(어)', 'ㅗ(오)', 'ㅜ(우)'에 'ㅣ'가 합쳐지면 'ㅐ(애)', 'ㅔ(에)', 'ㅚ(외)', 'ㅟ(위)'의 단모음과 'ㅑ(야)', 'ㅕ(여)', 'ㅛ(요)', 'ㅠ(유)'의 복모음이 만들어진다. 이후에 만들어지는 모든 복모음에도 이러한 규칙은 엄격하게 적용된다.

우리말의 기본 모음은 천지인(天地人)을 상징하는 '·', 'ㅡ', 'ㅣ' 3음소에 불과하지만 여기에서 '아, 야, 어, 여, 오, 요, 우, 유, 으, 이, 의, 애, 에, 외, 위, 와, 워, 얘, 예, 왜, 웨' 등의 모음이 만들어지며, 대부분의 자연 소리를 흉내낼 수 있을 만큼 풍부한 모음 체계를 갖는다. 우리말과 글의 모음은 세계 어느 나라의 언어에서도 찾아볼 수 없을 만큼 다양하다. 뿐만 아니라 우리글은 그 자체가 발음 기호이기 때문에 영어처럼 정확한 발음을 위한 발음 기호도 필요 없다.

우리 속담에 "아 다르고, 어 다르다"란 말이 있다. 이는 자음 못지 않게 모음도 중요하다는 것을 시사한다. 앞서 예를 든 의성어나 의 태어의 첩어와는 달리 자음에 붙는 모음에 따라 뜻이 완전히 달라지기도 한다. '나'에 대한 상대는 '너'로 나와 너는 서로 상대적인 존재이다. 모음의 창제 원리에 따라서 'ㅗ'는 위를, 'ㅜ'는 아래를 나타내며, 'ㅏ'는 앞과 '바른쪽'을 나타내며, 'ㅓ'는 뒤와 '그른 쪽'을 나타낸다. [※ '그른(그런 쪽)'에 해당하는 모음 'ㅓ'는 우리 글에서 많이 나오므로 이해를 돕기 위해 상황에 따라서 '상대격'이라는 용어를 사용하기로 한다.] 또, 'ㅡ'는 넓게 펼쳐진 땅을, 'ㅣ'는 사람이 행하는 것을 나타낸다. 앞으로 설명할 자음에 모음이 붙어서 드디어 완전한 글을 만들게 되는데, 자음에 붙는 모음에 따라서 그 의미가 달라지게 된다.

'ㅇ'의 예로 '아'는 앞을, '어'는 옆을 의미하며, '오'는 위로 오르는 것, '우'는 아래로 향한다는 의미가 있다. 'ㄱ'을 예로 들면 '가'는 앞으로 가는 것이고, '거'는 거슬러 가는 것이며, '고'는 위쪽의 가장자리이고, '구'는 아래쪽의 가장자리를 의미한다.

2) 한글 자음의 창조 원리 ●●○

한글은 천부인(天符印) 세 개인 천지인(天地人)을 형상화한 ㅇㅁ△을 기본으로 하며, ㅇㅁ△이 자음으로 표현될 때는 ㅇ은 '하늘 소리', ㅁ은 '땅의 소리', △은 '사람의 소리'를 나타낸다. 우리 글의 모음과 마찬가지로 자음 역시 천지인(天地人), 즉 ㅇㅁ△ 세 개를 기본으로 한다. 우리말과 글의 'ㅇ (하늘 소리)'은 하늘과 관계된 것, 'ㅁ (땅의 소리)는 땅과 관계된 것', 'Δ (사람의 소리)'은 사람과 관계된 것을 나타낸다. 현재 우리글에서 반치음이라 불리는 'Δ'은 없어지고 대신 'ㅅ'이 사용된다. 자음에 대한 내용은 우리말 사전만큼이나 방대하므로 우리말과 글이 만들어지는 가장 기본적인 원리와 유형들만 설명한다. 반복해서 이야기하지만 우리 글의 모양은 우리말이 나타내는 뜻과 정확히 일치하므로 말과 글이 동시에 만들어졌다고 설명할 수밖에 없다.

① 'ㅇ' 하늘 소리

하늘 소리인 'ㅇ'은 여린 히읗 'ㆆ', 'ㅎ', 쌍 히읗 'ㆅ' 등이 있었으나 현재는 'ㅇ'과 'ㅎ'만이 사용된다.

《천부경》 해석에서 천일(天一)은 하늘의 본성으로 '낳다'를 상징한다고 하였다. 이는 '하늘의 정신'에 해당하는 것으로 '하늘'은 '낳다', '창조하다' 등의 의미를 가지며, 이들은 생명 또는 사물의 시작점이므로 '처음', '시작하다' 등의 의미도 내포한다. 'ㅇ'은 하늘 소리로 하늘과 관련이 있거나 생명과 관련된 글들이 만들어진다.

우리말의 근원이 되는 천지인(天地人)은 하늘(우주)이 열리고, 땅이 생기고, 사람이 태어나는 것이다. 훈민정음에 따르면 자음의 순서가 '가나다라…'이지만 가림다(加臨多)에 의하면 이는 천지인(天地人)의 순서에 따라 '아하 마가나다라바파 사자차'가 된다.

▶ 'ㅇ' 생명을 의미하는 하늘 소리

하늘 소리 'ㅇ'에서 가장 먼저 생겨난 말은 '아'(아래 아, ㅇ밑에 ·가 붙은 것)이다. '하나'가 숫자의 시작이라면 '아'는 우리말의 시작이다. 지금부터 설명하는 우리 글의 창조 원리를 보면 모든 말과 글이 동시에 생겨났다고 설명할 수밖에 없지만 우리말이 생겨나는 순서로 따져보면 '아'가 처음으로 만들어진다.

'아'는 우리말의 첫 글자로 처음, 시작을 뜻한다.

'아'는 만물에 대한 자각의 주체가 되는 '나(내)'라는 뜻이 되어야 하는데 한글에서는 '낳아서 세상에 나온 것'이라는 의미로 'ㅇ'이 아닌 'ㄴ'을 사용하여 '나'라고 쓴다. 다만, 한자는 '나 아(我)'라고 하여 '아'로 쓴다. 대신에 '이'는 '이이(이 사람)', '그이(그 사람)'처럼 사람을 뜻한다.

'아'에 우리말의 감초격인 'ㅣ'가 붙으면 '애'가 되며, 이것이 '아이'가 된다. '애', '아이'에서 비롯된 추상적인 개념으로 '아이'에는 '작다', '귀엽다'라는 의미도 내포된다. 일본어의 '아이'는 '귀엽다'는 뜻이다.
'애송이'도 '갓 태어난 놈', '처음으로 선 놈'이라는 뜻으로 '어린 놈'과 동일한 말이다. '애벌레'는 어린 벌레를 뜻한다.
'어리다'는 아이는 어려서 세상 물정을 모르므로 옛말로 '어리다'라고 하면 '어리석다', '어리숙하다', '어수룩하다'는 뜻이다.
'얘'는 '이 아이'의 준말이다. "얘가 어디 갔지?"의 얘는 '이 애(아이)'를 뜻한다.

'ㅇ'이 시작을 의미하는 것으로 사용된 낱말이 '앗'이며, '앗'은 '해

(ㅇ)가 솟(ㅅ)다'라는 것으로 이는 '아침'을 의미한다. 아침은 하루의 시작을 나타내므로 '처음으로 세운(솟은)'의 뜻을 내포한다. 한자로 쓴 국명인 조선(朝鮮)도 우리말로는 원래는 '앗선', 즉 '처음으로 세운'이라는 뜻이며, '앗'이 '아침(해가 솟는)'을 의미하기도 하므로 '해 뜨는 나라', '광명의 나라'가 되는 것이다.

우리말 '앗'이 일본에서는 아침을 의미하는 '아사'로 발음되며, 아사히(朝日) 신문의 '아사히'도 우리말로는 '아침 해'이며, 발음도 우리말과 거의 같다.

단군 조선이 도읍지로 정한 '아사달' 역시 우리말로는 '처음으로 세운 땅'이라는 뜻이며, 중남미 대륙의 '아스텍(아즈텍)' 문명이란 것도 우리말 '앗터', 즉 '처음으로 세운 터'라는 말로 '아사달'과 동일한 의미이다.

'애초', '애초 당시'는 '모래사장', '역전 앞'처럼 '애'가 '처음'이라는 뜻인데도 처음이라는 뜻의 한자 '초(初, 처음)'라는 사족을 붙인 것이다. '사장(沙場)'이 '모래밭'을 의미하는데도 앞에 '모래'를 붙여 '모래사장'이라고 하며, '역전(驛前)'이 '역 앞'이라는 뜻인데 그 뒤에 '앞'을 붙여 '역전 앞'이라고 부르는 것과 같다.

'입'은 음식물을 처음으로 받는(ㅂ) 곳이다.

'웃다'는 입 가(입 꼬리)가 올라(ㅅ)가는 것이다.

'울다'는 입 가(입 꼬리)가 내려(ㄹ)가는 것이다. 현재 우리가 사용하는 이모티콘을 연상시킨다.

'울다'는 울 때 얼굴에 주름이 생기므로 표면이 반반하지 않고 우글쭈글해지는 것을 말한다.

'아지'는 '아기'의 변형으로 동물의 새끼를 가리키는 말이다. 말, 소, 개에 아이를 뜻하는 'ㅇ'과 '아지'를 붙이면 망아지, 송아지, 강아지가 된다. 그러나 '아지'라는 말은 아무 동물에게만 붙이는 것이 아니고 인간과 떼려야 뗄 수 없는 한 가족과 같은 동물에게만 붙여지는 말이다.

그러나 다음에 오는 '알'과 '얼'이 실제 'ㅇ'의 참뜻이다.

'알'이란 생명의 씨앗으로 '탄생'을 의미한다. 우리말은 자음이 낱말의 주체이며, 모음은 자음의 상태를 나타낸다고 하였으나 예를 든 의성어나 의태어에서는 이들이 혼용되고 있다. 이렇게 보면 '알'과 '얼'은 유사한 의미를 갖는 낱말이다. 그러나 엄밀하게 말하면 '알'은 생명체의 껍질이며, '얼'은 알 속에 들어(ㅓ) 있는 생명의 씨앗이다. '알'이 육체적인 것이라면, '얼'은 정신적인 것이다. '민족의 얼', '얼 빠진 친구' 등에 사용되는 '얼'로 '넋'과도 유사한 개념이다. '얼'은 하늘의 정신, 우주의 정신을 상징한다.

'알', '얼'과 연관되어 어머니, 아버지, 아주머니, 어른 등의 말이 생겨난다. 이는 '알머니', '알받이', '알주머니', '얼은(얼이 가득 찬, 성인)' 등에서 유래한 것이다.

'아비'는 아버지를 뜻하는 방언 '아바이'의 준말이다. '아바이'에서 '아빠'라는 말이 생긴다.

'오빠'는 '오라비'에서 나온 말로 나보다 높은(올라) 남자를 부르는 말이다.

'암', 암컷, 암수 등에 사용하는 '암'이란 어미를 뜻하는 '엄'에서 나온 말이다.

'아이'나 '아기'도 근본적으로는 '알', '얼'과 관계가 있는 말이다. '알라', '얼라'는 '아이'의 경상도 사투리다.

'알'은 해를 뜻하기도 하므로 아랍에서는 '알라'를 '태양에서 내려온' 이라는 의미에서 '신'을 뜻한다. 이집트의 '라'도 태양의 신을 뜻하는 것으로 '알라'에서 유래한다. '라'를 발음하기 전에 약하지만 '알' 또는 '얼'의 음가가 남아있다.

'얼굴'은 얼(마음)의 상태가 표면(ㄱ)에 나타나는 것이다. 또는 얼이 깃드는 곳인 머리(뇌) 아래(ㄹ)의 가죽(ㄱ)에 위치하여 얼굴이라 한다. 어떤 이는 이를 '얼이 드나드는 굴(코)'이 있다는 의미에서 얼굴이라 했다고도 한다.

'여름'이란 말도 원래는 알(씨앗)이 열리는 열매를 뜻하였으며, 여기에서 계절의 이름인 '여름'이 생긴다.

'얼간이'는 '얼이 나간 놈'이라는 것으로 '얼빠진 놈'과 같은 뜻이다.

'얼쑤', '얼싸'는 노래를 부를 때 넣는 추렴이다. '얼쑤 좋다', '얼싸 좋다'는 얼이 신명나게 솟아서(ㅅ) 정신이 번쩍 들 정도로 좋다는 것이다.

'안다'는 알을 품는 것이다.

'아름'은 '한 아름'에서 보듯이 두 팔을 벌려 껴안은 것이다. 또, 그렇게 안은 둘레(길이)를 의미하기도 한다. '아름드리 나무'는 두 팔로 안을 정도로 둘레가 큰 나무를 뜻한다.

'아름답다'는 두 팔로 안고 있는 모습에서 나온 말이다. 한자 '좋을 호(好)' 자도 어미가 자식을 품고 있는 모습이 보기 좋다는 의미다.

짐승이 '새끼를 품에 안고 있는 것(아름)'은 정겹고 보기 좋은 모습이다. 여기에서 '아름답다'라는 말이 생긴 것이다.

'잊다'는 알고 있던 것이 자는(ㅈ) 것, 지워지는 것이다.

'안(겉의 반대말)'은 안겨 있는 속을 뜻한다. '몸 안'처럼 몸에서는 얼이 내려온 곳이다.
'안방'은 집 중에서 가장 안쪽에 위치하며, 주인이 기거하는 방이다.
'알다'는 얼(정신)이 몸에 내려오면 자각을 해서 알게 되므로 '알다'라고 한다.
'앗다'는 나에게로 가져오는 것으로 '갖다'의 뜻이다. '빼앗다'는 뺏어서 내가 갖는 것이다.

'알몸'은 처음 태어날 때의 몸을 뜻하는 것으로 몸에 아무 것도 걸치지 않은 상태를 말한다.
'알거지'는 처음 태어날 때와 마찬가지로 아무것도 가진 것이 없는 상거지를 뜻한다.
'알부자'는 알이 차서 실속이 있는 알짜 부자, 진짜 부자를 뜻한다.

'얼다'는 해와 관련된 것으로 해(ㅇ)가 그른 쪽(ㅓ)에 오래(ㄹ) 있으면 온도가 내려가서 얼게 되는 것에서 나온 말이다. 사람의 몸이 긴장해서 굳는 것도 '어는 것(얼다)'으로 '얼어붙다'라는 말이 생긴다.
'얼음'은 물이 언 것이다.
'어렵다'는 '알다'의 '아'에 대한 상대격인 '어'가 붙어 '알기가 까다롭고 힘들다'는 뜻이다.

'업다'는 아이나 물건을 안(배)의 반대쪽(ㅓ)인 등에 받는 것이다.

'없다'는 '있다'의 반대어로, 등쪽에 있어서 앞에서는 보이지 않는 것이다.

'엎다' 역시 위아래를 뒤집어 놓은 것으로 반대를 뜻하는 'ㅓ'가 붙는다.

'어둡다'는 해(ㅇ)가 거슬러(ㅓ) 땅 아래(ㅜ)에 있어 잘 보이지 않는 것이다.

'어둠'은 해(ㅇ)가 땅(ㄷ) 아래(ㅜ) 머물러(ㅁ) 있는 상태를 말한다.

'아프다'는 앞으로 엎어져 있는 모양에서 유래한다.

'ㅇ'은 하늘을 의미하므로 '크다', '위대하다'라는 의미도 갖는다. 원래 하늘은 'ㅎ'에서 유래하지만 'ㅇ'도 같은 하늘 소리이기 때문에 이러한 의미를 내포하고 있다. 우리말 '임금'은 '크다', '위대하다'라는 뜻에서 유래한다. 신라 시대에는 한때 왕의 이름으로 '이사금(尼斯今)'을 사용했는데 이는 '잇금'을 한자로 표현한 것에 불과하며, '잇금'에서 우리말 '임금'이 생겨난 것이다. '잇금'이란 '크게(위대하게) 선 님'이란 말이다. 이를 《삼국유사》에서는 이(이빨)가 많은 사람, 즉 연장자는 성스럽고 지혜로운 사람이라는 말에서 유래되었다고 하는데 성인의 이(齒) 수가 모두 같다는 것은 상식이다. 어떤 이는 사과를 베어물어 사과에 난 '잇금'이 큰 사람이 체격이 크므로 왕으로 삼았다고도 하는데 참으로 어처구니없는 발상이다.

'올'은 하늘을 나는 새를 의미하는 것으로 '오리'라는 이름이 붙는다. '올'은 하늘(ㅇ) 위(ㅗ)로 오르는(ㄹ) 것이다. 영어 이름인 '콘돌' 역시 우리말로는 '큰 새'라는 뜻이다. '올'과 유사한 '돌', '솔'도 새를 의미하는데, 이는 '돌(땅[ㄷ] 위[ㅗ]에 오르는[ㄹ])', '솔(솟아서[ㅅ] 위[ㅗ]에 오르는[ㄹ])'에서 유래한다. 평지에 둥지를 트는 것과 높은 곳에 둥지를 트는 것의 차이다. 대충 살펴보면 오리, 해오라기, 올빼미, 비둘기, 두루미, 솔개, 솔새, 수리, 독수리, 솔부엉이, 수리부엉이 등을 들 수 있다. '돌' 외에도 새의 이름에 'ㅇ'이나 'ㅎ'이 붙는 것은 'ㅇ'과 'ㅎ'이 하늘 소리이기 때문이다.

※ 우리말의 새 이름은 그 울음소리에서 유래하는 것도 많다. 예를 들면, 까치, 꿩, 꾀꼬리, 기러기, 뜸부기, 뻐꾸기, 부엉이, 소쩍새 등이 있다. 까마귀, 백로, 파랑새 등은 새의 털 색에서 유래한다.

'위'는 해가 높이 떠 있는 곳으로 '위로 보다'라고 하면 '높은 곳을 보다'는 뜻도 있지만 '우러러보다'라는 뜻도 갖는다.

'오르다'는 말도 '위를 향해 가다'라는 의미에서 나온 말이다. '오르다'에서 '옳은 쪽(바른 방향)', 즉 '오른쪽'과 '옳다'라는 말이 생긴다.

'옷'은 몸 위에(오) 세우는(ㅅ, 입는) 것이다.

'왼쪽'은 '외다'에서 나온 것으로 '외다'라는 옛말의 뜻은 '그르다', '거짓이다'이며, '바른쪽'의 반대말인 '그른쪽'이 '왼쪽'이다. 영어도 '오른쪽'을 바른쪽이라는 의미로 'right(바른)'라고 쓴다. '올바른'은 '오른(옳)'과 '바른'이 합쳐진 말이다.

'이다'는 사람(ㅣ)이 물건을 머리 위에 얹는 것이다.

'일어나다'는 일을 하기 위해 잠에서 깨거나 눕거나 앉은 자세에서 서는 것이다.

'일'은 사람이 일어나서 하는 행위이다. 밥하고, 설거지하고, 농사 짓고, 장작을 패고, 아이를 돌보는 모든 행위가 일이다.

'온'은 '온 누리(모든 세상)'에서 보듯이 '모두', '전부'를 뜻하는 말이다. 한자로 '백(百)'이라고 하면 현재는 '일 백'의 뜻이지만 원래는 '온 백 (百)'으로 모두를 의미하는 것이었다. 한자 백(百)에는 모두라는 의미 에서 '가득 찬'이라는 뜻도 내포하고 있다. 우리말로 '열'은 '열 십(十)' 에서 알 수 있듯이 숫자가 아니라 '열다'라는 뜻이다. 숫자 열은 현재 는 없어진 '은'이다. 숫자로서의 '온'은 백 단위이고, '은'은 십 단위이다.

'어른'이란 '얼이 가득 찬 사람', 즉 성인을 의미하며, '얼은'이 연음 되어 '어른'이 되었다.

'은'이 숫자 십 단위로 사용된 것은 나이를 세는 방법에서 나타난다.

쉰 – 다섯에서 다섯은 〉 닷슨 〉 쉰

예순 – 여섯에서 여섯은 〉 엿슨 〉 예순

일흔 – 일곱에서 일곱은 〉 읽븐 〉 일흔 (일흔의 발음상으로는 '이른' 이다)

여든 – 여덟에서 여덟은 〉 엳은 〉 여든

아흔 – 아홉에서 아홉은 〉 앟븐(앟은) 〉 아흔 ('ㅂ'은 묵음)

스물 – 이는 물(물이 올랐다)과 관계된 것으로 추정된다. 둘물 〉 두물 〉 드물 〉 스물 또는 나이 20이면 인생의 황금기로 센물 〉세물 〉스물인지도 모른다.

서른 – 나이 30이면 성숙한 어른이므로 셋에 어른의 '른'이 붙어 세른 〉서른

마흔 – 나이 40이면 불혹(不惑)이라 하여 정신적으로는 보다 성숙하지만 인생에 있어서는 늦은 오후 정도로 지는 석양이다. 과거에는 더욱 그러했을 것이다. '막'과 연관되어 막은 〉마근 〉마흔

우리말 '막'은 막판, 막바지, 막다른 곳에서 보듯이 마지막을 의미하므로 인생의 황혼기를 나타낸 것으로 보인다.

원(ㅇ)의 둥근 형태에서 유래하는 말도 다수 있다.

'이슬'은 풀잎 등에 둥글게 서(ㅅ)거나 맺혀 있는 것이다.

짐승을 가두는(기르는) '울'은 원래 그 형태가 둥근 모양에서 나온 것이지만 유목민이 거주하는 주거지(집) 역시 둥근 원형이었다. 현재도 몽고의 유목민은 둥근 천막을 치고 옮겨 가며 생활한다. 사람도 울이나 울타리 안에서 생활하므로 '우리'는 한 가족 또는 대가족일 수도 있고 확대 해석하면 씨족 사회일 수도 있다. 그러나 대개는 3대가 모여 사는 대가족이 대부분으로 나의 어머니도 있고 할머니(어머니의 어머니)도 있기 때문에 '우리 어머니'라고 부른다. '우리 아버지', '우리 아들', '우리 동생'도 같은 맥락이다. 이것도 어떤 이는 '우리 어머니'를 부부간에 대상을 바꾸는 현재의 스와핑처럼 해석하기도 하는데 이도 얼빠진 놈이 지껄이는 헛소리이다.

'우물'이란 것도 '둥근(ㅇ) 모양으로 땅을 아래(ㅜ)로 판 곳에 있는 물', '아래에 있는 물'이라는 뜻이다.

'우물대다'는 우물을 퍼 올리듯이 말이나 행동이 굼뜬 것을 빗댄 말이다.

'웅덩이'도 땅이 움푹 패여 물이 괴어 있는 곳을 뜻한다.

'엉덩이'는 움푹 패인 웅덩이처럼 둥그스름한 모양에서 유래한다.

'움막'은 땅을 파내고 그곳에 거적이나 짚을 넣어 집 모양으로 만든 막이다.

'움'은 땅을 파고 위에 거적 따위를 얹고 흙을 덮어 추위와 비바람을 막게 한 곳을 뜻한다.

'움막살이'는 땅을 파고 지은 움막에서 생활하는 것이다.

'오막살이'는 움막살이와 같이 초라하지만 땅 위에 지은 집이다. 이는 'ㅗ'와 'ㅜ'의 차이에서 기인한다.

'애'는 내장 중에서 밥통(위)을 의미하는 것으로 위(胃)의 둥근 모양에서 'ㅇ'을 붙여 '애'라고 한다. 이것이 위를 포함한 창자 전체를 일컫기도 한다.

'애가 탄다', '애간장이 탄다'는 말은 정말 속이 상해서 분노하거나 슬픔이 극에 달하면 속이 타 들어 가는 것만 같은 느낌이 든다는 뜻이다. '배알이 뒤틀린다'는 것도 배 속에 있는 알(애)이 뒤틀리듯이 타 들어 가는 것을 나타낸다.

'애쓴다'는 애가 타도록 힘을 써서 노력하는 것을 의미한다.

※ '이(齒, 이빨)'는 하늘(ㅇ)과 관련이 없는 소리이다. 사랑니, 송곳니, 어금니에서 보듯이 '이'는 '니'가 변한 것이다. 우리말에는 두음법칙이라는 것이 있어서 말의 초성(첫소리)에 '냐, 녀, 뇨, 뉴, 니'가 오면 이는 '야, 여, 요, 유, 이'로 발음한다. 즉, '녀자(女子)'의 '녀(계집 녀[女])'는 '여'로 발음되어 '여자'로 읽는다. 마찬가지로 '라, 러, 로, 루, 리'는 '나, 너, 노, 누, 니'로 읽는다. 예를 들어 '로인(老人)'의 '로(늙을 로[老])'는 '노'로 발음되어 '노인'으로 읽는다. 물론 이들이 글의 첫머리가 아니고 뒤쪽에 위치하면 발음대로 읽는다. '무녀(巫女, 무당)', '초로(初老, 갓 늙은)의 신사'와 같이 원래의 발음대로 읽는 것이다.

'이마'라는 말도 하늘(ㅇ)과 관련이 없는 말이다. 이마를 뜻하는 옛말은 '니맣'이며, 이는 얼굴 위쪽에 넓고 높게 자리잡은 편평한 것에서 유래한다.

'임'이란 말도 '님' 자를 두음법칙에 따라 발음한 것으로 '임'은 '님'과 같은 말이다. 한자 임(任)은 우리말의 발음과 동일한 한자를 사용했을 뿐이다. '님'은 신성한 땅(ㅁ)에 내려온(ㄴ) 높은 사람을 뜻한다.

'니(이)'는 입 안에 낮게 줄지어 늘어서 있는 것이다.

'잇다'는 이가 줄지어 늘어서 있는 것과 같은 모양으로 연결하는 것이다.

'이엉'이란 것도 짚을 이어서 엮은 것이다.

'엉'은 '이엉'에서 보듯이 엮은 것을 뜻한다.

'엉망'은 서로 뒤얽혀 헝클어져서 어수선한 것을 의미한다. '엉망이다'는 엉망인 상태를 나타낸다.

'엉성하다'는 엮은 것이 성거서 빈틈이 많은 것이다.

'엉클어지다'는 풀기 힘든 정도로 뒤얽힌 것으로 '헝클어지다'와 같은 말이다.

'엉터리'는 엉망으로 틀어진 것으로 이치에 맞지 않는 터무니없는 말이나 행동을 의미한다.

'오이'는 둥근 것이 길게 이어진 모양에서 붙은 이름이다.

▶ 'ㅎ' 높은 하늘 소리

'ㅇ'에 갓(ㅗ)을 씌운 것이 'ㅎ'이다. 즉 'ㅎ'은 'ㅇ'보다 높은 하늘 소리이다. 뒤에 설명하겠지만 일본의 신대문자(神代文字)는 우리나라 초기 가림다(加臨多) 문자로 'ㅎ'을 'ㅇ' 위에 갓(ㅅ)을 씌운 모양으로 적고 있다.

'ㅎ'에서 가장 먼저 만들어진 것이 '하'이다.

'하'는 원래 해를 의미하지만 '하늘'을 뜻하기도 한다. 그래서 '하'는 높고, 넓고, 크고, 밝고, 흰 것을 나타낸다. 또한 해처럼 둥근 것을 의미하기도 한다.

'해'는 '하'에 우리말에서 약방의 감초처럼 아무 말에나 붙는 중성 모음인 'ㅣ'가 붙은 것이다.

'하얗다', '희다', '환하다' 등의 말도 '해'에서 생겨난 말이다.

'ㅇ'에서 유래한 것이 어머니, 아버지라면 그보다 높은 할머니, 할아버지에는 '하'가 붙는다.

'한얼님'은 하늘(우주)의 큰 정신으로 '하느님'을 가리킨다.

'한'은 하늘과 해에서 유래하지만 상당히 많은 의미를 갖는다. 그 중에서도 '높고 넓으며, 밝고 크다'는 의미가 가장 많이 사용된다. 한국(桓國)은 '환한 나라', '밝은 나라'이지만 '큰 나라', '위대한 나라'의 의미도 가지며, 한인(桓仁) 역시 원래는 '환한 님', '밝은 님'이지만 '큰 사람', '위대한 사람'이라는 의미도 갖는다.

'학'이라는 새에 'ㅎ'이 붙는 것은 우리 선조들은 학을 고상하고 고고하며, 선비와 같이 품격이 높은 새로 보았기 때문이다.

'호랑이'도 우리의 민담이나 설화에는 친근하고 익살스럽게 표현되지만 우리 선조들은 산신령처럼 신령한 동물로 여겼기에 'ㅎ'이 붙은 것이다. 구렁이, 누렁이(황구), 우렁이, 승냥이, 고양이처럼 우리말 '렁이', '랑이', '냥이', '양이'는 짐승을 일컫는 말이다. 고라니(고랑이)란 이름도 짐승을 일컫는 이름이다.

'호박'은 해의 둥근 모양에서 나온 이름이며, 신성하고 높은 박은 아니다.

'해바라기'는 꽃이 해를 바라보는 데서 유래한 이름이다.

'휘다'는 해처럼 둥글게 구부리는 것이다.

'활'은 해처럼 둥글게 구부려 놓은(ㄹ) 것이다.

'힘'은 활이 둥글게 구부려져 있게 하는 능력이다. '휨'에서 유래한다.

'흐르다'는 높은(ㅎ) 곳에서 낮은 곳으로 움직이는(ㄹ) 것이다. '흘러가다'는 흘러서 가는 것이다.

'흙'은 비가 오면 땅의 표면(ㄱ)을 물과 같이 흘러 가는 것이다.

'양지 바른 곳'의 '양지'나 '응달(음지)' 역시 해와 관련된 낱말이다. 해가 드는 곳은 '양지', 해가 없는 곳은 '응달'이다.

'희미하다'란 빛이 미약하여 잘 보이지 않는 것을 의미한다. 여기에서 '흐리다'란 말이 생긴다.

'흐리다'는 분명하지 않은 상태를 말한다. '흐릿하다'도 뚜렷하지 않고 어슴푸레한 상태를 뜻한다. 날씨에도 '흐린 날'과 같이 사용된다.

'하다'의 옛말은 '많다'는 뜻이다. 하늘과 연관되어 '크다'는 의미도 있다.

'흔하다'는 하고 많은 것으로 우리가 일상적으로 접할 수 있는 것이다.

'헹가래'는 하늘로 들어올려 가래질을 하는 것이다.

'해'는 연도, 계절, 날짜, 시간의 척도가 된다.

'작년(昨年)'은 '어제 작(昨)'과 '해 년(年)'이 합쳐진 것으로 우리말로는 '지난해'이다.

'올해'는 다가올 해가 아니라 지금 지나고 있는 해이다. 우리말로는 '온해'가 맞지만 자음접변과 유사한 현상으로 인해 '올해'로 변음이 된 것이다.

'내년(來年)'은 '올 래(來)'와 '해 년(年)'이 합쳐진 말로 우리말로는 '올해'이지만 현재 시점의 '올해'와 같은 말이어서 한자로 내년이라고 쓴다. 굳이 우리말로 표현하자면 '이듬해' 정도이다.

우리나라의 사계절은 지구의 자전축이 23.5° 기울어진 상태에서 태양을 공전함으로써 생기는 현상이다. 낮의 길이에 따라서 계절을 봄, 여름, 가을, 겨울로 구분하며, 낮 길이의 전환점을 춘분, 하지(낮의 길이가 가장 긴 날), 추분, 동지(밤의 길이가 가장 긴 날)로 구분한다. 춘분과 추분은 낮과 밤의 길이가 같은 날이다.

'봄'은 땅(ㅁ)이 햇빛을 받는(ㅂ) 것으로 한 해가 시작되는 계절이다.

'여름'은 여름(열매)을 맺는 계절이다.

'가을'은 해가 가쪽으로 기울어 가는 계절이다.

'겨울'은 해가 거슬러(ㅓ) 내려(ㅜ)가서 밤이 긴 계절이다.

'어제'는 지나간 날이다.

'오늘'은 온 날이다. 현재 닥쳐온 날을 뜻한다.

'내일'은 '올날'이다. 내일은 한자어로 '올 래(來)'와 '날 일(日)'이 합쳐진 말이다. 내일을 우리말로 하면 결국 '올날'이다.

어제, 오늘, 올날에는 'ㅇ'이 사용되었지만 이는 '해'의 모양을 나타내는 'ㅇ'으로 '해'를 의미한다.

하루를 시간의 흐름에 따라 나누면 새벽, 아침, 낮, 저녁, 밤으로 구분된다. 해를 뜻하는 'ㅎ'이 없어도 시간을 나눌 때는 해를 기준으로 하는 것이다.

'새벽'은 낮과 밤 사이(새) 중에서도 밝아지기 전의 시간이다. 즉 아침 이전의 시간이다.

'아침'은 앞서 설명한 하루의 시작을 뜻한다. 해(ㅇ)가 솟아오르는(ㅊ) 시간이다.

'낮'은 햇빛이 내려(ㄴ) 쪼이는(ㅈ) 시간으로 해가 떠서 질 때까지의 시간이다.

'저녁'은 해가 저물기 시작해서 밤이 오기 전까지의 시간이다.

'밤'은 땅(ㅁ)이 해를 받은(ㅂ) 것으로, 밤나무 열매처럼 해가 껍질에 싸여 있는 시간이다. 즉 저녁 이후부터 새벽까지의 시간이다.

한낮은 해가 머리 위에 있는 시간으로 낮 12시를 가리키며, 한자로는 정오(正午)이다. 그 이전은 오전(午前), 그 이후는 오후(午後)이다. 자정(子正)은 한밤으로 밤이 가장 깊은 시간으로 밤 12시를 가리킨다. 시간에 오(午), 자(子)가 쓰인 것은 십이지간(十二支干, 자축인묘… 등 우리가 흔히 말하는 말[午]띠, 쥐[子]띠 등을 나타내는 것)에 따라 시간을 나타내기 때문이다.

※ 한국(桓國)은 1만 년 전부터 해를 기준으로 시간을 나타내었으므로 당연히 양력을 사용하였다. 농사를 짓기 위해서는 해의 움직임에 따라 구분되는 사계절과 낮의 길이를 파악하는 것은 필수적이다. 모내기를 할 시점, 작물에 따라 씨앗을 뿌리는 파종 시기, 수확을 해야 할 시기는 모두 해를 기준으로 판단한다. 어떤 이는 우리의 음력 문화를 자랑하면서 농사를 지어도 24절기에 맞추어야 한다며, 24절기의 우수성과 과학적인 가치에 대해 열변을 토하는데 이도 맹꽁이 같은 놈이다. 물론 음력도 양력과 상관관계가 있기 때문에 계절의 절기에서는 유사성이 많다. 그래서 24절기에 따라 농사를 지어도 대충은 맞아 가지만 엄밀하게 말하면 농경 문화는 태양력을 기본으로 하는 것이다. 농사를 짓거나 유목 생활을 하거나 사냥을 하는 데 있어서 달의 움직임도 일부 영향을 주지만 전체적으로는 해의 움직임에 대한 비중이 훨씬 크다.

양력보다는 음력이 보다 중요한 사람들도 있다. 바닷가에 살면서 어업에 종사하여 물고기를 잡거나 조개를 채취하거나 어선을 운항할 때에는 달의 움직임을 잘 파악하는 것이 필수적이다. 우리나라에서 음력이 발달한 것은 국토의 3면이 바다이기 때문이다. 바다는 달의 인력에 따라 조석(潮汐) 현상이 발생한다. 만조(滿潮)는 해수면이 가장 높을 때이고, 간조(干潮)는 해수면이 가장 낮을 때이다. 만조와 간조 사이의 해수면 높이 차이를 '간만의 차'라고 하는데 서해 앞바다는 간만의 차가 심해서 수평선이 지평선으로 바뀌기도 한다. 낚시를 하는 사람은 물때를 잘 알아야 하는데 바닷물이 밀려오는 밀물, 바닷물이 빠져나가는 썰물, 물이 가장 적게 들어오는 사리, 물이 가장 적게 빠지는 조금 등의 시기를 유능한 낚시꾼은 꿰차고 있다. 이와 같이 바다가 인접한 곳에서는 태음력의 비중이 훨씬 크다.

'하다'의 옛 뜻은 '많다'이다. 이는 '하'가 의미하는 '크다'에서 파생된 것이다.

'허'는 'ㅎ'에 그른(그린) 쪽을 의미하는 'ㅓ'가 붙은 것으로 하늘의 빈 공간을 일컫는 말이며, '가짜'라는 의미도 갖는다. 한자로는 '빌 허(虛)'이며, '허'는 비어 있는 것이다. 한자어 허공(虛空)이나 공허(空虛)도 모두 비어 있는 것을 뜻한다.

'허깨비'도 '헛것'이 보이는 것이다. 도깨비를 허깨비라고도 부른다.

'허수아비'는 새를 쫓기 위해 논에 세워 놓은 가짜 아비를 말한다.

'허울'은 실속이 없는 겉모양이다.

'허방다리'는 짐승을 잡기 위해 파 놓은 함정으로 그 위에 나뭇가지와 흙을 덮어서 만든 가짜 다리이다.

'헛소리'는 아무 의미 없이 지껄이는 소리로 '빈 소리'이다.

'헛기침'도 인기척을 내거나 목청을 가다듬기 위해 내는 가짜 기침이다.

'헤어지다'는 사이에 허(빈틈)가 생겨 멀어지는 것이다.

'헐다'는 허(빈틈)를 만드는 것이다. '담을 헐다'라고 하면 담을 무너뜨려 없애는 것이다.

'헐다'에서 '피부가 헐다'라고 하면 살갗에 허(빈틈)가 생긴 것이다.

② 'ㅁ' 땅의 소리

천부경 해석에서 지일(地一)은 땅의 본성으로 '기르다'를 상징한다고 하였다. 이는 '땅의 정신'에 해당하는 것으로 '땅'은 '기르다'의 속성을 갖는다.

'ㅁ'에서 'ㅁ'과 더불어 가장 기본적인 'ㄱ', 'ㄴ', 'ㄷ', 'ㄱ(ㄹ)'이 나온다. 일본이 신성하게 여기는 신대문자(神代文字)인 아비루 문자에는 우리글 'ㄹ'이 'ㄱ'로 표기되어 있는데 이는 초기 가림다(加臨多) 문자이다.

※ 일본의 신대문자(神代文字)인 아비루 문자

앞서 하늘 소리 'ㅎ'에서 일본의 신대문자(神代文字)인 아비루 문자가 언급되었으므로 'ㄱ(ㄹ)'에 대한 보충 설명으로 아비루 문자에 대해 알아본다. 일본의 아비루 문자는 신대문자 중 하나로 대마도의 우라베 아비루(占部阿比留) 가문에 전해져 내려온 데서 유래한다고 한다. 아비루 문자는 일본의 신사(神社)에서 소중하게 여기는 보물로 여기에는 우리의 초기 가림다(加臨多) 문자가 기록되어 있다.

특히, 일본의 천황만이 공물을 바친다는 최고의 신사인 이세신궁(伊勢神宮)에는 천부인의 상징인 가림다 문자가 새겨진 청동 거울이 소장되어 있으며, 가림다 문자로 된 서적도 보관되어 있다. 가림다 문자의 흔적은 문서나 서적뿐만 아니라 일본의 오래된 비석이나 사찰 등 곳곳에서 발견된다. 일본에서는 한자가 전래되기 이전의 고대 일본에서 사용되었다고 주장하며, 에도 시대부터 있었다고 주장한다. 일본에서는 아비루 문자의 사용 시기를 《고사기》가 나온 712~1339년으로 추정하고 있다. 이를 기준으로 하면 아비루 문자는 1446년에 반포된 훈민정음보다 최대 700년, 최소 100년이나 앞선 것이 된다. 따라서 일본에서는 한글이 자기들의 신대문자(神代文字)인 아비루 문자에서 유래했다고 주장하는 것이다. 반면에 우리나라 학자들은 일본의 신대문자는 위작이며, 일본의 주장은 모두 거짓이라고만 이야기한다. 일본의 역사 왜곡을 그렇게 질타하면서 정작 자신들은 진실을 직시하지 않고 일본과 똑같은 위선을 떨고 있는 것이다. 이는 '한글은 세종대왕이 만들었다'는 맹신에서 비롯된 무지의 소치인 것이다.

일본의 아비루 문자는 초기 가림다(加臨多) 문자의 원형이 가장 잘 보존되어 있는 것만으로도 우리에겐 다행스러운 일이다.

가림다(加臨多) 문자는 천부인(天符印)에서 유래하므로 배달국에서 처음 만들어진 시기는 적어도 BC 2500년 이전이지만 기록상으로는 BC 2181년에 만든 정음(正音) 38자이다. 물론 앞서 말한 대로 정음(正音) 38자는 가림다(加臨多) 문자의 창제가 아니라 기존의 가림다 문자를 38자로 정리한 것이다. 이는 훈민정음이 전해져 오는 가림다 문자를 28자로 정리한 것과 동일한 것이다. '한글'이라는 이름이 '한국(桓國)의 글'임을 명심하여야 한다. 또한 한국(桓國)이 세계의 중심인 중국(中國)이었음도 잊어서는 안 된다.

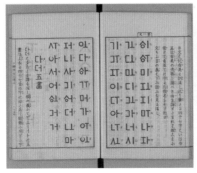

일본의 신대문자(초기 가림다 문자)

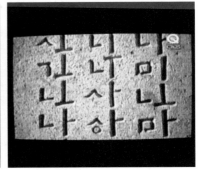

신대문자가 새겨진 석비
(초기 가림다 문자)

'ㅁ'은 땅의 소리로 'ㅁ'과 더불어 'ㅁ'을 나눈 가장 기본적인 'ㄱ', 'ㄴ', 'ㄷ', 'ㄱ(ㄹ)'이 나온다.

일본 신대문자에서는 '라', '리', '루', '레', '로'를 ㄱ에 'ㅏ', 'ㅣ', 'ㅜ', 'ㅔ', 'ㅗ'를 붙여 사용하고 있다.

'ㅎ'은 'ㅇ'에 갓(ㅅ)을 씌운 원형을 유지하고 있다.

다만 우리의 한글과 달리 'ㅗ', 'ㅜ' 같은 모음도 자음의 옆에 쓴 것만 다르다. 즉, 라는 'ㄱㅏ', '로'는 'ㄱㅗ'로 표기한 것이다. 가림다 문자의 초기에는 'ㄹ'이 당연히 'ㄱ'로 표기되었겠지만 이후에 'ㄷ'과의 착시 현상에 의해 오인하는 경우가 많아 'ㄱ'에 'ㄴ'을 덧붙여 'ㄹ'을 만든 것으로 추정된다.

또 한 가지 특이한 것은 모음을 조합할 때 모음 'ㅣ'를 'ㅍ'로 적고, 이를 조합하는 모음의 앞에 놓은 것이다. 예를 들어 'ㅔ'를 적을 때 'ㅍ(ㅣ)'을 'ㅓ'의 앞에 적어서 'ㅍㅓ'라고 쓰고 있다. 'ㅑ'를 적을 때도 'ㅍ

(ㅣ)'를 'ㅏ'의 앞에 놓아서 'ㅗㅏ'라고 쓰고 있다.

▶ 'ㅁ'의 기본 뜻은 '신성한 땅'이다

'ㅁ'는 '땅의 소리'로 'ㅁ' 자체가 땅을 가리키지만 엄밀하게는 신성한 땅을 의미한다. 또한, 한쪽이 터지지 않고 온전한 것으로 '완전한 것'을 뜻한다. 꽉 채워진 것은 한자로도 '찰 만(滿)'이라고 하여 'ㅁ'을 사용한다. 또, 'ㅁ'은 사방이 막혀 있어 움직일 수가 없으므로 '멈추다'의 의미를 내포한다. 문법적으로 설명하면 명사형 어미이다.

'태산이 높다 하되 하늘아래 뫼이로다'에서 산을 의미하는 '뫼'는 태백산과 같이 신성한 산을 의미한다.

'뫼'라는 글자도 위로 높이(ㅗ) 서(ㅣ) 있는 땅(ㅁ)이라는 형태를 갖추고 있다.

'묘'라는 것도 조상님을 모신 신성한 무덤을 의미한다. 한글 '묘' 자의 형태도 고인돌과 같이 생겼다.

'묻다'는 신성한 땅에 두는 것을 의미하며, 여기에서 '무덤'이란 말이 생긴다.

'마루'도 '산마루'처럼 원래 산 위에 있는 신성한 평지를 뜻한다. 집에 있는 '마루'는 '산마루'처럼 평평하기도 하지만 어른들이 모여서 큰일을 의논하는 신성한 자리라는 뜻에서 유래한다.

'마당'은 마루가 있는 땅으로 집 주위에 평평하게 닦아놓은 땅을 가리킨다.

'마당쇠'는 마당에서 서서(ㅅ)일하는 사람(ㅣ)을 의미한다.

'멀다'는 '뫼'나 '묘'가 마을에서 먼 곳에 위치하는 데서 나온 말이다.

'뫼시다', '모시다'는 높이 받들라는 뜻이다.

'문'은 마루에서 방으로 들어가는 출입구이다.

'머리'는 신체 중에서 가장 멀고 높은 곳에 위치한다.

'맏이'는 형을 일컫는다. 맏아들, 맏딸처럼 '맏'은 '맨 먼저 나온', '높은'의 뜻이다.

'막내'는 마지막에 태어난 사람이다. 우리말 '막'은 '이제 금방'이라는 뜻으로 '막내'는 '갓 태어난 아이'라는 의미이다. 현재에도 '이제 막', '금방 막'이라는 말을 사용하고 있다.

'막'은 막판, 막바지처럼 마지막을 의미하는데, 이는 모서리(ㅁ)의 각이 살아있는 것으로 새로 만든 '새것(새로운 물건)'과 같이 '가장 최근'이라는 뜻을 갖는다.

'몸'이란 사람의 신체 중에서 중앙에 위치하며, 오장육부로 채워진 중요한 부분이다. '몸'이라는 글자의 형태도 몸통에 머리가 올려진 형상이다. '몸통'은 '몸이 들어있는 통'으로 중요한 장기가 들어있으므로 사물의 중심이 되는 부분을 가리킨다. 중앙부를 뜻하는 '맨 가운데'는 '한가운데'와 같은 뜻으로 가장 중심이 되는 중앙 부분으로 중앙부를 강조하는 말이다.

'마음'은 우리 몸에 '얼(ㅇ)'이 깃든 모양(ㅁㅇㅁ)이다.

'미안'은 몸에서 얼(ㅇ)이 밀려나 저지른 실수를 뜻하는 데서 '미안하다'란 말이 생긴 것이다.

'목'은 우리 몸통의 가쪽(ㄱ)에 위치하므로 목이다. '먹다'는 목으로 삼키는 것이다. '목'의 변형이 '멱'으로 '멱살을 잡다', '돼지 멱따는 소리' 등 '멱'도 머리와 몸통을 잇는 '목'과 동일한 뜻이다. 목은 머리와 몸통에 비해 가늘기 때문에 길이 좁아지는 곳을 '길목'이라고 하며, '골목길'도 굽고 좁아진 길을 뜻한다. 병의 가는 부분을 '병목'이라고 하며, 길이 좁아져서 차량이 밀리는 것을 '병목 현상'이라고 한다.

'모이'는 '닭 모이'처럼 '먹이', '먹거리'를 뜻하기도 한다.

'뫼'는 제사상에 올리는 밥을 일컫는 말인데 여기서 사용하는 '뫼'는 '모이'의 준말이다.

'매기다'는 물건의 가치나 등급을 평가하는 것이다. '점수를 매기다'와 같이 사용된다.

'메기다'는 '먹이다'의 뜻이다. '화살을 메기다'는 활에 화살을 먹이는 것이다.

'맛'은 음식을 먹고 난 후에 올라오는(ㅅ) 느낌이다.

'멋'은 몸에서 올라오는(ㅅ) 품격이다. '겉멋'은 실속은 없는데 겉만 번지르르한 것이다.

'마을'이란 밝은 사람, 또는 마을의 수장이 거처하는 무리가 사는 땅이라는 뜻이며, 이에 비해 '고을'을 그 가쪽(곁)에 있는 무리가 사는 땅을 의미한다. 쉽게 표현하면 마을은 대도시이고 고을은 그 위성 도시에 해당한다고 볼 수 있다. 'ㅁ'은 신성한 땅을 뜻하므로 마을에 비해서 고을은 격이 떨어지는 촌(시골)인 것이다. 물론 그보다 더한 인적이 드문 산에 위치한 고을인 산고을(산골, 산골 마을)도 있다.

'마을'에서 마을과 마을을 잇는 교통 수단이 '말(동물)'이며, 의사 전달 수단이 '말(언어)'이다.

'물'은 뫼(산) 아래로(ㅜ) 흐르는(ㄹ) 것이다.

'맑다'의 '맑'은 물에 'ㄱ'이 붙은 것이다. 이는 뫼(큰 산) 옆에는 강이 흐르며, 마을은 주로 강가에 자리잡는다. 그래서 '뫼가', '마을가'를 글로 쓰면 '맑'이며, 뫼(산) 가(옆)를 흐르는 물에서 '맑다'가 나온다. '맑다'에 'ㄱ'이 붙는 이유는 어원이 '뫼가', '마을가'에서 유래하기 때문이다.

'해맑다'는 '맑다'에 '밝다'를 의미하는 '해'가 붙은 것으로 '밝고 맑다'는 뜻이다.

'맷돌'은 돌을 마주보게 세워(ㅅ) 놓은 것으로 곡식을 가는 데 사용한다.

'모래'는 땅(ㅁ) 위(ㄴ)의 돌이 오래(ㄹ)되어 잘게 부숴진 것이다.

'무(채소)'는 땅 아래(ㅜ)에서 자라는 데서 유래한다. '마'도 땅에 묻혀 있는 것이다. 감자나 고구마도 땅 아래에 있는 것으로 'ㅁ'이 붙는다.

'열매를 맺다'에서 맺힌 것이라는 의미에서 '감', '밤', 머루, 모과처럼 열매 이름에 'ㅁ'이 붙게 된다.

'묶다'는 땅(ㅁ) 아래(ㅜ)로 떨어지지 않도록 끝(ㄲ)을 매어 놓는 것이다.

'매달다'는 실이나 끈으로 매어서 달아 놓은 것이다.

'매듭'은 매달거나 묶기 위해 끝부분을 받아서 마무리한 것이다.

'묽다'는 물기가 많다는 것이다.

'멀겋다'도 물기가 많은 것이지만, 깨끗하지 않고 흐리다는 의미가 강하다.

'멍하다'는 몸(ㅁ)에서 얼(ㅇ)이 빠져나간 듯한 모습이다.

'ㅁ'의 형태에서 유래한 것으로는 '모'가 있다. 세모, 네모, 마름모 등도 모가 난 것을 의미한다.

'모서리'는 모가 서 있는 것이다.

"모가 지다"라고 하면 사람의 성격이 원만하지 못하고 까칠한 것을 의미한다. 우리는 사람이 원 모양으로 모가 없이 둥글둥글하게 살아가는 것을 미덕으로 여기지만 바른 세상을 위해서는 자기의 개성과 주관을 정확히 표현할 줄 아는 모가 난 사람도 필요하다. 특히, 지도자가 되는 사람은 대충 넘어가지 않고, 학연, 혈연, 지연에 얽매이지 않고 원리 원칙을 준수하여 공정하게 일을 처리하는 것이 오히려 미덕이다. 물론 "모난 돌이 정 받는다."고 그 정도가 너무 심해서 아집과 편견에 사로잡혀서도 안 된다.

※ 속담이란 삶의 단편적인 지혜를 표출하기도 하지만 이는 귀에 걸면 귀걸이, 코에 걸면 코걸이처럼 상황에 따라 상대적이기도 하다. 예를 들어보면 유사한 상황에서도 보는 사람의 관점에 따라 다르게 보이는 것이다. "사공이 많으면 배가 산으로 간다." 하고서는 "백지장도 마주 들면 가볍다."라고도 한다. "빛 좋은 개살구", "보기 좋은 떡이 먹기 좋다.", "뚝배기 보다 장맛이다." 등도 겉과 속에 대한 서로 다른 속담이다.

▶ 'ㄱ'의 기본 뜻은 '가장자리'이다

'ㄱ'은 ㅁ의 오른쪽 윗부분으로 가장자리, 옆을 뜻한다. 'ㄲ'은 'ㄱ'의 경음(硬音, 된소리)으로 'ㄱ'을 강하게 표현한다. 'ㅋ'도 'ㄱ'과 다소 관련이 있지만 본래는 다른 뜻을 갖는다.

'가'는 바닷가, 냇가, 개울가처럼 가장자리를 의미하는 글이며, '옆'이라는 의미도 갖는다.

'개'는 항상 집 옆에 있으면서 집을 지키고, 사냥을 할 때에는 내 옆에 항상 붙어 있으므로 '가'이지만 여기에 'ㅣ'가 붙어서 '개'가 된 것이다. 이는 해, 내(나), 네(너) 등과 동일한 현상이다.

'고양이'는 개보다 높은(ㄴ) 곳에 오르며 "양" 하고 울어서 고양이이며, 개처럼 가까이 오지 않는다.

노래 가사 중에 "어머니의 사랑은 가이없어라"에서 나오는 '가'도 가장자리를 의미하는 것으로 "어머니의 사랑은 끝이 없다."라는 뜻이다.

'쌀겨'의 '겨'란 것도 쌀알을 감싸고 있는 껍질이므로 '겨'라고 하는 것이다.

'가'가 갖는 가장자리의 의미에서 유래한 것이 가시, 가지(나뭇가지), 가죽, 껍질, 겉(겉모습), 곁(옆), 깃(새 털), 골무(바느질할 때 손가락을 보호하는 것) 등이다. '고양이'는 우리 주변에 있기는 하지만 개처럼 가까이 다가오지 않는다.

'가지'는 덩굴 가에 늘어져(ㅈ) 있는 열매이다.

'가마'는 숯, 질그릇, 벽돌 등을 굽기 위해 연실 바깥쪽을 벽돌이나 진흙으로 둘러싼 것이다.

'가마솥'은 가마 위에 올려(ㅅ) 놓고 밥을 하거나 국을 끓이는 그릇이다.

'가마니'는 짚을 주머니처럼 엮어서 곡식이나 소금을 담아 두는 것으로 곡식의 가(옆)를 덮고 있는 것이다.

'갓'은 머리 가(위)에 세운(ㅅ), 쓰는 모자이다.

'고드름'은 처마 등의 가에 길게 드리워진 얼음이다.

'가엽다'는 가에 의지하거나 보호해줄 사람이 없어 딱하거나 불쌍한 것이다.

'고추(남자의 성기)'는 신체 중에서 가(ㄱ)쪽이 위로(ㄴ) 치솟는(ㅊ) 부위를 이른다.

'고추(식물)'는 남자의 성기를 닮은 데서 유래한다.

'괴롭다'는 가장자리 위(ㄴ)에 있어서 불안하고 고통스러운 것이다.

'구름'은 하늘가를 흘러(ㄹ)가는 것이다.

'기울다'는 가(ㄱ)쪽이 아래로(ㅜ) 내려(ㄹ)가는 것이다.

'길'은 마을의 가(ㄱ)쪽으로 길게 이어진 통행로를 의미한다.

'길다'는 길이 쭉 이어져 있는 모양에서 나온 말이다. '길이'는 '긴 정도'를 나타낸다.

'깊다'는 가(옆)가 퍼져서 속에서 겉에 이르는 거리가 멀다는 뜻이다. '속이 깊은 사람'은 '생각이 깊은 사람'이다. 여기에서 파생되어 '깊다'가 위에서 아래까지의 길이가 긴 정도를 나타내기도 한다. 수평과 수직으로 긴 것을 통칭하는 것이다. '산이 깊다', '물이 깊다', '정이 깊다' 등에서 볼 수 있다.

'엿가락'의 '가락' 역시 가(옆)쪽으로 길게 늘어난(ㄹ) 것을 가리키며, 손에서 늘어난 것이 '손가락', 발에서 늘어난 것이 '발가락'이다. '숟가락', '젓가락'처럼 긴 물건에도 붙는다.

'귀'는 얼굴의 가쪽 위에 붙어있는 데서 유래한다.

'가슴'은 몸의 가쪽으로 솟은(ㅅ) 신체의 부위를 의미한다.

'공'은 가쪽이 둥근(ㅇ) 모양에서 나온 말이다.

'걸이'는 가쪽에 고정시켜 두는 것으로 귀에 걸면 '귀걸이', 목에 걸면 '목걸이'가 된다.

'구석'은 가장자리 아래(ㅜ) 쪽으로 모퉁이 진 곳의 안쪽을 뜻한다.

'국자'는 아래쪽 가장자리(구)가 굽어(ㄱ)있는 것으로 잡는(ㅈ) 손잡이가 달려 있는 것이다.

'국'은 요리 재료에 물을 넣고 끓인 것으로 국자로 퍼서 먹는 것이다.

'죽'은 납작(ㅈ)하게 퍼지는 국이다.

'가두다'라는 말도 '가에 두다(가쪽에 둔다)'라는 의미이다. '꼭지'는 '가의 끝'이며, '꼭짓점'은 '가의 끝에 이른 지점'이다.

'갈다'는 '가를 고르다'라는 의미로 '칼을 갈다'라고 하면 칼의 가를 고르게 하여 날을 세우는 것이다.

고을이란 것도 '가'와 관련이 있다. 앞서 설명한 대로 '마을'이란 밝은 사람, 또는 마을의 수장이 거처하는 무리가 사는 땅인데 비해 '고을'은 마을 가쪽(곁)에 있는 무리가 사는 땅을 의미한다. 쉽게 표현하면 마을은 대도시이고 고을은 그 위성 도시에 해당한다고 볼 수 있다. 'ㅁ'은 신성한 땅을 뜻하므로 마을에 비해서 고을은 격이 떨어지는 촌(시골)인 것이다. 물론 그보다 더한 인적이 드문 산에 위치한 고을인 산고을(산골, 산골 마을)도 있다.

'가람'은 강(江)을 나타내는 옛말로 강은 큰 산(뫼)이나 마을 옆을 흐르기(ㄹ) 때문에 가람이라고 한다.

'가다'는 울(우리)을 중심으로 해서 가족으로 멀어지는 것이며, '오다'는 울(우리)에 가까워지는 것이다.

'가르다'는 양가를 나누어 구분을 짓는 것이다.

'겨레'는 한 혈통에서 갈라져 나온 것으로 근본은 동일한 방계를 일컫는다. 우리 민족은 한국(桓國)에서 유래한 '한겨레'이며, 배달국(倍達國)에서 유래한 '배달겨레'이기도 하다.

'가랑이'는 '바짓가랑이'에서 보듯이 갈라진 것을 뜻한다. 신라 시대 처용이 부른 처용가에는 "가로리 네이어라"라는 구절이 나오는데 이는 "다리가 넷이어라"라는 뜻으로 '다리'는 옛말로 '가로리'라고도 쓰였다. 이는 '가르다', '갈라지다'에서 나온 말이다.

'갈피'는 가를 겹쳐서 포개어 놓은 것이다. 또는 갈라서 사람(ㅣ)이 펴 놓은 것이다.

'가물가물하다'라는 말은 멀고 멀어서 잘 보이지 않는다는 뜻이다. 여기서 '감감하다', '깜깜하다'란 말이 나온다. '감다'는 '검다'와 같은 뜻으로 검은색을 뜻한다. 우리나라의 토종 곰은 북극의 흰곰과는 달리 검은 색이므로 '감', 즉 '곰'이다.

이 곰은 단군신화의 영향을 받아 '신'으로 나타난다. 우리말과 신화를 그대로 사용하는 일본에서는 '감'을 '가미'로 표현하는데 이는 '감'에 'ㅣ'가 붙은 우리말이다. 2차 세계 대전 때 일본의 자살 특공대 이름이 '가미카제'인데 이를 한자로 쓰면 '신풍(神風, 신의 바람)'이며, 일본에서는 신(神)을 '가미'라고 부름을 알 수 있으며, 이는 우리말 '곰'에서 유래한 것이다. 영어로는 신을 'god(곧)'이라고 표현하는데 이 역시 우리말 '곰'에서 유래한 것이다. 또는 'god'의 발음인 '갓'에 착안하여, '갓'은 어른이나 지체가 높은 사람이 쓰는 것이므로 여기서 유래했다고도 한다. '감감하다'에서 '감감 무소식'이라는 표현이 나오며, 이들을 강하게 표현하면 '깜깜하다', '캄캄하다', '컴컴하다' 등의 말이 생긴다.

'고맙다'라는 것은 '곰압다'에서 온 것으로 곰(신)이 앞에 나타난 것으로 '곰(신)에게 감사를 드린다'는 뜻이다.

'깜깜하다'는 너무 어두워서 아무것도 보이지 않기 때문에 '꼼꼼하게 살펴야 한다'는 의미로 '꼼꼼하다', '꼼꼼히'라는 말이 생긴다.

'거스르다'는 그른 쪽(ㅓ)으로 가는 것이다. "연어가 하천을 거슬러 올라간다."처럼 순리에 따르지 않고 반대로 행동하는 것이다
'거슬린다'는 거스르는 행동을 해서 신경이 쓰이는 상태이다.
'거칠다'는 가(표면)에 치솟은 부분이 있는 것이다. 표면이 매끄럽지 않고 '까칠까칠'하거나 '끄껄끄껄'한 것을 일컫는다. '까칠하다'와 거의 같은 말이며, 이는 물건만이 아니라 사람의 성격에도 비유적으로 사용한다.

'구르다'는 옆(ㄱ, 가)으로 흐르는(ㄹ) 것에서 유래한다.

'그'는 넓고 편평한 땅(표면) 위(가족)를 의미한다. 'ㅡ'는 넓고 편평한 땅이며, 그 가족(가)은 어두우므로 옛말의 '그'는 '그늘'을 뜻한다.

'그(제3자)'도 나와 너가 없는 가쪽(ㄱ)에 존재하는 사람이다.

'긋다'는 '선을 긋다'처럼 땅 위에 경계를 세우는 것이다.

'그리다'는 땅이나 편평한 표면 위에 선을 길게 나타낸 것이다. 즉 '그리다'는 편평한 물체(바위, 나무, 가죽, 천, 종이 등) 위(가)에 붓이나 연필로 사물의 형태를 나타내는 것이다. 그렇게 그린 것이 '그림'이다.

'글'은 애초에 '그림'과 같은 의미였으나 현재는 '소리를 그린 것'에만 사용한다.

'그림자'는 빛을 받아서 사물의 옆에 그려진 것이다.

'그믐달'은 달의 몸 중에서 가쪽(가)만 보이는 달이다.

'그릇'은 넓고 편평한 위에 물이나 음식을 올려 놓는 용기이다.

'그르다'는 땅 위의 가운데가 아닌 가쪽에 치우쳐 있어서 옳지 않거나 좋지 않은 것이다. '그른(그런) 쪽'은 '바른쪽'의 반대말로 사용된다.

'그을다'는 편평한 표면이 햇빛(ㅇ)을 오래(ㄹ) 받는 것이다. 피부가 햇빛에 타서 검어지는 것도 '그을다'라고 한다. 여기에서 파생되어 불에 타서 검어진 것을 '그을음'이라고 한다.

'그슬리다'는 겉만 조금 태운 것이다.

'ㄲ'은 가쪽보다 더욱 먼 곳을 의미하므로 'ㄱ'을 겹쳐서 사용한다.

'끝'은 가에서 더욱 멀리 떨어진 가쪽을 의미한다. '끄트머리'는 끝에서 튀어나온 머리 부분이다.

'잠을 깨다'의 '깨다'는 잠이 끝나는 것이다.

'꿈'은 반드시 깨어나게(끝나게) 되어 있는 것이다.

'끄다'는 것도 '불을 끄다'처럼 불을 가쪽으로 더욱 멀리해서 없어지게 하는 것이다.

'끌다'는 더 멀리 떨어진 쪽으로 끄집고 가는 것이다.

'가깝다'는 가의 끝에 '이르다'라는 뜻이다.

'꼬리'는 짐승의 끝에 늘어져 있는 것이다.

'꼬이다'는 끝이 올라(ㅗ)와서 복잡하게 얽힌 것이다.

'꼬다'는 '새끼를 꼬다'에서 보듯이 꼬이게 만드는 것이다.

'깡'은 '강'보다 더욱 센 악착 같은 기질이나 힘을 뜻하며, '깡을 피다'라고 하면 억지를 부린다는 뜻이다. '깡통'은 영어 캔(can, 통조림)에서 나온 말이다. '깡통을 차다'라고 하면 빌어먹는 신세가 되었다는 것이다. '깡통계좌', '빈 깡통이 요란하다' 등의 말이 있다.

'깽판치다'는 가쪽에 있는 것을 더 가쪽으로 멀리하는 것으로 일을 잘못되게 하거나 망치는 것이다.

'깡패'는 깽판을 치는 패거리를 일컫는다. 이를 두고 어떤 이는 '깡'이 영어 갱(gang)에서 왔다고 하는데 이는 주객이 전도된 것이다.

'ㄱ'의 형태에서 유래하는 말도 상당수 있다. 'ㄱ'은 모양이 굽어 있다.

'굽다'는 가쪽이 아래로(ㅜ) 휘어진 것이다.

'구부리다'는 가쪽이 아래로 향하도록 하는 것이다.

'꺾다'는 가쪽이 반대(ㅓ) 방향을 향하도록 구부리는 것이다.

'꺾쇠(굽은 쇠)'는 굽어 있는 쇠를 가리킨다.

굽어 있는 형태에서 '구불구불', '꾸불꾸불' 등의 말이 생겨난다.

'값'은 물건의 받을 가치를 매긴(세운) 것이다. '갑'은 사물의 가치,

가격을 의미한다. 물물교환을 할 때에는 물건을 세는 단위가 '개비'이며, 이는 '갑'에서 유래한다. 성냥개비, 털실 한 개비, 장작 세 개비 등 주로 긴 사물을 세는 단위가 '개비'이다.

▶ 'ㄴ'의 기본 뜻은 '넓다'이며, '눕다', '내리다', '낮다'의 뜻을 내포한다

'ㄴ'은 'ㅁ'의 왼쪽 아랫부분이다. 'ㄴ'은 기본적으로 넓게 퍼져 있는, 가로로 길게 누워 있는 형상으로 '넓다'를 의미하며, 그러한 모양을 하고 있는 것에도 'ㄴ'을 사용한다.

'ㄴ'의 기본적인 뜻은 '낮다', '눕다', '내리다' 등이다.

'ㄴ'이 의미하는 '넓다'에서 사물의 폭을 우리말로는 '나비', '너비'라고 부르며, 면적을 '넓이'라고 부른다.

'나무'의 옛말은 '남게'로 널리 뫼(산)의 가(ㄱ)에 있는 것이다.

'눈이 내리다'에서 '눈'은 내려서 낮게 퍼지는 것이다.

사람의 '눈'도 옆으로 퍼져 있는 데서 유래하며, '눈금'을 매기는 것도 옆으로 선을 긋는다.

'나라'도 넓은 평야나 평원을 가지고 있는 데서 유래하며, '온 누리'의 '누리'도 세상을 의미하지만 좁게는 '나라'를 의미한다.

'논'도 밭과는 달리 평지에 누워 있는 땅이다.

'녹다'라는 것도 '녹아내리다'는 의미로 녹아서 넓게 퍼지는 것이다.

'녹'은 금속의 가(ㄱ)쪽 표면에 널리 퍼져서 발생한다.

'내(川)'도 누워서 흐르는 모양에서 유래한다.

'노을(놀)'은 해가 질 때 옆으로 길게 퍼진 모양에서 나온 말이며, 그 색이 노랗기 때문에 '노랑', '노랗다'란 말이 생겨난다. '노루'도 색이 노란 색이어서 생긴 것이며, '누렁이(황구)'도 그 색에서 유래한다.

'널'이란 말도 넓게 퍼져 있는 모양에서 유래한다. '널판지'는 판자가 넓게(길게) 퍼진 것이다. '널뛰기'는 널판지 위에서 뛰는(노는) 것이다.

'높다'는 넓게 퍼져 있는 하늘을 의미해서 하늘 높이(위, ㅗ) 있는 것이라는 뜻이다.

'눕다'는 'ㄴ'에 'ㅜ'가 붙어서 아래를 향해 몸을 낮추는 것이다.

'누비다'라는 말도 하늘 아래를 이리저리 돌아다니는 것이다. 바느질의 '누비다'도 이에서 유래한다.

'누다'는 '오줌을 누다'와 같이 아래(ㅜ)로 내리는 것이다.

'누나', '누이'는 여자를 가리키며, 오줌을 눌 때 낮게 앉아서 누는 것에서 유래한다. 여자(女子, 녀자)는 모두가 앉아서 누므로 여자를 가리킬 때에는 'ㄴ'이 붙는다.

'늪'은 들판에 물이 낮고(ㄴ) 넓게(ㅡ) 펼쳐져(ㅍ) 있는 곳이다.

'낳다'라는 말은 'ㅎ(신성한 알, 생명)이 나오다'라는 뜻이다. '나오다'라는 말은 '내려오다'와 동일한 말이며, 한자말로는 '현신하다(실제로 나타내다)'라는 뜻이다.

'나'는 사람 중에서도 가장 중요한 주체적인 존재이다. 내가 사물을 인식하는 것이며, 내가 없으면 사물을 인지할 주체가 없어지는 것이다. 데카르트의 유명한 대사 "나는 생각한다, 고로 존재한다"는 것도 세상을 바라보고 인식하는 주체에 대한 자각이다.

'너'는 나에 대한 상대적인 표현이다. 'ㄴ'에 'ㅏ'의 상대격인 'ㅓ'를 붙여서 나에 대한 상대를 나타낸다. 'ㅓ'가 '그른 쪽'을 의미하지만 이는 '나쁨'이라는 뜻이 아니고 나와 반대쪽, 상대가 되는 쪽을 표현한 것이다.

'낫'은 나락이나 풀을 밑에서 베어 올리는 기구이다.

'나쁘다'라는 말은 '낮아 보이다'를 의미하는 '낮브다'에서 유래한 것으로 처음에는 '부족하다'라는 의미였으나 이후 '좋지 않다'는 뜻으로 사용되고, 현재의 '나쁘다'라는 뜻이 되었다. 어떤 이는 '나뿐'에서 유래한 것으로 자신만을 위하기 때문에 나쁜 것이라고도 한다. '나쁘다'를 사투리로 '나뿌다'라고도 한다.

'님'은 신성한 땅(ㅁ)에 내려온 높은 사람을 의미한다. 두음법칙에 의해 '임'으로 읽는다.

'놈'이란 땅(ㅁ) 위에(ㅗ) 누워 있는(ㄴ) 사람을 뜻하며, 주로 남자를 일컫는다. 남자는 가족의 생계를 책임지기 위해 마땅히 일을 해야 한다. 그런데 일은 안 하고 종일 누워 있으면 '님'이 아닌 '놈'이 된다.

'놈팽이'란 말도 일은 안 하고 누워서 퍼져 있는 놈이란 뜻이다.

뒤에 나올 'ㄹ'은 움직임을 나타내는 것으로 현재 진행형과 같아서 'ㄴ'과 결합하면 전혀 다른 말이 된다. '날다'라는 것은 '퍼져 나가다'는 의미로 날아 가는 것을 뜻하며, 여기에서 '나르다(옮기다)', '날아오르다', '날개' 등의 말이 생겨난다. 이와 유사한 현상으로 '늘다'라는 말도 '널리 퍼져 나가다'라는 의미에서 '늘리다', '늘어나다'를 뜻하며, 말 그대로 늘어나는 것, 불어나는 것을 뜻한다.

'나래'는 날개를 뜻하는 것으로 문학적으로 사용한다. 널리 퍼지는 데서 유래한다.

'노래'라는 것도 널리 퍼져 나가는 데서 유래한다.

> ※ '냄비'는 솥보다는 높이가 낮으며, 통상 손잡이가 달린 것인데 이는 한자어 '남비(藍沸)'에서 온 말이다. 남비는 바구니 남(藍)과 끓일 비(沸)가 합쳐진 말로 '끓이는 바구니'라는 뜻이다. 이를 두고 일본어 '나베'에서 유래했다고 하는데 이는 틀린 것이다. 누차 얘기하지만 일본어는 우리나라 경상도 방언이다. 우리말이 일본으로 전해진 것이다.

▶ 'ㄷ'은 'ㅁ'의 참뜻인 '땅'을 상징한다

'ㄷ'은 'ㅁ'의 왼쪽 부분으로 천지인(天地人)에서 나온 'ㅁ(땅의 소리)'이 의미하는 실제 땅을 뜻한다. 또한, 무언가를 둘러싸는 형태에서 '두르다'의 뜻을 갖는다. 'ㄸ'은 'ㄷ'의 경음(硬音, 된소리)으로 'ㄷ'을 강하게 표현한다. 'ㅌ' 역시 'ㄷ'에서 나온 것으로 '땅'을 의미하기도 하지만 원래는 다른 뜻을 갖는다.

예전에는 천자문을 읽을 때 "하늘 텬(天), 따 지(地)"라고 했는데 여기서 나오는 '따'는 '다'에서 나온 것으로 'ㄷ'은 땅을 의미한다. 앞에 나온 '양달'과 '응달'도 햇빛이 비치는 땅과 햇빛이 없는 그늘진 땅을 뜻한다. 그러므로 '달'도 역시 '땅'을 뜻하는 말이다. 앞서 말한 단군 조선의 도읍지인 '아사달(처음으로 세운 땅)'의 '달'도 '땅'을 뜻한다.

'들판'이라는 말의 '들' 역시 땅을 뜻하는 것으로 '들판'은 '땅(ㄷ)이

넓게(ㅡ) 퍼져 있는 모양'이다. 집의 정원을 뜻하는 '뜰', '뜨락'이라는
말도 여기서 유래한다.

'드물다'는 들의 사이가 먼 것에서 유래하여 흔하지 않은 것이다.

'드문드문'은 공간적으로 사이가 먼 것이지만 추상적인 개념으로
시간적으로도 사용된다.

'딛다'는 땅(ㄷ)에 사람(ㅣ)이 발을 대는 것이다. 즉 발로 누르거나 밟
는 것이다.

'다가서다'는 내가 있는 곳(ㄷ)의 옆(ㄱ)에 서(ㅅ)는 것이다. '다가오다'
와 같은 말이다.

'닥치다'는 내 옆에서 일이나 사건이 발생하는 것이다.

'달다'는 줄이나 끈으로 매어서 걸려 있게 하는 것이다.

'달(月)'은 하늘에 달려 있는 땅이다. 양달, 응달에서 말하는 '달'과
같은 의미이다.

'달다'는 열을 받아서 땅이 뜨거워지는 것이다. 여기에서 사람이
흥분해서 몸이 뜨거워지는 것도 '달다'라고 한다.

'달구다'는 땅에 열을 가해서 뜨겁게 만드는 것이다. 사람도 흥분하
게 하는 것을 '애를 달군다'라고 한다. '쇠를 달구다'에서 보듯이 '달구
다'는 '데우다'보다 뜨겁게 가열하는 것이다.

'데우다'도 온돌을 데우듯이 따뜻하게 만드는 것이다.

'덥다'는 상대격인 'ㅓ'가 붙어서 달굼을 당하거나 데움을 받은 상태
를 나타낸다.

'달다'는 입에 당기도록 좋은 것으로 입에 착착 달라붙는 맛이다.

'달콤하다'는 달아서 기분이 좋은 상태를 나타낸다.

'달리다'는 땅의 앞(ㅏ)에 닿기 위해 빨리 가는 것이다.

'다리(足)'는 달리거나 걷는 신체의 일부분이다. 고전에는 '다리'가 갈라진 모양을 빗대어 '가로리', '가라리' 등으로 불렀다.

'다리(교량)'도 빨리 가기 위해서 떨어져 있는 장소를 이은 것이다.

'더럽다'는 땅의 반대편, 구석진 곳이 오래(ㄹ)되어 지저분한 것들이 널려 있는 것이다.

'돋우다'는 땅(ㄷ) 위에(ㅗ) 다시 흙(ㄷ)을 올려 높이는 것이다.

'돕다'는 돋우는 데 힘을 보태는 것이다. '도움'은 거들거나 보탬을 주는 것이다. '도와주다'는 도움을 주는 것이다. '도우미'는 도와주는 사람이다.

'돌'은 편평한 땅(ㄷ) 위에(ㅗ) 올라(ㄹ)온 것이다.

'돌다'는 돌이 굴러(ㄹ)가는 모양에서 나온 말이다.

'둥글다'는 돌이나 땅이 오래(ㄹ)되어(마모되어) 모가 없어진 것이다. 그러한 형태를 나타낸 말이 '동그랗다'이며, 이에서 '동그라미'라는 말이 만들어진다.

'똥'은 땅에 떨어져서 위(ㅗ)로 올라(ㅇ)온다. 똥은 위로 쌓인다.

'등'은 잘 때 땅(ㄷ)에 넓게(ㅡ) 닿는 부위를 이른다.

'둘'은 땅(ㄷ)이 오래(ㄹ)되어 아래로(ㅜ) 매몰되어 땅에 둘러 쌓인 것이다. 그러나 이는 물질이 아닌 추상적인 개념이다. 우리말 '둘'은 원

래 '두르다'를 뜻하는 것으로 여기에서 '둘레'라는 말이 생기며, 땅과
는 직접적인 연관성은 없다. 땅은 씨앗을 둘러서 키우므로 천부경에
서 말하는 '둘'은 '기르다'라는 의미를 갖는데 이것도 추상적인 개념에
서 생겨난 말이다.

'다'가 의미하는 땅에는 만물이 존재하므로 '많을 다(多)'와 같이 많
은 것, 모두를 뜻하기도 한다. '모두 다', '전부 다'에서 볼 수 있다.
　'다물다'는 모두를 물고 있기 위해 입을 닫는 것이다.
　'닭'은 소나 돼지와 달리 많은(다) 수가 무리를 지어 마땅 가(ㄱ)쪽을
몰려(ㄹ) 다니는 것이다. 닭을 의미하는 일본어 '도리'는 새를 의미하
는 우리말 '돌(땅[ㄷ] 위[ㄴ]에 오르는[ㄹ])'에서 나온 것이다. 병아리는 알
에서 갓 벗어난 어린 새끼를 의미한다.

▶ 'ㄹ'은 움직임을 나타낸다
　'ㄹ'은 'ㅁ'의 오른쪽 부분인 'ㄱ'에서 유래한 것으로 그 자체로는 별
로 의미가 없다. 앞서 'ㄹ'은 'ㄱ'에 'ㄴ'이 붙어서 만들어진 것이라고 설
명하였다. 'ㄹ'은 '시간의 흐름'을 나타낸다. 그러나 우리말의 받침이나
녹도문에서 발전한 한자를 읽을 때에는 없어서는 안 될 음가이다.

　'ㄹ'은 '시간의 흐름'을 나타내는 것으로 '오래'라는 추상적인 의미를
갖는다. 또, 우리말에서는 움직임을 나타내는 진행형을 나타내기도
한다. 'ㄹ'이 붙으면 기본적으로는 '흐르다', '움직이다'라는 의미를 갖
는다. 'ㄹ'은 사물의 모양이나 형태를 뜻하는 것이 아니라 시간과 움
직임이나 동작을 나타내는 기호이다.

'갈리다'는 가죽에 있는 것이 오래되어 마모되는 것이며, '(칼을) 갈다'라는 말도 이에서 유래한다.

'닳다'라는 것도 사물이 오래되어 자연히 마모되는 것으로 '갈다'와 유사한 뜻이다.

'말리다'는 물건을 땅에 오랫동안 두어서 건조하는 것이다.

'머물다'는 마을에 오랫동안 있는 것에서 나온 말이다.

'바래다'는 빛을 오랫동안 받아서 색이 퇴색하는 것이다.

'흐리다'라는 것도 밝은(ㅎ) 것이 오래되어 희미해지는 것이다.

'쓸리다'는 오래 서 있어서 밀려나가는 것으로 '쓰러지다', '쓸려 나가다' 등의 말이 생긴다.

'ㄹ'이 움직임을 나타내는 것은 아래와 같다.

갈다, 구르다, 날다, 널다, 놀다, 달리다, 돌리다, 두르다, 말다, 몰다, 물다, 밀다, 벌다, 불다, 빌다, 알다, 얼다, 울다, 살다, 졸다, 절다, 줄다, 팔다, 풀다, 헐다 등과 같이 'ㄹ'이 붙으면 움직이는 동작을 나타내게 된다.

▶ 'ㅂ'의 기본 뜻은 '받다'이다

'ㅂ'은 'ㅁ'을 위로 늘린 바구니 모양으로 기본적인 의미는 '받다'를 뜻하며, 이에서 파생되어 약하지만 '둘러싸다', '담다'의 의미도 갖는다. 'ㅂ'은 'ㅁ'을 위로 늘린 것으로 불어나는 것을 나타내기도 하고, 부피가 커져서 부드럽거나 약한(무른) 것을 의미하기도 한다. 'ㅃ'은 'ㅂ'의 경음(硬音, 된소리)으로 'ㅂ'을 강하게 표현한다.

'보자기', '보따리'는 물건을 담고 둘러싸는 용도이며, '바구니'도 기본적으로는 물건을 담는 것이다. 등에 짊어지는 '바랑(배낭)' 역시 물건을 담는 것이다.

'받다'는 말 그대로 받아서 두는 것이다.

'보다'라는 말은 사물을 눈에 담는 것이다.

'붓다'라는 말을 'ㅂ'을 쏟는 것으로 '쏟아서 담다'이며, '붇다'는 받는 것이 많아져서 불어나는 것이다.

'배'도 우리가 먹은 것을 받아들이는 것이며, 한자로도 'ㅂ'을 넣어 '배 복(腹)'이라고 쓴다. 한자는 한국(桓國) 시대의 녹도문(鹿圖文)을 어원으로 하므로 한자에도 가림다(加臨多) 문자의 흔적이 매우 많이 남아있다.

'바지'는 다리(ㅈ)를 받는 긴 옷이다.

'발'은 몸을 받는 신체 부위다.

'발'은 햇빛을 받기(막기) 위해 아래로 내려(ㄹ) 놓은 가리개이다.

'박'은 알(씨)을 받아서 줄기 옆(ㄱ)에 달려 있는 것이다.

'밥'은 배에서 받아들이는 음식이다. 불(ㅂ)로 쌀(ㅏ)을 부드럽게(ㅂ) 만든 것이라는 의미도 있다.

'방울'은 알(방울 안에 들어 있는 알)을 받아서 울린다(소리를 낸다)는 뜻이다.

'배다'는 '애를 배다'에서 보듯이 애를 배에 받은 것으로 임신을 한 것이다.

'밝다'라는 것은 빛을 받아서 빛나는 것을 뜻한다.

'불'은 밝은 빛을 내는 것이다.

'붉다'는 것은 불의 색을 말한다. 불의 가쪽(ㄱ)이 붉은 것이므로 '붉'에 'ㄱ'이 붙는다.

'빨강'도 붉은 빛을 상징하지만 '빨강'이란 말에 'ㄱ'이 붙은 것도 '불의 가(쪽)', 바닷가, 냇가처럼 '불가'라는 뜻이 숨어 있다.

'별'도 빛을 내어 밝게 빛나는 것에서 유래한다. 다만, 불은 일시적인 것이지만 '별'은 밤하늘에서 항상 변하지 않는 자리에 위치하며, 변하지 않는 빛을 낸다.

'부끄럽다'는 볼이 붉어지는 것이다.

'버리다'는 '받다'의 반대말로 사용되어 나에게서 멀리 두는 것이다. 이는 'ㅂ'에 그른 쪽(반대쪽)을 의미하는 'ㅓ'가 붙어서 생기는 말이다.

'벌판'은 버려진 넓은 땅을 의미한다. '벌' 자체가 넓은 땅을 의미하기도 하며, 이는 '갯벌', '황산벌'처럼 넓게 펼쳐진 들(땅)에서 알 수 있다.

'벌레'는 벌판에서 살아가는 곤충이나 무척추 동물을 일컫는다.

'벌'은 벌레 중에서도 꿀을 받아오는 곤충을 일컫는다.

'벗다'는 받은(입은) 옷을 몸에서 떼어내는 것이다.

'벌(罰)'은 나의 잘못으로 인한 결과를 받는 것이다.

'벌다'는 '돈을 벌다'처럼 나의 노력의 대가로 받아오는 것이다.

'베다' 역시 'ㅂ'에 그른 쪽(반대쪽)을 의미하는 'ㅓ'가 붙은 것으로 이는 '받다'의 반대되는 뜻을 갖는다. 즉 베어내는 것이다.

'베개를 베다'에서 사용하는 '베다'는 내가 받는 것이 아니라 상대가 받게 만드는 것이다. 이 역시 'ㅂ'에 'ㅓ(반대)'가 붙어서 생긴다. '베개'는 머리 옆(ㄱ)을 붙여 베는 것이다.

'비'는 하늘(ㅇ)에서 아래(ㅜ)로 내리는 것으로 한자 '비 우(雨)'가 더 명확하다. 우리말에 'ㅂ'을 사용한 이유는 내린 비가 하천이나 강으로 흘러 들어가서 물이 불어나게 되는 것을 의미한다.

'비우다'는 받은 것을 없애는 것이다.

'비(빗자루)'는 비우기 위해 사용하는 기구이다.

'비'는 받는(ㅏ) 것도 아니고, 버린(ㅓ) 것도 아니어서 '비스듬히'라는 의미가 있다.

'비틀다'는 비스듬히 꼬면서 트는 것이다.

'비껴가다'는 비스듬히 끝으로 가는 것으로 비스듬히 스쳐 지나가는 것이다.

'비키다'는 비스듬히 자리를 옮기는 것으로 피하는 것이다.

'뿔'은 자신이 받는 것이 아니라 상대를 들이받는 것이다. 'ㅃ'은 받은 것을 되돌려 받는다는 의미가 있어서 'ㅂ'을 겹쳐서 쓴다. 영어로는 소를 '불(bull)'이라 부르는데 이도 우리말 '뿔'에서 유래한 것이다. 불독도 원래는 '소를 모는 개'라는 뜻이다. 쉽독은 '양을 모는 개'이며, 닥스훈트는 '오리를 사냥하는 개'라는 뜻이다. 숫소를 옥스(ox), 암소를 카우(cow)라고 한다지만 이는 '불(bull)' 다음에 만들어진 것이다.

'뿌리'는 나무를 받아서 땅 밑(ㅜ)으로 박혀 있는 것이다.

'빨다'는 상대가 받은 것을 다시 받아내는 것이다. '빨아내다'의 의미이다.

'빨래'도 얼룩이 묻은(ㅂ) 것을 다시 빼내는 것이다.

'빼다'는 상대가 받은 것을 다시 돌려받는 것으로 '제하다'의 뜻이다.

'빼기'는 빼어 내는 것이다. 산수에서는 '뺄셈'이라고 한다.

'빼앗다'는 상대가 받은 것을 내가 다시 받아서 가지는 것이다.

'뽑아 내다'는 빼어내어 담아(ㅂ)두는 것이다.

'뿜다'는 빼어내어 아래로(ㅜ) 흘리는 것이다.

▶ 'ㅍ'의 기본 뜻은 '펴다'이다

'ㅍ'은 'ㅁ'을 양 옆으로 늘인 모양으로 기본적인 의미는 '퍼진 것', '펴져 있는 것'을 뜻한다. 여기에서 '펴다', '퍼지다'라는 말이 생겨난다.

'판'은 펴서 놓는(ㄴ) 것이다. 밥상을 차리는 판이나 장기판, 바둑판 등에서 사용되는 '판'이다.

'팔'은 우리 몸에서 퍼져 나온 것이다.

'풀다'라는 말은 묶인 매듭을 넓게 펴는 것이며, '풀'도 종이에 넓게 펴서(발라서) 붙이는 것이다. '피'도 상처를 입으면 흘러내려서 넓게 퍼지는 것이므로 'ㅍ'이 들어간다.

'개펄' 역시 바닷가에 퍼져 있는 펄이라는 의미인데 '갯벌'로 바뀐 것이다. '벌' 역시 '벌판', '황산벌'처럼 넓게 퍼진 땅을 의미하므로 '개 펄'과 '갯벌'은 동일한 의미이다. 개펄은 개흙이 깔린 갯가의 넓고 평평한 땅을 일컫는다.

'품다'는 닭이 알을 날개를 펴서 감싸는 것처럼 무언가를 펴서 감싸는 것이다. 아이를 품는 것도 팔을 펴서 감싸는 것이다.

'풀'은 풀밭이나 잔디처럼 넓게 퍼져서 자라는 모양에서 나온 말이다. '풀'의 색에서 '푸르다', '파랗다'란 말이 생긴다. '빨강'과 달리 '파랑'은 '노랑'처럼 'ㄹ'이 붙는데 이는 넓게 퍼져 있다는 것을 상징한다.

'파랑새'는 당연히 푸른 빛을 띤 새를 가리킨다.

신호등의 청신호는 '풀의 색'으로 초록색인데 우리는 이를 '파란 불(청색)'이라고 부르는 이유도 '풀'에서 '파랑(파란색)'이 유래했기 때문이다. '풀빛'을 녹색으로 보지 않고 푸른 청색으로 보는 단적인 예가 '늘 푸른 소나무'라는 표현에서도 볼 수 있다. '초록(草綠)색'에서 '녹색(綠色)'이 나오지만 이것도 '풀 초(草)'와 '푸를 녹(綠)'이 합쳐져 '풀빛'이라는 뜻이지만 우리는 빨간색의 보색(반대색)인 '녹색'으로 인식한다. 청색(青色)은 황색(黃色)과 보색 관계에 있다.

'풀피리'는 풀을 입에 대고 불어서 소리를 내는 것이다. '피리'라는 악기의 이름도 '풀'이라는 이름에서 유래한다.

'바람'이란 말은 '휘파람'에서 보듯이 퍼져 나간다는 의미에서 원래는 '파람'이었으나 '파람'이 '바람'으로 변한 것이다. 우리말 'ㅂ'은 받는 것이고, 'ㅍ'은 퍼지는 것이다. 이와 동일한 맥락에서 '바람이 불다'는 애초에 '파람이 풀다'였다. '풀무'라는 것은 대장간에서 바람을 불어 넣는 기구로 '풀다'가 '불다'로 변한 것임을 알 수 있다. '풀다'에서 '풀풀 날리다', '펄펄 날린다' 등의 말이 만들어진다.

'파닥파닥', '푸득푸득'도 새가 날개를 펴서 날갯짓을 하는 모양에서 유래한다.

▶ 'ㅋ'의 기본 뜻은 '가르다'이다

'ㅋ'은 'ㄱ'이 갈라진 모양으로 기본적인 뜻은 '가르다', '갈라지다'이지만 가장자리가 갈라져서 커진다는 의미에서 '크다', '커지다'의 뜻도 품고 있다. 그러나 'ㅋ'은 'ㄱ'의 거센소리로 더 많이 사용된다.

'키우다'는 사람(ㅣ)이 자라게 만드는(재배하는) 것이다.

'키'는 자란 정도를 나타내는 것으로 몸의 길이나 높이를 말한다.

'켜다'는 '나무를 켜다'에서 보듯이 나무의 가를 갈라서 자르는 것이다.

'켜다'는 '가야금을 켜다'에서 보듯이 연주를 하는 것이다. '불을 켜다'의 '켜다'도 여기에서 유래한다.

'칼'은 가를 가르는 도구이다.

'코'는 얼굴의 가에 있지만 콧구멍이 두 개로 갈라져 있다.

'시큰거리다'는 살갗 등이 솟(ㅅ)아서 갈라진(ㅋ) 것이다.

'가랑가랑하다'의 거센말 '카랑카랑하다'

'감감하다'의 거센말 '캄캄하다', '컴컴하다'

▶ 'ㅌ'의 기본 뜻은 '터다'이다

'ㅌ'은 'ㄷ'이 갈라진 모양으로 기본적으로 '터다'를 뜻하지만 부수적으로 '갈라지다'의 뜻도 있다. 그러나 'ㅌ'은 'ㄷ'의 거센소리로 더 많이 사용된다. 한자를 읽을 때에는 필수적인 음가이다.

'길을 터다'라고 하면 숲을 갈라서 '길을 열다', '길을 넓히다'라는 뜻이 된다. 공터, 쉼터와 같이 땅을 넓힌 '터'가 되며, '텃밭'도 산을 개간(터서)해서 만든 밭이다. 이렇게 터서 만든 자리의 주인이 '텃새', '터줏대감'이다. '터다'와 '트다'는 동일한 의미이다.

'다투다'는 땅(다)을 터는 일로 땅을 서로 차지하려고 경쟁하는 것이다.

'다툼'은 턴(개척한) 땅을 두고 (서로 자기 것이라고) 싸우는 것이다. '말다툼'은 말로 싸우는 것이다.

'장터'는 시장을 열기 위해 넓힌 장소이다.

'틈'이란 터서(갈라져서) 생긴 것이고, '틈새'란 것도 터진(갈라진) 사이라는 뜻이다.

'턱'은 입 안쪽에서 아래 위로 갈라져 있다.

'턱'은 '문턱'에서 보듯이 평평한 곳의 어느 한쪽이 터져서 높이가 맞지 않는 것이다.

'털'이란 것도 몸이나 가죽에서 갈라져 나온 것이다.

'손톱'이나 '발톱'도 손가락이나 발가락의 살에서 터져(갈라져) 나온 것이다.

'통'은 나무를 타서 둥글게(○) 만든 것이다. '술통'은 그렇게 만들어서 술을 담는 데 사용하는 용기이다.

'통'은 '술통'의 통 크기(둘레)를 나타내기도 하는데, 이것이 바짓가랑이나 소매의 넓이를 나타낸다.

'틀'은 어떤 모양을 잡은 다음 털어내는 것이다.

'틀어지다'는 갈라져서 비틀어지는 것이다. '비틀다'는 사람(ㅣ)이 꼬면서 트는 것이다.

'타다', '나무를 타다'는 나무를 쪼개는 것으로 '나무를 켜다'의 '켜다'와 비슷한 말이다. '가야금을 타다'의 '타다'도 '켜다'의 뜻이다.

'말을 타다'의 '타다'는 말 위에 틈을 만들어 오르는 것이다. '차에 타다'도 동일한 의미이다.

'타다'는 '갈라져 나오다'의 의미에서 '월급을 타다', '물감을 타다' 등의 말이 생긴다.

'터지다'는 터가 생겨서 갈라져 벌어지는 것이다.

'톱'은 나무를 타는 연장이다.

'그루터기'는 나무나 곡물을 베어내고 남은 밑동을 가리킨다.

③ 'ㅿ' 사람의 소리

천부경 해석에서 인일(人一)은 사람의 본성으로 '다스리다'를 상징한다고 하였다. 이는 '사람의 정신'에 해당하는 것으로 '세우다', '다스리다', '수양하다' 등의 의미를 갖는다. 사람의 소리인 'ㅿ'에서 'ㅅ', 'ㅈ', 'ㅊ'이 만들어진다.

▶ 'ㅅ'의 기본 뜻은 '서다'이다

현재 반치음에 해당하는 'ㅿ'은 없어지고 'ㅅ'이 사용된다. 'ㅆ'은 'ㅅ'의 경음(硬音, 된소리)으로 'ㅅ'을 강하게 표현하며, 많은 것이 서 있는 것을 뜻하기도 한다. 'ㅅ'은 모양 자체도 한자 '사람 인(人)'과 마찬가지로 막대기 두 개가 서로 의지하여 서 있는 모양이다. 또는 다리를 벌리고 서 있는 사람의 다리 모양이다.

'ㅅ'의 형태에서 유래한 글은 '사람'이다. 한자의 '사람 인(人)'과 모양도 동일하다. '사람'을 굳이 설명하자면 '땅 위에 서서 살아가는 존재(ㅁㅅㄹ)'라고 할 수 있다.

'살다'는 '서서(ㅅ) 오래(ㄹ) 지내는'이라는 뜻으로 생명체가 삶을 이어가는 것이다.

'사랑'은 오랫동안 같이 살아가면서 싹트는 감정이다. 한자어인 사량(생각 사[思], 부피 량[量])에서 온 것으로 '생각하는 정도'라고 말하는 이도 있다.

※ '사랑(舍廊)'은 한자어로 집의 안채와 떨어져 바깥 주인이 손님을 접대하는 곳을 일컫는다. 사랑방은 '역전(驛前) 앞'과 같이 사랑이 방을 의미하는데 다시 방을 붙인 것이다. 사랑방은 손님을 접대하는 곳이지 사랑을 나누는 방은 아니다. 주요섭의 단편소설 〈사랑방 손님과 어머니〉에서 보는 것처럼 사랑방에서 사랑을 나누는 것은 불륜을 의미한다.

'ㅅ'의 가장 기본적인 뜻은 '서다'이다. '서다'는 스스로 일어나는 것이다.

'산'은 높이 솟아서 사방으로 누워 있는 것이다.

'상투'는 어른이 머리털을 묶어서 머리 위로 솟게 만든 것이다.

'샘'은 물(ㅁ)이 솟아난다는 것이다. '옹달샘'이란 말도 숲 속의 '응달에 있는 샘'이란 뜻이다.

'세다'는 서는 힘이 강한 것이다. 또, 숫자를 셀 때도 하나씩 들어서(세워서) 세므로 '세다'라고 한다.

'세우다'는 사람(ㅣ)이 서게 만드는 것이다.

'손'은 팔에 달린 뾰족(ㅅ)한 것이지만 넓게(ㄴ) 퍼져 있다.

'솟다'는 바닥에서 위로 올라오는 것이다. 이렇게 솟아 있는 바위를 '솟대바위'라고 부른다.

'소'는 말과 함께 우리 민족에게 매우 중요한 동물이며, '소'라는 말도 뿔이 솟아 있는 데서 유래한다. 한자 '소 우(牛)' 자는 12지간에서 말을 뜻하는 '낮 오(午)' 자와 유사하지만 가운데 뿔이 달려 있다.

'사슴'도 뿔이 솟아 있지만 가지를 쳐서 다시 솟아 있는 짐승이다.

'소나기'는 갑자기 먹구름이 솟아나(ㅅ) 내리는(ㄴ) 비로 국지적(ㄱ)으로 내리는 것이다. 비가 올지 안 올지 소를 걸고 내기했다는 '소내기'에서 유래했다고도 한다.

'소름'은 살갗(피부)이 솟아(ㅅ) 오르는(ㄹ) 것을 말한다.

'솥'은 아궁이(ㅌ) 위에 얹어서(ㅅ) 밥을 짓거나 국을 끓이는 그릇이다.

'술'은 흥이 솟는(ㅅ) 물이다. 학자들은 마신 후 몸이 뜨거워지는 '수불'이 어원이라고 한다.

'숨다'는 아래(ㅜ)에 있는 땅(ㅁ)에 서는 것으로 밖에서 보이지 않게 하는 것이다.

'숨기다'는 사람(ㅣ)이 보이지 않게 만드는 것이다.

'숨바꼭질'은 숨는 사람을 바꾸어 가면서 하는 놀이다.

'숫돌'은 칼의 날을 세우는 데 사용하는 돌이다.

'숲'은 서 있는 나무가 넓게 퍼져 있는 것이며, '수풀'도 원래는 나무와 풀이 넓게 퍼져 있는 것을 뜻한다.

'사이'는 서 있는 것의 빈 공간(ㅇ)을 의미해서 '틈새'라는 말이 생기지만, '친구 사이'처럼 사람과 사람 사이라는 '관계'를 나타내기도 한다. '틈' 자체도 터져 나온 것으로 '사이'라는 의미를 갖고 있다. '눈 깜박일 사이에', '한눈판 틈에'처럼 '사이(새)'와 '틈'은 같은 의미로도 사용된다.

'새(鳥)'는 수풀 사이(새), 나무 사이, 돌 틈 사이에 숨어 있으므로 '새'라는 이름이 붙었다.

'새끼'는 짐승이 어린 자식을 몸 사이(새)에 꼭 끼고 있는 것에서 나온 말이다. 사람의 어린 자식은 '아기'이고 짐승의 어린 자식은 '새끼'이다. '개새끼'가 욕이 되는 것은 개를 짐승의 대표로 표현하고, 짐승의 자식을 의미하는 새끼를 붙여서 '사람이 아닌 짐승'으로 강조한 것이다.

'쌓다'는 많이 세워서(ㅆ) 높이는 것이다. '장작을 쌓다'처럼 물건에도 사용하지만 '친분을 쌓다'처럼 감정에도 사용된다.

'쌀'은 벼의 껍질을 벗긴 알갱이를 의미하지만 많다는 의미에서 'ㅆ'을 사용한다. 벼는 논에 많이 서 있으며, 쌀은 여기에서 나오기 때문에 'ㅅ'을 사용한다.

'쑥'이란 것도 많은 것이 뭉쳐서 나오는 것이다. '쑥대밭'은 쑥이 무성하게 자란 거친 땅이란 뜻이다.

'서두르다'는 서서 두르는 것으로 급하게 빨리 움직이는 것이다. 준말은 '서둘다'이다.

'섬기다'는 세워서 높이(ㅁ)는 섯으로 공경하여 받들어 모시는 것이다. '뫼시다', '모시다'와 같은 뜻이다.

'싸움'은 두 사람(ㅆ)이 서로 움켜쥐는 것이다. 다툼과 같은 의미이다.

'씨름'은 두 사람(ㅆ)이 서로 잡고 넓은(ㅡ) 땅(ㅁ) 위에서 쓰러트리는 경기이다.

'ㅅ'의 뾰족한 형태에서 생겨난 말도 상당수 있다. '산', '싹', '쑥', '솔 (소나무)' 등은 뾰족한 모양에서 유래하기도 한다. 풀이나 나무의 이름에 'ㅅ'이 많이 들어가는 것은 이들의 싹이나 잎이 뾰족하기 때문이기도 하다. 예를 들면 사초, 삼나무, 석죽, 소나무, 소철나무, 속새, 시금치 등이 있다.

▶ 'ㅈ'의 기본 뜻은 '자다'이다

'ㅈ'은 'ㅅ'에 이불(ㅡ)을 덮은 모양으로 기본적인 뜻은 '자다', '죽다'를 의미한다. 'ㅉ'은 'ㅈ'의 경음(硬音, 된소리)으로 'ㅈ'을 강하게 표현한다. 'ㅈ'은 'ㅅ'을 누르고 있는 모양새이므로 '작다'라는 뜻도 가지며, 글자의 모양대로 낮게 엎드려 있는 모양을 나타내기도 한다.

'ㅅ(사람)'에게 이불을 덮으면 자는 것이고, 흙 이불을 덮으면 죽은 것이다. 여기서 '자다', '죽다'라는 말이 생긴다.

'졸리다'는 잠이 오려고 하는 상태이다.

'재우다'는 사람(ㅣ)이 자게 만드는 것이다.

'지붕'은 집 위에 비를 막기 위해 덮어 씌운 납작한 부분이다.

'집'은 일을 마친 가족이 모여서 자는 곳이다. 잠(ㅈ)을 자는 사람(ㅣ)을 받는(ㅂ) 곳이다.

잘 때는 몸을 길게 뉘어서 잔다. 여기에서 'ㅈ'이 '길다'의 의미로 사용되기도 한다. '길다'를 사투리로 '질다'라고도 한다. 그래서 우리 신체의 긴 부분에 '지'를 붙이기도 한다. '모가지(목)', '장단지', '허벅지'가 그것이며, '엄지'는 손가락 중에서 하늘에 닿는 가장 높은 '엄마 손가락'이란 뜻이며, 다른 손가락과는 떨어져서 위치한다. 엄지를 치켜 세우는 '엄지 척'은 '최고'를 뜻한다. 한자어도 그대로 '지'를 붙여서 손가락을 모지, 식지, 중지, 무명지, 약지 등으로 부르며, 한자로는 팔과 다리를 합쳐서 사지(四肢)라고 쓴다.

'가락지(반지)'는 손가락이나 발가락에 붙어서 신체의 일부처럼 된 것에서 '지'가 붙은 것이며, 팔에 차면 '팔찌', 발에 차면 '발찌'가 된다.

'질다'는 물기가 많아서 낮게 퍼져 있는 것이다.

'좇'이란 남자의 성기를 말하는데 평소에는 죽어(ㅈ) 있다가 발기하면 서기 때문에 붙은 이름이다. 표준어인 '좆'은 죽여서 지니고 있는 것이며, 기능으로 볼 때는 뒤에 설명할 'ㅊ(다시 서는 것)'의 의미로 '좇'이 더 적절하다. 또한 길기 때문에 '자지'라고도 한다.

'재'는 타고 남은 것으로 이것은 불이 죽고 남은 것이다.

'ㅈ'은 'ㅅ'이 눌려서(ㅡ) 납작하거나 작은 것을 뜻하기도 한다.

'절'은 몸은 납작하게 눕혀서 정중하게 하는 인사이다.

'줄'은 납작하고 긴 것으로 물건을 묶는 데 사용한다. '새끼줄'은 새끼를 꼬아서 만든 줄이다.

'줄을 서다'의 줄은 물건을 묶는 줄처럼 길게 늘어선 모양을 나타낸다.

'줄'은 쇠붙이 등을 갈아서 납작하게 만드는 기구를 이른다.

'작다'는 말 그대로 작은 것이다.

'자갈'은 강이나 바닷가에 잘게 깨어져서 갈린 돌이다.

'잔(盞)'은 작은 그릇을 의미한다. 그러나 원래는 넘어지지 않게 밑바닥을 넓고 납작하게 만든 것에서 유래한다. 잔(盞)이라는 한자도 얕은 그릇이라는 의미이다.

'잔가지'는 작은 가지이다.

'자르다'는 잘라서 작게 만드는 것이다.

'줄이다'도 작게 만드는 것이다.

'절이다'는 소금 등을 뿌려서 재워 두는 것이다. 이것도 결국은 배추나 무가 숨이 죽어서 줄어드는 것이다. 과학적으로는 삼투압 현상에 의해 물이 빠져나가고 간이 배어드는 것이다.

'좁쌀'은 쌀에 비해 작은 쌀이다.

'줍다', '잡다', '집다'에서 '줍다'는 땅바닥에 납작하게 누워 있는 것을 잡거나 집어서 들어올리는 것이다.

'주머니'는 이렇게 주운 것을 넣어두는 것이다.

'접다'는 'ㅈ'에 'ㅓ'가 붙어서 꺾여 겹쳐지는 것이다.

'접시'는 'ㅈ'의 형태에서 유래하는 것으로 '음식을 받는 납작한 그릇'이다.

'자'는 길이를 재는 것으로 'ㅈ'의 형태에서 유래한다.

'종이'는 납작한 것으로 사람이 사용하는 것이다.

'종(種)'은 종의 모양을 그대로 그린 글자이다. 치거나 흔들어서 소리를 낸다.

▶ 'ㅊ'의 기본 뜻은 '차다'이다

'ㅊ'은 'ㅈ'에 싹이 난 모양으로 'ㅈ(잠 또는 죽음)'에서 깨어난 것을 의미한다. 기본적인 뜻은 '차오르다', '치솟다'이다. 여기서 유래한 추상적인 개념은 채우는 것이나 차 있는 것이다.

'ㅊ'의 의미가 가장 잘 드러나는 것이 숯, 살갗 등의 말이다.

'숯'은 서 있는 나무를 베어서 장작으로 만들고, 이를 태워서 만든 것이다. 이에 다시 불을 붙여 사용하니 산 것을 죽였다가 다시 살려내는 'ㅊ'의 의미가 가장 잘 나타난다.

'살갗'도 살의 가에 있는 피부를 의미한다. 이것도 죽은 피부는 떨어져 나가고 항상 새로운 피부가 재생되니 'ㅊ'의 의미가 그대로 반영된 말이다.

'초'라는 것도 불을 붙여 사용하다가 껐다가 다시 반복해서 사용하는 것으로 'ㅊ'이 뜻하는 것이다.

'촛대'는 초를 꽂아 두는 받침대이며, '촛대바위'는 촛대처럼 높게 서 있는 바위이다.

'꽃'은 가지 끝에 있는 씨눈이 잠에서 깨어 치솟는 것이다.

'닻'은 배를 멈추는 도구로 물속에 빠트렸다가 다시 건져 올리기를 반복하는 것이다.

'창(槍)'은 나무 막대 위에 쇠붙이를 치솟게 붙인 것이다.

‘창(唱)’은 높은 소리로 부르는 노래이다.

‘창(窓)’은 벽이나 지붕을 뚫어서 다시 만든 문이다.

‘처음’은 치솟은 직후를 의미하는 것으로 가장 최근, 맨 먼저를 일컫는다.

‘침(타액)’은 음식을 먹을 때 치솟는(분비되는) 액체이다.

‘침(바늘)’은 평소에는 몸 속에 있다가 먹이를 잡거나 위협을 느낄 때 세워서 찌른다.

‘치솟다’, ‘차오르다’는 잠잠하던 것이 솟아오른다는 뜻이다.

‘춤’은 땅(ㅁ) 위에서 뛰는(치솟는) 행동이다.

‘차다’는 ‘잔이 차다’에서 보듯이 솟아서 채우는 것을 의미한다. 차오르는 것이다.

‘차다’는 또 앞으로 치솟게 하는 것이다. ‘공을 차다’에서 알 수 있다.

‘차갑다’ (물을) 채운 것의 표면은 서늘하다. 여기에서 ‘차다(찹찹하다)’라는 말이 생긴다.

‘춥다’는 차가운 기운이 내려와(ㅜ) 몸이 움츠려 드는 것이다.

‘밥상을 차리다’에서 ‘차리다’는 밥상 위를 채우는 것이다.

‘촘촘하다’는 빈 곳이 거의 없을 정도로 채워져 있는 것이다.

‘치다’는 원래 아래로 두드리는 것으로 ‘내려치다’의 의미이다.

‘추리다’는 쳐서 골라내는 것이다.

‘출렁이다’는 물이 차올라서 흔들리는 것이다.

‘참’은 ‘땅(ㅁ) 위에 차 있다’는 것으로 채워진 것을 말한다. ‘참’은 마을이나 나라에 차 있으므로 익숙하고 친근하며, 흔한 것이다. 그래서 마을의 터줏대감과 같은 사물에 '참'을 붙이며, 토종을 상징하기도 한다. 참새, 참나무, 참꽃, 참깨, 참다래, 참마, 참외, 참돔, 참치 등등의 말이 만들어진다.

'참'은 해수면이 높아진 때를 일컫는 말이기도 한데, 이것 역시 채운다는 뜻이다. 아침과 점심 사이나 점심과 저녁 사이에 먹는 밥을 '참'이라고 하는데 이것도 공복(빈 배)을 채우는 것이다.

'처마'는 지붕에서 서까래 등을 받기(ㅓ) 위해 치솟은 것이다.

'치마'는 처마의 방언이기도 하며, 허리 아랫부분의 맨 가에 치솟은(두르는) 옷이다.

> ※ '개'는 원래 내 옆에 붙어 있는 존재이다. '개'는 원래 우리 주변에서 흔하게 볼 수 있는 야생 식물에 붙이는 접두어였다. 즉 참꽃과 참나무는 산에는 흔하지만 내 옆에서는 잘 볼 수 없는 것이다. 그러던 것이 격이 낮거나 가짜라는 의미, 또는 먹을 수 없는 것에 '개'를 붙이게 되었다. 개나리, 개살구, 개군소(군소는 중화요리에 사용된다), 개복숭아, 개박달나무, 개다시마 등이 있다.

'참말'은 옳고 바른 말이란 뜻으로 위의 참(채워짐)이 갖는 의미(실속이 있는 말)에서 유래한다. 그래서 '참'은 정말, 진실, 사실이라는 의미를 갖게 되며, '참으로' 하면 '정말로', '진짜로'의 뜻이 된다.

'비추다'는 빛을 아래(ㅜ) 방향으로 향하는 것이다.

'비치다'는 받은 빛을 쳐올리는(되돌리는) 것이다.

아래에 BC 2181년에 만들어진 정음(正音) 38자를 나타낸다.

모르는 글자에 대한 음가(소리 내는 방법, 읽는 방법)는 알 수 없다. 다만, 앞에서 설명한 대로 우리말과 글은 ㅇㅁㅿ에서 만들어진 것이므로 'X'는 'ㅿ'에서 나온 것으로 'ㅆ'과 'ㅌ'의 중간 발음으로 영어의 'th(θ)' 발음과 유사할 것으로 추정된다. 또, P, M은 모음이 아니라 자음이며, 'ㅁ'에서 나온 것이다. 'P'는 'ㅁ'과 'ㅂ'의 중간 발음 정도로 추정되고, 'M'은 'ㄱ'과 'ㅁ'의 중간 발음 정도로 추정된다.

가림다 문자

3) 훈민정음 해례본 ●●○

훈민정음 해례본은 한글의 창제 원리와 사용법을 설명한 것이다. 바로 위에 나타낸 가림다(加臨多) 정음(正音) 38자에서 10자를 뺀 28자에 대한 설명이다. 이 중에서 발성과 관련된 평상거입(平上去入)의 사성(四聲) 체계는 한자를 중국식으로 읽기 위해 필요한 것이다. 즉 평성(平聲)은 높고 긴 소리, 상성(上聲)은 굴절되는 소리, 거성(去聲)은 떨어지는 소리, 입성(入聲)은 끝이 급하게 끊어지는 소리이다. 우리말은 장단(長短, 길고 짧음)은 있지만 고저(高低, 높고 낮음, 영어의 액센트)는 없다. 즉 같은 눈이라도 짧게 발음(단모음)하면 얼굴에 있는 '눈'이고, 길게 발음(장모음)하면 하늘에서 내리는 '눈'이다. 또한, 우리말은 음양오행과는 아무런 관련이 없다. 참고로 아래에 훈민정음 28자와 훈민정음 해례본의 내용을 실었다.

훈민정음

세종대왕이 작성한 《훈민정음》의 원본이다. 세종이 창제한 글자인 《훈민정음》의 제자 원리와 운용법 등을 설명한 한문 해설서다. 해례

(解例)가 붙어 있어 '훈민정음 해례본' 혹은 '훈민정음 원본'이라 한다. 해례는 보기를 들어 내용을 풀이한다는 뜻이다. 1962년 12월 20일 국보 제70호로 지정되었으며 1997년 10월 유네스코 세계기록유산으로 등록되었다.

훈민정음은 책자 이름과 세종이 창제한 문자를 뜻하는 두 가지 의미가 있다. 훈민정음은 1443년 음력 12월에 창제되어 1446년 음력 9월에 반포되었다. 훈민정음(訓民正音)이란 '백성을 위한 바른 소리'라는 뜻이다. 훈민정음의 글자는 총 28자이며, 현재는 4글자가 소멸되어 24자가 한글로 쓰이고 있다.

《훈민정음 해례본》은 전권 33장 1책으로 구성된 목판본이다. 본문에 해당하는 예의(例義) 부분은 세종이 직접 만들었으며 해설에 해당하는 해례(解例)는 집현전의 학자들이 만들었다. 해례의 집필자는 해례에서 정인지가 작성한 '정인지서(鄭麟趾序)'를 분류해 《훈민정음 해례본》을 예의, 해례, 정인지서로 구분하기도 한다.

(1) 본문(예의)
① 어제 서문
세종 어제 서문에서는, 표기 수단을 가지지 못한 비지식층 백성들에게 표기 수단을 가지게 하기 위하여 세종이 친히 훈민정음을 창제하였다고 창제 목적이 밝혀져 있다.

② 예의(例義)

어제 서문에 이어서 중국 36자모표에 나오는 한자를 그대로 이용하지 않고, 외래어인 한자어의 전래자음(傳來字音)을 이용하여 새로 만든 훈민정음(글자)의 음가를 설명하였다. 이 중에서 초성 23자모 체계는, 비록 전래자음을 가지고 음가를 설명하기는 하였으나, 중국 36자모 체계의 영향을 받은 체계였으며, 인위적인 개신(改新) 의도를 가지고 정리하였던 《동국정운(東國正韻)》23자모 체계와도 일치하여, 15세기 중세 국어의 초성 체계와 부합되지 않는 면도 조금 있다.

[표 1] 훈민정음23자모표

區分(구분)	牙音 어금니 소리	舌音 혓소리	脣音 입술 소리	齒音 잇소리	喉音 목소리	半舌音 반설음	半齒音 반치음
全淸(전청)	ㄱ 君	ㄷ 斗	ㅂ 彆	ㅈ 卽	ㆆ 挹		
次淸(차청)	ㅋ 快	ㅌ 呑	ㅍ 漂	ㅊ 侵	ㅎ 虛		
全濁(전탁)	ㄲ 虯	ㄸ 覃	ㅃ 步	ㅉ 慈	ㆅ 洪		
不淸(불청)	ㆁ 業	ㄴ 那	ㅁ 彌		ㅇ 欲	ㄹ 閭	ㅿ 穰
不濁(불탁)							
全淸(전청)				ㅅ 戌			
全濁(전탁)				ㅆ 邪			

전청, 차청과 같은 술어는 제자해에 나오고, 예의편에서는 단지 아음, 설음과 같은 오음(五音) 분류만 표시하였고, 전탁은 병서(竝書)로 설명하였다. 그리고 초성자의 설명을 위하여 이용한 한자들은 중성자와 종성자도 그대로 설명할 수 있도록 고른 것이었다.

중성자는 'ㆍ, ㅡ, ㅣ, ㅗ, ㅏ, ㅜ, ㅓ, ㅛ, ㅑ, ㅠ, ㅕ'로 정하였는데, 분명히 이중모음인 'ㅛ, ㅑ, ㅠ, ㅕ'도 기본 단위 자로 삼은 것이 특색이었고, 종성자는 초성 글자를 다시 써서 표시하도록 규정하였다.

예의편의 끝에서는 연서(連書)와 병서, 합용(合用) 등의 표기 방식과 위에서 아래로, 좌에서 우로 초성, 중성, 종성 글자를 자소(字素)처럼 써서 음절 단위로 쓸 것을 규정하였고, 각 음절마다 방점으로 성조를 왼쪽에 표시하도록 하였다.

(2) 해례(解例)

해례편은 새로 만든 글자의 제자 원리를 주로 밝히고, 그 음가, 운용법, 이 문자가 표시하는 음운 체계 등을 자세히 설명한 부분이다. 다만, 조선 초기에 우리 나라는 《성리대전(性理大全)》 등을 통하여 송학사상(宋學思想)을 고도로 섭취하고 있었던 시기였으므로, 해례편의 기술에 있어서도 이러한 송학 이론을 적용하여 일종의 언어 철학을 전개한 부분이 상당히 많다.

① 제자해

제자해에서는 《태극도(太極圖)》, 《역학계몽(易學啓蒙)》, 《황극경세서(皇極經世書)》 등 송학 계통의 서적에서 이론을 섭취하여, 제자해의 첫머리부터 태극, 음양(陰陽), 오행(五行)과 결부된 언어관을 제시하고, 훈민정음의 창제도 성음(聲音)에 따라 음양의 이치를 다한 것이라고 하였다.

이어서 훈민정음의 제자 원리가 상형(象形)에 있음을 말하고, 자음자(子音字)의 제자에 있어서는 먼저 조음 위치별(調音 位置別)로 기본이 되는 초성자(初聲字)를 정하고, 이 기본자들은 각각 그 조음 방식 또는 조음 위치를 상형하여 제자된 것임을 말하였다.

그리고 각 조음 위치에서 발음되는 자음은, 그 발음이 세게 나는('厲[려]'로 표현) 정도에 따라 이 기본 문자에 획을 더하여 제자한다고 하였다.(보기, ㄴ→ㄷ→ㅌ) 계속하여 다시 오행설을 가지고 각 자음을 오행, 계절, 음계(音階), 방위(方位) 등과 결부시켜 설명하고, 오행과 결부된 오성의 음상(音相)을 발음 기관 및 오행의 특질과 연관시켜서 설명한 다음, 중국의 전통적인 어두자음(語頭子音) 분류법인 36자모표의 분류 방식에 따라 훈민정음의 자음자를 분류 설명하였다.[표 2]

[표 2] 오행설에 따른 자음 분류

五聲 (오성)	牙 (아)	舌 (설)	脣 (순)	齒 (치)	喉 (후)
五行 (오행)	木 (목)	火 (화)	土 (토)	金 (금)	水 (수)
五時 (오시)	春 (춘)	夏 (하)	李夏 (이하)	秋 (추)	冬 (동)
五音 (오음)	角 (각)	徵 (징)	宮 (궁)	商 (상)	羽 (우)
五方 (오방)	東 (동)	南 (남)	中央 (중앙)	西 (서)	北 (북)

또한 오행과 결부된 오성의 음상을 발음 기관 및 오행의 특질과 연관시켜서 설명하였다.[표 3]

[표 3] 오성의 음상

오성	오행	발음 기관	음상	오행과 음상과의 연관
牙	木	錯而長	聲似喉而實	如木之生於水而有形也

오성	오행	발음 기관	음상	오행과 음상과의 연관
舌	火	銳而動	聲轉而颺	如火之轉展而揚揚也
脣	土	方而合	聲含而廣	如土之含蓄萬物而廣大揚也
齒	金	剛而斷	聲屑而滯	如金之屑暉而鍛成也
喉	水	邃而潤	聲虛而通	如水之虛明而流通也

다음에 전탁(全濁)의 음가는 '전청 소리가 엉긴 것(凝)'이라고 설명하고, 훈민정음 28자와 따로 제정한 순경음(脣輕音)의 음가는, "가벼운 소리를 가지고 입술을 잠깐 합하고 목구멍 소리(숨소리)가 많다."고 하였다.

중성 글자는 초성 글자와는 달리 천(天)·지(地)·인(人) 삼재를 상형하여 기본 모음자 'ㆍ, ㅡ, ㅣ'를 제자하였음을 말하고, 이들 기본 모음자에 대하여 다음과 같이 설명하였다.[표 4]

[표 4] 기본 모음자

자형	상형 내용	발음 상태	소리(聲)
ㆍ	天圓(천원)	혀를 옴츠림(舌縮)	깊음(深)
ㅡ	地平(지평)	혀를 조금 움츠림(舌小縮)	깊지도 얕지도 않음 (不深不淺)
ㅣ	人立(인립)	혀를 옴츠리지 않음 (舌不縮)	얕음(淺)

이 세 기본 모음자는 중세 국어의 7단모음 체계를 세 갈래로 인식하고 제자한 것으로서, 'ㅣ'모음을 별도로 보고, 'ㆍ'모음 계열과 'ㅡ'모음 계열로 나누어서 나머지 모음자들[ㅗ ㅏ·ㅜ ㅓ, 이를 초출자(初出

字)라고 하였음]을 제자하였음을 설명하였다.[표 5]

[표 5] 초출자의 제자 원리

자형	성격	음양
· + ㅡ → ㅗ	闔 (합)	陽 (양)
ㅣ + · → ㅏ	闢 (벽)	陽 (양)
ㅡ + · → ㅜ	闔 (합)	陰 (음)
· + ㅣ → ㅓ	闢 (벽)	陰 (음)

그리고 이들의 관계를 다시 다음과 같이 설명하였다.

ㅗ ㅜ 입을 오므림[구축(口蹙)]

↑ ↑

· ㅡ

↓ ↓

ㅏ ㅓ 입을 벌림[구장(口張)]

중성 11자 가운데 나머지['ㅛ·ㅑ·ㅠ·ㅕ', 이들을 재출자(再出字)라고 하였음]는 ㅣ에서 시작되는 음으로 보고(起於ㅣ), 이어 또다시 역(易)의 수(數)나 위(位)를 가지고 중성 글자들을 설명하기도 하고, 초성, 중성, 종성 세 글자들의 결합을 설명하기도 하였다.[표 6]

[표 6] 위수도(位數圖)

方位 (방위)	五行 (오행)	定位 (정 위)	成數 (성수)
북	수	천 一	지 六
남	화	지 二	천 七

方位 (방위)	五行 (오행)	定位 (정 위)	成數 (성수)
동	목	천 三	지 八
서	금	지 四 ㅓ	천 九
중앙	토	천 五 ·	지 十 ㅡ

② 초성해

초성해에서는, 초성이란 운서의 자모에 해당한다고 하고 한자음을 가지고 다시 설명하였다.

③ 중성해

중성해에서는, 중성이란 한자음의 개음(介音)+운복음(韻腹音)임을 역시 한자음을 가지고 설명하였는데, 중국 음운학에서 음절 말음(운미(韻尾)라고 함)으로 다루는 반모음 〔j〕까지도 중성에 포함시켜, 제자해에서 설명한 11자 이외에, 다음과 같이 여러 모음자가 합용되어 중모음으로 쓰일 수 있음을 말하였다.

기본자: ·, ㅡ, ㅣ

초출자: ㅗ, ㅏ, ㅜ, ㅓ

재출자: ㅛ, ㅑ, ㅠ, ㅕ

합용자: ㅘ, ㅝ, ㆊ, ㆋ

일자중성+ㅣ: ㅓ, ㅢ, ㅚ, ㅐ, ㅟ, ㅔ, ㆈ, ㅒ, ㆌ, ㅖ

이자중성+ㅣ: ㅙ, ㅞ, ㅙ, ㆋ

④ 종성해

종성해에서는 종성이란 자음으로 끝나는 음절 말음임을 역시 한

자음을 가지고 다시 설명하고, 중세 국어의 성조를 우선 종성만 가지고 설명하였다. 즉, 불청불탁자(不淸不濁字)는 평성, 상성, 거성의 종성이 되고, 전청자, 차청자, 전탁자는 입성의 종성이 된다고 하였다. 그러나 국어의 종성은 'ㄱ, ㆁ, ㄷ, ㄴ, ㅂ, ㅁ, ㅅ, ㄹ' 8자면 족(足)하다고 하였다.

그리고 한자음의 입성 가운데, 'ㄷ' 종성음을 일반에서 'ㄹ'로 발음하고 있는데, 이를 'ㄷ'음으로 발음해야 한다고 하였다.

⑤ 합자해

합자해에서는, 초성, 중성, 종성 글자를 자소처럼 인식하여, 이들 3요소를 좌로부터 우로, 위로부터 아래로 써서 음절 단위로 쓸 것을 규정하였고, 합용병서, 각자병서의 서법(書法)을 초성, 중성, 종성에 걸쳐 설명하였다.

이어 당시의 국어 성조를 다시 설명하여, 입성은 중세 국어의 성조 단위가 아님을 말하였다. 즉, 긷:,깁, 몯 등이 종성만을 가지고 볼 때는 입성이지만, 성조로서는 평성, 상성, 거성이 된다고 하였다. 그리고 반설경음(半舌輕音) 'ㅭ'도 반설중음(半舌重音)인 'ㄹ'과 구별하여 사용할 수 있음을 말하고, 중모음 !ㅗ의 가능성도 제시하였다.

⑥ 용자례

용자례에서는 중세 국어에서 90단어의 예를 들어, 그 표기법을 보였다. 초성 'ㄱ·ㅋ·ㆁ, ㄷ·ㅌ·ㄴ, ㅂ·ㅍ·ㅁ, ㅸ·ㅈ·ㅊ, ㅅ·ㅎ·ㅇ, ㄹ·ㅿ'의 표기례를 각각 두 단어씩 들었는데, 각자병서와 ㆆ의 표기례가 제외되고, ㅸ의 표기례를 보인 것이 특징이다.

중성은 '·, ㅡ, ㅣ, ㅗ, ㅏ, ㅜ, ㅓ, ㅛ, ㅑ, ㅠ, ㅕ'의 표기례를 각각 4단어씩 보였으며, 종성은 'ㄱ, ㆁ, ㄷ, ㄴ, ㅂ, ㅁ, ㅅ, ㄹ'의 8종성의 표기례만을 각각 4단어씩 보였다.

(3) 정인지 서문

정인지의 서문에서는, 제 말의 소리는 있어도 글자가 없어서 한자를 빌려 씀이 아무래도 어거지라는 것, 한자로 씌어진 책의 뜻을 깨치기 어렵다는 것, 한문으로는 의사소통이 힘들다는 것, 이두(吏讀) 사용이 불편하다는 것 등을 훈민정음 창제의 이유로 들었다.

이어 세종이 1443년(세종 25) 겨울에 훈민정음을 창제하였다는 것, 훈민정음은 간단하여 깨치기 쉬운 글자이면서 여러 가지로 응용이 가능하여, 대개의 음(음악, 한자음, 자연음까지)을 표기할 수 있고, 이 글자의 창제로 한문책의 해석도 쉬워졌으며 의사소통도 가능해졌다고 하였다.

그리고 해례본의 저술자가 정인지, 최항, 박팽년, 신숙주, 성삼문, 강희안, 이개, 이선로 등 8명이라고 하였다. 이 서문을 쓴 날이 1446년 9월 상한이므로, 이 책의 완성일을 알려준 데도 이 서문의 가치가 있다.

제 7 장

우리말 천부경

7. 우리말 천부경

우리가 이때까지 숫자로 세어 왔던 하나에서 열까지는 천부(天府)의 뜻을 잃지 말라는 우리 선조들의 지혜였을 것이다. 항상 마음에 새기고 기억하라는 당부의 말이기도 하다. 이제 하나부터 열까지에 숨어있는 의미를 음미해 보고, 선조들이 전하려고 했던 우리말 천부경(天符經)을 유추해보자.

1) '한'의 본질(本質) – 삼극(三極), 본성(本性) ●●○

하나

하나는 '한'과 '나'가 합쳐진 말이다. 우리말로는 '하늘(하)이 낳다(나)'의 뜻으로 '하나'이다.

'한'은 우주의 본질(절대 진리)이며, 시작도 끝도 없이 원래 존재하는 것이다. 이 '한'에는 하늘, 땅, 사람의 씨앗(三極)이 들어 있으니 하늘, 땅, 사람의 본성(진리)이 그것이다.

하나를 셋으로 나눌 때 하늘의 본성(진리)을 (좁은 의미의) 하나라고 한다. 즉, 하늘의 본성인 하늘 진리가 하나이며, 이는 만물을 생성하는 작용을 한다.

둘

땅의 본성(진리)이 둘이다. 우리말로는 '땅(ㄷ)으로 두르다(ㄹ)'이며, 키운다는 의미이다.

하나를 셋으로 나눌 때 땅의 본성(진리)을 둘이라 하며, 이는 '둘러서 기른다'를 뜻한다.

셋

사람의 본성(진리)이 셋이다. 우리말로는 '사람(ㅅ)이 서는(ㅅ) 것'으로 수양하는 것이다.

하나를 셋으로 나눌 때 사람의 본성(진리)을 셋이라 하며, 이는 사람이 자신을 세우고, 수양하여 다스리는 것이다.

2) 삼극(三極)의 작용(作用)

－ 삼극의 작용은 만드는 것(創造), 즉 세우는(생겨나는) 것(ㅅ)이다 ●●○

넷

넷은 네 가지 기운이 생겨난 것이다.

하늘, 땅, 사람의 본성(진리)이 움직여서 흙(土), 물(水), 불(火), 바람(風)의 네 가지 기운이 생겨난 것을 의미한다. 넷은 천지 만물을 창조하는 근원이다.

넷은 '네'와 'ㅅ'이 합쳐진 것이다.

다섯

다섯은 '땅(다)에 만물이 생겨난(섯) 것이다.

넷에서 생겨난 네 가지 기운이 땅에 있는 만물을 생겨나게 하는 것이다.

좁은 의미로는 육지와 바다, 강과 호수, 식물과 동물, 그리고 사람이 생겨난 것이다.

다섯은 현재 우리가 살고 있는 세상의 모습(지구)을 말한다.

여섯

하늘(ㅇ)에 만물이 생겨난(섯) 것이다.

넷에서 생겨난 네 가지 기운이 하늘에 있는 모든 것을 생겨나게 하는 것이다.

좁은 의미로는 하늘에 해와 달, 그리고 별이 생겨난 것이다.

여섯은 현재 우리가 살고 있는 우주 전체의 모습을 말한다.

3) 천지인(天地人)의 현상(現像)
- 하나(ㅇ)의 작용을 받아(ㅂ) 나타나는 것(現像) ●●○

우리말에서 'ㄹ'은 진행형 또는 작용을 나타낸다. 예를 들면 구르다, 날다, 돌다, 몰다, 바르다, 살다, 알다, 자르다, 칠하다, 털다, 흐르다 등등으로 지속적으로 이루어지고 있는 것을 의미한다. 그래서 하늘의 섭리인 일곱, 땅의 섭리인 여덟에 계속 진행된다는 뜻의 'ㄹ'이 들어간다. 아홉도 이러한 원리로 볼 때 처음에는 '알홉'이었을 가능성도 있다.

일곱

일곱은 '일어나서 굽는다'는 뜻이다.

만물은 하늘의 기운을 받아 생성되며, 이렇게 생성된 것은 반드시 없어진다는 것이 하늘의 진리이자 섭리이다. 즉, 일곱은 만물이 나서, 자라고, 소멸(생성멸[生成滅])되는 것을 말한다.

우리말로 일곱은 '일어나서 굽는다'는 뜻이다. 일어난다는 것은 생겨난다는 뜻이며, 굽는다는 것은 기운이 꺾여서 죽거나(死) 없어진다(消滅)는 것을 의미한다. 우리는 흔히 일곱을 '일굽'이라고도 하는데 천부경의 의미로 보면 '일굽'이 맞는 말이다.

여덟

여덟은 '여름(열매)을 더하다'의 뜻이다.

생물은 하늘의 기운과 땅의 기운을 받아서 태어나는 것으로 모든 생물은 번식하는 것이 땅의 진리이자 섭리이다. 이는 생명이 있는 모든 것에 해당되는 진리이다.

여덟은 자라고(成長) 성숙(成熟)하여 번식(繁殖)하는 것이다. 식물이 자라 꽃을 피우고 열매를 맺는 것이며, 동물은 자라서 성숙하여 번식한다는 것이다. 사람도 나서 자라면 자손을 남긴다.

아홉

아홉은 '알음(수양)을 통해 하늘(ㅎ)의 기운을 받는(ㅂ) 것'이다.

아홉은 한글의 원리상으로 볼 때 처음에는 '알홉'이었을 가능성이
높다. 아홉은 '알'과 '홉'이 합쳐진 말이다. '알'은 '얼'과 서로 상통하
며, 이는 정신을 뜻하기 때문이다. 즉 아홉은 정신 수양을 통해 하
늘의 기운을 받는 것으로 볼 수 있기 때문이다.

사람은 하늘과 땅과 사람의 모든 기운을 받아 태어난다.

사람은 천지인(天地人)의 모든 기운을 받아서 태어나므로 배우고 수
양하여 하늘의 기운을 쌓아야 하는 것이다. 즉 사람은 심신을 수양하
고 마음을 다스려서 밝은 사람(참사람)이 되도록 노력하여야 한다.

아홉은 인간이 자기완성을 위해서 노력하는 것이다.

4) 자기완성(自己完成) ●●○

열

열은 우리말로 '열다'를 뜻한다.

천부경의 결론이다.

사람은 아홉에 해당하는 수양을 통해 하늘의 기운을 쌓아서 여는
것이 삶의 궁극적인 목표이다. 이렇게 여는 것이 자기완성(自己完成)
이며, 이를 통해 '참사람', 밝은 사람'이 되는 것이다. 한자 천부경에
서 말하는 無櫃化三(무궤화삼), 즉 걸림이 없는 명인(明人, 밝은 사람)
이 되는 것이며, 참된 나, 자아(자아)를 찾는 것이다.

우리말 천부경을 녹도문(鹿圖文)이나 한자로 쓰여진 천부경과 연관시켜 보면 우리말 천부경은 다음과 같은 내용일 것이다.

5) 우리말 천부경 ●●○

'한'이란 시작도 끝도 없다
여기에 세 개의 씨앗이 들었으니
하늘과 땅과 인간의 씨앗이 그것이다

이들 씨앗이 싹트니
땅에 만물이 생겨나고 생명이 태어나며
하늘에 별들이 생겨나서 현재의 세상 모습이 되었다

만물은 하늘의 기운을 받아 태어나고
생물은 하늘과 땅의 기운을 받아 태어나며
사람은 하늘과 땅과 인간의 기운을 모두 받아 태어나니
세상 만물 중에서 가장 귀한 것이 사람이다

만물은 나와서 사라지며
생물은 자라서 번식하며
사람은 마음을 다스린다

사람이 크게 깨달아

마음을 열면 걸림이 없는 자유로운 참사람이 된다.

이러한 사람을 우러러보고 공경하여야 한다.

6) 이제 우리 한글의 참된 이름을 되돌려 주자! ●●○

우리 글의 이름도 이제는 제대로 찾아 줘야 할 때가 되었다고 생각한다.

처음으로 한글을 발표할 때에는 그것을 어떻게 불러야 할지 모르므로 그 밑에 한자로 토를 달았다. 자음은 초성(첫소리)과 종성(끝소리)에서만 사용되므로 가장 기본이 되는 것은 '이응 =ㅣ+으'였다. 즉 기윽, 니은, 디읃, 리을, 미음, 비읍… 등이었다.

그런데 한자로 이름(발음 기호)을 짓다 보니 한자에는 윽, 읃, 읏이라는 글자가 없었으므로 할 수 없이 이두식 표현을 써서 기윽을 기역(其役), 디읃을 디귿(池[못 디]+末[끝 말]에서 디끝[귿]), 시읏을 시옷(時[때 시]+衣[옷 의]에서 시옷)이라 이름 지었는데, 이게 뭐 대단한 자랑거리라고 시험 문제로도 출제된다. 전통은 계승하고 구습은 타파해야 한다. 이것은 자랑스러운 전통이나 역사가 아니라는 게 내 생각이다. 처음에는 마땅히 그 발음 기호를 표현하지 못해서 나온 궁여지책이었고 이제는 모두 소리 내어서 읽을 수 있으므로 본래의 이름을 찾아 주어야 할 것이다.

ㄱ(기윽), ㄷ(디읃), ㅅ(시옷)

다문화 세상을 살아가면서 외국인들에게도 어떻게 하면 우리글을 보다 쉽게 알릴 수 있는지도 생각해 보아야 한다.

제 8 장

삼일신고(三一神誥)

8. 삼일신고(三一神誥)

1) 삼일신고(三一神誥)의 유래 ●●○

《삼일신고》는 대종교의 경전으로 교화주 환웅의 가르침을 새겨 전한 것이라고 한다. 1906년(을사년 음12월30일) 나철(羅喆)이 백봉 대종사의 제자 백전 노인으로부터 전해 받은 것이라고 하며, 1909년 대종교를 중광했을 때는 보이지 않았으나, 얼마 후 경전으로 채택되었다. 1912년 무원종사에 의해 종경으로 출판되었다. 총366자로 구성되어 있으며 전체적인 내용은 다음과 같다.

2) 삼일신고의 전문(全文) 해설
 - 고경각(古經閣)의 신사기본(神事記本) ●●○

① 천훈(天訓) - 하늘의 가르침

주(主, 임금)께서 사람들에게 말씀하시길, 푸르고 푸른 것이 하늘이 아니다. 검고 검은 것이 하늘이 아니다. 하늘은 형태와 모양이 없으며, 시작과 끝이 없으며, 아래 위와 사방이 없다. 텅 빈 공간이지만 존재하지 않은 곳이 없으며, 수용하지 않는 것이 없다.

* 현현(玄玄)은 검정색(黑色)보다는 붉은 기운이나 황색 기운이 있는 것이라고 함.

主若曰 咨爾衆 蒼蒼非天 玄玄非天
주약왈 자이중 창창비천 현현비천

天 無形質 無端倪 無上下四方 虛虛空空 無不在 無不容
천 무형질 무단예 무상하사방 허허공공 무부재 무불용

② 신훈(神訓) - 하느님의 가르침

하느님은 더 이상 위가 없는 가장 높은 곳에 계시며, 큰 덕과 지혜와 힘이 있다.

하늘을 만들어 무수한 세계를 주관하시며, 만물을 창조하였으나 아무리 미세한 것도 빠트리지 않으시니 밝고도 영통하여 감히 말로는 헤아릴 수 없다.

말이나 기도로 원한다고 해서 모습을 나타내지 않으며, 스스로 구하고자 하면 이미 머리 속에 내려와 계신다.

神 在無上一位 有大德大慧大力
신 재무상일위 유대덕대혜대력

生天 主無數世界 造侁侁物 纖塵無漏 昭昭靈靈 不敢名量
생천 주무수세계 조신신물 섬진무루 소소영영 불감명양

聲氣願禱 絶親見 自性求子 降在爾腦
성기원도 절친현 자성구자 항재이뇌

③ 천궁훈(天宮訓) - 천궁(天宮, 하늘 궁전)의 가르침

하늘의 하느님 나라에 천궁(天宮)이 있는데 만 가지 선함이 계단이고, 만 가지 덕이 문이며, 일신(一神, 하느님)께서 머물러 계신다.

많은 신령과 모든 밝은 이들이 모시고 있으며, 크게 길하고 상스러워 크게 밝고 빛나는 곳이다.

오직 참된 본성을 통하여 공을 완수한 사람만이 나아가 쾌락을 영원히 얻을 것이다.

> 天 神國 有天宮 階萬善 門萬德 一神攸居
> 천 신국 유천궁 계만선 문만덕 일신유거
>
> 群靈諸哲 護侍 大吉祥 大光明處
> 군령제철 호시 대길상 대광명처
>
> 惟性通功完者 朝 永得快樂
> 유성통공완자 조 영득쾌락

④ 세계훈(世界訓) - 세계에 대한 가르침

무수히 늘어서 있는 별들을 보아라. 이루 셀 수가 없으며, 크기와 밝기와 고락(苦樂)이 다 다르다.

일신(一神, 하느님)께서 모든 세계를 창조하시고, 신(神)인 태양 세계 사자에게 칠백 세계를 나누어 다스리게 하셨다.

너희 땅이 스스로 크다 하나 한 알의 세계에 지나지 않는다.

속 불이 진탕하여 바다가 변하고 육지가 바뀌어 지금의 모습이 되었다.

신(神)이 기(氣)를 불어넣고 바닥을 싸고 햇볕을 쪼이며, 열을 더하

여 걷는 것, 나는 것, 허물 벗는(?) 것, 헤엄치는 것과 모든 식물이
번성하게 되었다.

爾觀森列星辰 數無盡 大小明暗苦樂 不同
이관삼열성신 수무진 대소명암고락 부동

一神 造群世界 神 勅日世界使者 轄七百世界
일신 조군세계 신 칙일세계사자 할칠백세계

爾地自大 一丸世界
이지자대 일환세계

中火震盪 海幻陸遷 乃成見象
중화진탕 해환육천 내성견상

神 呵氣包低 煦日色熱 行翥化遊栽物 繁殖
신 가기포저 후일색열 행저화유재물 번식

⑤ 진리훈(眞理訓) – 진리에 대한 가르침

　사람과 만물은 같이 삼진(三眞, 세 가지 진리)을 받으니 이는 성(性)
과 명(命)과 정(精)이다. 사람은 온전하게 받으나 다른 것들은 치우치
게 받는다.

　진리훈의 내용은 아래와 같으나 이에 대한 설명은 구름 이경숙의
저서《마음의 여행》중에서 마음과 기(氣)편의 〈기의 시원(始原)〉 단원
에 나오는 해설이 가장 잘된 것으로 보이므로 그 해설 전문을 옮겨 적
는다.

人物 同受三眞 曰性命精 人 全之 物 偏之
인물 동수삼진 왈성명정 인 전지 물 편지

眞性 無善惡 上哲 通
진성 무선악 상철 통

眞命 無淸濁 中哲 知
진명 무청탁 중철 지

眞精 無厚薄 下哲 保
진정 무후박 하철 보

返眞 一神
반진 일신

惟衆 迷地 三妄着根 曰 心氣身
유중 미지 삼망착근 왈 심기신

心 依性 有善惡 善福惡禍
심 의성 유선악 선복악화

氣 依命 有淸濁 淸壽濁夭
기 의명 유청탁 청수탁요

身 依精有厚薄 厚貴薄賤
신 의정유후박 후귀박천

眞妄 對作三途 曰 感息觸 轉成 十八境
진망 대작삼도 왈 감식촉 전성 십팔경

感 喜懼哀怒貪厭
감 희구애노탐염

息 芬爛寒熱震濕
식 분란한열진습

觸 聲色臭味淫抵
촉 성색추미음저

衆 善惡淸濁厚薄 相雜 從境 途任走 墮 生長肖病歿 苦
중 선악청탁후박 상잡 종경 도임주 타 생장소병몰 고

哲 止感 調息 禁觸 一意化行 返妄卽眞 發大神機 性通功完 是
철 지감 조식 금촉 일의화행 반망즉진 발대신기 성통공완 시

▶ 삼일신고(三一神誥) – 5장

(출처: 이경숙, 《마음의 여행》 여섯 번째 여행 '마음과 기' 中에서)

우리 민족의 옛 경전인 《삼일신고(三一神誥)》가 환웅천황 시대인 기원전 3897~3804년경에 문자로 기록된 것이라 하므로, 이것이 사실이라면 기(氣)에 대한 최초의 기록으로는 중국의 《황제내경》보다 길게는 3500년, 짧게는 1200년을 앞선 것이 된다. 적어도 기와 그것의 수련에 대해서 만큼은 우리나라가 그 시원 국가라 할 수 있는 것이다. 그런 연유 때문인지는 몰라도 우리나라는 예부터 불가의 스님들 외에도 수많은 진인과 선인들이 살았던 도향(道鄕)이었다.

《삼일신고》에 기록된, 기에 관한 최초의 가르침을 원문을 옮겨 소개하고자 한다.

人物同受三眞 曰性命精 人全之物偏之 眞性無善惡 上哲通
인물동수삼진 왈성명정 인전지물편지 진성무선악 상철통

眞命無淸濁 中哲知 眞精無厚薄 下哲保 返眞一神
진명무청탁 중철지 진정무후박 하철보 반진일신

惟衆迷地 三妄着根 曰心氣身 心依性有善惡 善福惡禍
유중미지 삼망착근 왈심기신 심의성유선악 선복악화

氣依命有淸濁 淸壽濁妖 身依精有厚薄 厚貴薄賤
기의명유청탁 청수탁요 신의정유후박 후귀박천

眞妄對作三途 曰感息觸 轉成十八境 感僖懼哀怒貪厭
진망대작삼도 왈감식촉 전성십팔경 감희구애노탐염

息芬爛寒熱震濕 觸聲色臭味淫抵
식분란한열진습·촉성색취미음저

衆善惡淸濁厚薄 相雜從境 途任走墜 生長消病歿苦哲
중선악청탁후박 상잡종경 도임주추 생장소병몰고철

止感調息禁觸 一意化行 返妄卽眞發大神氣 性通功完是
지감조식금촉 일의화행 반망즉진발대신기 성통공완시

이상이 《삼일신고》에서 기에 대하여 언급하고 있는 부분이다. 마음에 대한 불교의 유식설 이상으로 기에 대해 의미 깊은 시사를 주는 내용이어서 그 뜻을 잘 새겨볼 필요가 있다. 첫 번째 구절을 풀이하면 다음과 같다.

人物同受三眞 曰性命精 人全之物偏之 眞性無善惡 上哲通
인물동수삼진 왈성명정 인전지물편지 진성무선악 상철통

眞命無淸濁 中哲知 眞精無厚薄 下哲保 返眞一神
진명무청탁 중철지 진정무후박 하철보 반진일신

사람과 만물[물질]은 삼진(三眞)[세 가지 본성, 진여의 세 가지 모습]을 똑같이 받아 난 것이니, 그것이 바로 성(性)과 명(命)과 정(精)이다. 만물이 한 가지로 치우쳐 생겨난 것이 사람이니, 그 성(性)의 참된 모습은 선(善)하고 악(惡)함이 없는 것이라, 이것을 아는 것이 상(上)의 깨달음으로 통(通)이라 한다. 그 명(命)의 참된 모습은 맑고 탁함의 구별이 없는 것이라, 이것을 아는 것이 중(中)의 깨달음으로 지(知)라 한다. 그 정(精)의 참된 모습은 두텁거나(厚) 빈약한(薄) 차별이 본시 없는 것이라, 이것을 아는 것이 하(下)의 깨달음으로 보(保)라 한다. 이 삼진 하나로 돌아가면 그것이 참된 신(神)이 됨이다.

이 《삼일신고》의 첫 문장은 우리의 삼신교가 불교보다도 명확하게 인간이 물질과 그 본(本)을 같이하는 것임을 말하고 있어 놀랍다. 인간을, 물질의 성질이 하나로 압축되어 비롯된 전체상[통합체]으로 보고 있는 것이다. 내가 이 책의 앞에서 생명의 시원을 물질에서부터 찾으려 했던 것과 같은 직관과 통찰에 바탕한 인간관이고 생명관이다. 불교에서 오온(五蘊)으로 설명하고 있는 것을 삼신교에서는 삼진으로 설명하고 있다. 색, 수, 상, 행, 식의 오온을 성, 명, 정으로 나타내고 있는데, 내 생각으로는 오온의 개념보다 삼진의 개념이 훨씬 설득력이 있어 보인다. 이 책의 마지막 장인 〈마음의 귀향, 반야〉에서 설명되는 오온과 이 삼진을 비교해보기 바란다.

진성이 선악이 없고, 진명이 청탁이 없으며, 진정이 후박이 없다는 부분은 불교의 연기설에서 말하는 진여(眞如)와 그 의미와 설명법에서 완전히 일치하고 있다. 만약 《삼일신고》의 연대가 환웅 시대가 맞는다면 석가모니의 혈통이 동이족이었으며, 불교의 철학적 뿌리가 우리 민족이라는 재야 사가의 주장이 맞을 수도 있다는 생각이 들 정도다. 두 번째 구절의 뜻을 보자.

惟衆迷地 三妄着根 曰心氣身 心依性有善惡 善福惡禍
유중미지 삼망착근 왈심기신 심의성유선악 선복악화

氣依命有淸濁 淸壽濁妖 身依精有厚薄 厚貴薄賤
기의명유청탁 청수탁요 신의정유후박 후귀박천

사람이 미혹에서 벗어나지 못하는 이유는 삼망(三妄)이 뿌리를 내리고 있기 때문이며, 이 세 가지 망집(妄執)은 바로 마음[心]과 기[氣]와 몸[身]이다. 마음은 성(性)에 의해 나타나는 것이라 선한 마음과 악한 마음이 있으며 선한 마음은 복이 되고, 악한 마음은 화를 부르는 것이다. 기는 명(命)에 의한 것이니 맑고 탁함으로 나뉘므로, 맑은 기는 장수(長壽)를 이루고 탁한 기는 단명(短命)하게 만드는 것이다. 몸은 정(精)에 의한 것이니 후하고 박함이 있으며, 몸이 후하면 귀하게 되고 몸이 박하면 천하게 되는 것이다.

여기서 세 가지 망(妄)은 인간을 미혹에서 헤어나지 못하게 하는 세 가지 원인인 망집을 일컫는다. 불교에서 하나로 말하는 무명(無明)이나 셋으로 나누어 말하는 탐진치 같은 맥락의 원인 분석이다.

세 가지 진성(眞性)인 성과 명과 정은 본시 선악이 없고, 청탁이 없으며, 후박이 없는 평등 보편한 것인데 이 삼진에 의해 나타난 현상은 각각 마음과 기와 몸으로서 선악, 청탁, 후박을 가지는 차별적인 존재로 나타났다고 설명하고 있다. 이 부분 역시 진여와 현상계를 구별지어 설명하는 불교의 교리와 완전히 일치한다. 마치 불교가 삼신교의 표절이 아닌가 하는 생각이 들 정도다. 아니면 그 반대이거나.

《삼일신고》에 따르면 인간의 본성을 선하고 악한 것으로 가름하는 것은 마음이고, 오래 살고 일찍 죽는 명을 결정하는 것은 기이며, 사람의 귀하고 천함을 좌우하는 것이 몸이다. 여기서 우리 민족의 삼신교와 동양의 3대 정신인 유불선의 차이를 엿볼 수 있다. 마음, 기, 몸의 삼망(三妄) 중에서 오직 마음 하나에 매달린 유심론(唯心論)이 불교라면, 기를 튼튼히 해서 불로장생하는 신선의 길을 찾는 것이 도교라 하겠고, 입신의 처세를 올바로 해서 귀하게 될 수 있는 양명을 가르친 것이 유교로 보면 맞을 것이다.

그러나 우리의 삼신교는 이 세 가지를 편중됨 없이 하나의 사상 체계 속에 다루고 있다. 즉 우리 민족의 고유한 신앙을 동양의 삼교 (유불선)가 그 뿌리로 삼고 있는 것으로 보이는 것이다. 어떤 면에서 유불선은 수입된 외래 종교가 아니라 우리에게서 전해져 간 사상 체계가 세계로 분파된 다음 보다 완성된 형태로 돌아온 것인지도 모른다. 세 번째 구절의 뜻을 알아보자.

眞妄對作三途 日感息觸 轉成十八境 感僖懼哀怒貪厭
진망대작삼도 왈감식촉 전성십팔경 감희구애노탐염
息芬爛寒熱震濕 觸聲色臭味淫抵
식분란한열진습 촉성색취미음저

진망(眞妄: 三忘, 즉 心, 氣, 身)이 만들어 내는 삼도(三途)가 있으니, 이를 일컬어 감(感)과 식(息)과 촉(觸)이라 한다. 이 세 가지가 성질을 바꾸어 열여덟 가지 경계를 나타내니, 감이 성질을 바꾸어 기쁨[喜], 두려움[懼], 슬픔[哀], 분노[怒], 탐욕[貪], 싫어함[厭]으로 나타난다. 식이 성질을 바꾸어 향기[芬], 문드러짐[爛], 차가움[寒], 뜨거움[熱], 건조함[震], 젖음[濕]으로 나타난다. 촉이 성질을 바꾸어 소리[聲], 보이는 것[色], 냄새[臭], 맛[味], 욕정[欲情], 맞닿음

[抵]을 만드는 것이다.

이 구절의 내용은 불교의 사대(四大), 육경(六境), 오온(五蘊)의 설을 한 문장에 집약해 놓은 듯하다. 석가세존 이전부터 인도에서는 세계를 구성하는 네 가지 원소를 지(地), 수(水), 화(火), 풍(風)의 사대로 설명하는 사상이 있었다. 지는 단단하므로서 모든 물질을 의미하고, 수는 습기로서 물질 속의 생명의 기운을 말하고, 화는 열기로서 만물을 숙성시키는 기운이며, 풍은 움직이며 살아 있는 힘을 의미한다.

지(地), 수(水), 화(火), 풍(風)의 네 가지 요소가 모여서 우주의 삼라만상을 이루었다고 하는 이론이 바로 적취설(積聚說)인데, 불교는 이 적취설을 계승하여 그대로 받아들였다. 반면 사대사상(四大思想)인 적취설에 대립되는 또 하나의 이론인 전변설(轉變說)은 삼라만상을 구성하는 우주적인 마음이 있어 이를 범(梵)이라 하고 이 범이 성질을 바꾸고 변화하여 만물을 생성시킨다는 이론이다.

불교는 세계를 이루는 근본 요소에 대한 전래의 두 이론 중에서 적취설을 택하여 이 사대가 인연에 따라 뭉쳐서 나타나며, 인연이 다하면 본래의 모습인 사대로 돌아간다는 인연법의 재료로 삼은 것이다.

신체의 다섯 가지 감각 기관인 안(眼), 이(耳), 비(鼻), 설(舌), 신(身)의 오근(五根)을 통하여 들어오는 다섯 종류의 정보를 오경(五境)이라 하고 이 오경이 정리되고 해석되는 것을 전오식(前五識)이라 한다는 것은 앞에서 설명한 내용이다. 이 오경에 여섯 번째인 의식이 받아들이는 정보를 더해서 육경(六境)이라 한다. 육근과 육경을 합하여 십이처(十二處)라 하기도 한다.

　오온은 인간의 다섯 요소인 색(色), 수(受), 상(想), 행(行), 식(識)을 말한다. 《삼일신고》와 불교 이론 체계의 흡사함은 놀라울 정도다. 두 가지 이론 체계 사이에는 차원의 나눔에서 중복과 혼재가 있긴 하다. 즉 《삼일신고》의 삼진(三眞), 삼망(三妄), 삼도(三途)와 십팔경(十八境)은 그 구분에서 불교와 약간의 차이는 있어 보인다. 그러나 사대, 육경십이처(六境十二處), 오온의 설과 전체적으로는 다르지 않음을 알 수 있다.

　세 번째 구절은 마음의 여섯 가지 작용, 기의 여섯 가지 나타남, 몸의 여섯 가지 받아들이는 느낌을 나누어 놓은 것이라고 보면 될 것이다. 《삼일신고》의 마지막 구절을 보도록 하자.

> 衆善惡淸濁厚薄 相雜從境 途任走墜 生長消病歿苦哲
> 중선악청탁후박 상잡종경 도임주추 생장소병몰고철
> 止感調息禁觸 一意化行 返妄卽眞發大神氣 性通功完是
> 지감조식금촉 일의화행 반망즉진발대신기 성통공완시

　착하고 악한 것, 맑고 탁한 것, 그리고 후하고 박한 것이 모여 서로 뒤섞여 경(境)을 쫓아 일어난 것을, 삼도(三途: 感, 息, 觸)가 믿고 따라가다가 같이 미혹으로 떨어지므로 나고, 자라고, 병들고, 죽는 고뇌에 쌓이게 되는 것이다. 지감(止感)과 조식(調息)과 금촉(禁觸)을 한 뜻으로 행하여, 세 가지 망에 반하여 일대신심(一大神心)을 일으키면 이를 성통공완(性通功完)이라 한다.

이 부분은 마치 불교의 사성제(四聖階)를 그대로 옮겨 놓은 듯하다. 사성제는 고(苦), 집(集), 멸(滅), 도(道)의 네 가지 성스러운 진리라는 의미로, 원시 불교의 교리에서 대강(大綱)을 이루고 있는 것이다. 고제(苦諦)는 인생은 괴로움이라는 진리이며, 집제(集諦)는 이 괴로움의 원인이 집착과 탐욕에서 비롯되었다는 진리이며, 멸제(滅諦)는 이 애착심을 끊어야 한다는 진리이며, 도제(道諦)는 인생고를 멸하고 열반에 들기 위해서 행해야 하는 실천적인 방법들을 설명한 진리다. 팔정도(八正道: 정견, 정사유, 정어, 정업, 정명, 정정진, 정념, 정정)와 육도(六度: 보시, 지계, 인욕, 정진, 선정, 지혜), 그리고 삼학(三學)[계, 정, 혜]을 그 바른 길로서 제시하고 있다.

《삼일신고》는 선악, 청탁, 후박이 뒤섞인 세상을 말하고 있고,[고제에 해당] 그러한 세상의 원인인 열여덟 가지의 경에 의한 감, 촉, 식 삼도의 맹종을 설하고 있고,[집제에 해당] 삼망에 반하는 일대신심의 발동으로[멸제에 해당] 성통공완[불교의 열반이나 해탈에 상응하는 삼신교의 목적 경지]에 이르기 위한 실천적인 방법으로서 지감과 조식과 금촉을 설하고 있는 것이다.[도제에 해당]

지감이란 감(感)의 여섯 가지 경계인 기쁨, 두려움, 슬픔, 노여움, 탐냄, 싫어함을 멈추라는 것이며, 조식이란 기를 잘 다스려 향기와

구린내와 차고 더움과 건조하고 습함을 잘 조절하라는 가르침이며, 금촉이란 삿되고 허망한 모든 소리, 색깔, 냄새, 맛, 음욕, 접촉을 끊으라는 것이다. 팔정도, 육도, 삼학의 가르침과 거의 다르지 않다. 단지 불교가 마음 한 가지에 지나치게 편중되어 있는 반면, 삼신교는 마음과 기와 몸을 3분해서 균형 잡힌 설의 체계를 갖추었다는 점에서 오히려 한 차원 높아 보인다고 할 것이다. 오히려 《삼일신고》의 지감, 조식, 금촉은 불교의 사선론(四禪論)보다 더욱 실제적이고 현실적인 수도의 방법론이라 할 수 있다.

오늘날 불교 이외의 선 수행은 이 《삼일신고》의 가르침에 바탕을 두고 있다. 특히 기 수련을 목적으로 하는 단전 호흡이나 단학 및 동양의 무예들은 그 이론적인 근원을 조식법(調息法)에서 찾고 있다.

《삼일신고》와 《황제내경》 이후에 노자, 장자, 맹자 등은 기를 우주 만물의 근원으로 보고 여러 학설을 이루었다. 노자는 우주의 원리인 도(道)에서 음기와 양기가 나오고 이 음양의 기운이 조화를 이루어 화합이 생겼으며 그 화합의 결과로 만물이 생성되었다고 하였다. 장자는 사람의 생사를 기가 모이고 흩어진 결과로 설명하였다. 불교가 유심론이라면 노장사상은 기일원론이며 기야말로 천하 만물의 근원이라 가르쳤다. '일체유심조'가 아닌 '일체유기조'였던 것이다.

특히 맹자는 기는 사람의 의지로 주재할 수 있는 것이며 온몸에 빈틈없이 가득 찬 힘이라고 설명하여 기를 수행으로 주재하는 기공의 학문적 체계를 세우기도 하였다. 이러한 기 중심의 세계관에서 천기와 기상의 변화를 체계적으로 간추린 오운육기론(五運六氣論), 땅의 기운을 감지하여 이롭고 불리함을 예측하는 풍수지리(風水地理), 인체를 축소시킨 소우주로 보고 인간과 우주를 동일한 법칙에 의한 변화체로 간주한 동양 의학의 철학적 토대인 천인감응설(天人感應說) 등이 성립되었다.

제 9 장

오행(五行)의 화(禍)

9. 오행(五行)의 화(禍)

《부도지》에서는 '오행(五行)의 화(禍)'라는 말이 여러 번 나오며, '오미(五味)의 화(禍)'에 이은 두 번째 재앙으로 표현하고 있다.

먼저 '오미(五味)의 화(禍)'가 무엇인지 살펴본다. 화(禍)를 변(變)이라고도 표현한다.

《부도지》 제5장의 내용이다.

백소씨족의 지소씨가 여러 사람과 함께 젖을 마시려고 유천(乳泉)에 갔는데, 사람은 많고 샘은 작으므로 여러 사람에게 양보하고 자기는 마시지 못하였다. 이런 일이 다섯 차례나 되었다.

곧 돌아와 보금자리(巢)에 오르니 배가 고파 어지러워서 쓰러졌다. 귀에서는 희미한 소리가 울렸다. (그리하여) 오미(五味)를 맛보니, 바로 보금자리 난간의 넝쿨에 달린 포도 열매였다. 지소씨는 일어나 펄쩍 뛰었다. 그 독의 힘 때문이었다.

곧 보금자리의 난간에서 내려와 걸으면서 노래하기를, "넓고도 크도다 천지여! 내 기운이 능가하도다. 이 어찌 도(道)이리오! 포도의 힘이로다."라고 하였다. 모든 사람들이 다 지소씨의 말을 의심하였다. 지소씨가 참으로 좋다고 하므로 여러 사람들이 신기하게 생각하고 포도를 먹으니, 과연 그 말과 같았다. 이에 모든 종족에 포도를 먹은 자가 많았다.

《부도지》 제6장의 내용이다.

백소씨의 사람들이 듣고 크게 놀라 곧 금지하고 지키니, 이는 금지하지 아니하더라도 스스로 금지하는 자재률(自在律)을 파기하는 것이었다. 이때에 열매를 먹는 습관과 추찰을 금지하는 법이 시작되니, 마고가 성문을 닫고 수운(水雲)의 위를 덮고 있는 실달대성의 기운을 거두어버렸다.

열매를 먹고 사는 사람들은 모두 이(齒)가 생겼으며, 그 침은 뱀의 독과 같이 되어버렸다. 이는 강제로 다른 생명을 먹었기 때문이었다. 수찰을 하지 않은 사람들은 모두 눈이 밝아져서 보기를 올빼미와 같이 하니, 이는 사사로이 공률(公律)을 훔쳐보았기 때문이었다.

그런 까닭으로 사람들의 피와 살이 탁해지고 심기가 혹독해져서 마침내 천성을 잃게 되었다. 귀에 있던 오금(烏金)이 변하여 달 속에 있는 모래(兎沙)가 되므로 끝내는 하늘의 소리를 들을 수 없게 되었다. 발은 무겁고 땅은 단단하여 걷되 뛸 수 없었으며, 만물을 생성하는 원기(胎精)가 불순하여 짐승처럼 생긴 사람을 많이 낳게 되었다.

사람의 수명이 조숙하여 그 죽음이 변하여 바뀌지 못하고 썩게 되었으니, 이는 생명의 수(數)가 얽혀 미혹하게 되고 줄어들었기 때문이었다.

'오미(五味)의 화(禍)'란 포도를 먹고 천성을 잃어 마고성을 떠나게 되는 인류의 재앙을 말한다.

위의 글과 다음에 나오는 글들을 요약하면 성경에 나오는 내용과 흡사하다.

원래는 땅에서 나는 지유(地乳[땅에서 솟아나는 젖], 성경에서는 젖과 꿀이 흐르는 땅)를 먹고 살았는데, 지유가 부족하여 포도(성경에서는 선악과인 사과)를 먹었더니 취했다. 그래서 이빨이 생기고 침은 뱀의 독(성경에서는 이브를 유혹하는 뱀)과 같아지고, 천성을 잃고 하늘의 소리를 들을 수 없어(성경에서는 선악을 알게 됨) 마고성을 나온다.(성경에서는 에덴동산에서 쫓겨 남)

이에 버금가는 재앙이 '오행(五行)의 화(禍)'란 것이다.

이것도 《부도지》 제17장에 나오는 내용을 먼저 살펴본다.

때에 도요(陶堯)가 천산의 남쪽에서 일어났는데, 일차로 성을 나간 사람들의 후예였다. 일찍이 제시(祭市)의 모임에 왕래하고, 서쪽 보(堡)의 간(干)에게서 도(道)를 배웠다. 그러나 원래 수(數)에 부지런하지 못하였다. 스스로 9수5중(九數五中)의 이치를 잘 알지 못하고, 중5(中五) 이외의 8은 1이 즉 8이라고 생각하고 내(內)로써 외(外)를 제어하는 이치라 하여, 오행(五行)의 법을 만들어 제왕의 도를 주창하므로, 소부(巢夫)와 허유(許由) 등이 심히 꾸짖고 그것을 거절하였다.

요가 곧 관문 밖으로 나가 무리를 모아 묘예(苗裔)를 쫓아내었다. 묘예는 황궁씨의 후예였으며, 그 땅은 유인씨의 고향이었다. 후대에 임검씨가 여러 사람을 이끌고 부도를 나갔기 때문에 그 비어 있는 기회를 이용하여 그를 습격하니, 묘예가 마침내 동, 서, 북의 세 방향으로 흩어졌다.

요가 곧 9주의 땅을 그어 나라를 만들고, 스스로 5중에 사는 제왕이라 칭하여 당도(唐都)를 세워 부도와 대립하였다. 때에 거북이가 등에 지고 나왔다는 부문(負文)과 명협(蓂莢)이 피고 지는 것을 보고 신의 계시라 하여, 그것으로 역(曆)을 만들고 천부의 이치를 폐하여 부도의 역을 버리니, 이는 인간세상의 두 번째 큰 변이었다.

이후에도 오행에 대한 언급이 몇 번 나오며, 논리를 내세워 이의 부당함을 주장하고 있다. 오행의 화에 대한 것은 위의 내용만으로도 충분하므로 다른 글은 생략한다. 《부도지》는 신라 시대에 씌었는데 이미 이 시기에도 천부경의 참뜻은 사라지고 부분적인 내용만 파편처럼 떠돌고 있다. 꼭 현재 천부경을 가지고 숫자 놀음이나 하는 사람들과 진배없다.

금문신고를 보면 중국이 시조로 받드는 신농씨 이후부터 권력 투쟁은 끝없이 진행된다. 요순시대의 역사도 피로 얼룩져 있다. 공자가 요순시대를 태평성대를 누린 이상국가로 표현하고 있지만 이 역시 우리역사를 왜곡한 삼국유사나 삼국사기와 다르지 않다.

위에 나오는 내용을 쉽게 풀이하면 다음과 같다.

오미(五味)의 화(禍)로 인하여 사람들은 마고성을 나와서 세계 각지로 흩어지게 되는데 정통성을 부여받은 나라가 한인(桓因) 천제(天帝)가 세운 한국(桓國)이다. 《한단고기》에서는 한국을 12연방 국가이며, 그 영역이 동서 2만 리, 남북 5만 리라고 적고 있다. 그런데 당(唐) 지방을 다스리던 도요(陶堯)가 반기를 든 것이다. 도요(陶堯)는

중국의 요(堯)임금을 가리키며, 중국의 삼황오제(三皇五帝) 중 오제
(五帝)의 한 명이다.

도요(陶堯)가 반란을 일으켜 스스로 9주의 땅에 금을 긋고 나라를
세우는 명분이 오행(五行) 이론이며, 이것이 발전하여 현재의 오행설
(五行說)이 된다. 이를 합리화하기 위해서 거북의 등에 글이 새겨져 있
다는 둥 우리가 역사에서 자주 보아오는 신의 계시를 내세운 것이다

※ 참고로 중국의 시조가 되는 삼황오제(三皇五帝)를 살펴보면 다
음과 같다.
우선 삼황(三皇)은 중국에서도 정체가 없다.
천부경에 나오는 삼극(三極)을 모방하여, 삼극을 삼신(三神)으로 해
석하여 푼 것이다. 그래서 삼황은 천황(天皇), 지황(地皇), 인황(人皇)
또는 태황(太皇)이라고 하였다. 이후에는 이를 수인(燧人), 복희(伏
羲), 신농(神農)으로 적고 있다.《상서대전(尙書大傳)》
기타 중국 역사에 나오는 삼황을 살펴보면 복희, 신농, 축융(祝融)〈
백호통(白虎通)〉, 복희, 여와(女媧), 신농〈춘추운과추(春秋運科樞)〉, 복
희, 신농, 황제(黃帝)〈상서(尙書)〉 등이다. 신농씨와 복희씨는 확실히
중국의 신으로 추앙받고 있다.
중국의 오제(五帝)는 다음과 같다.
이도 일정하지 않으나 대체로 황제(黃帝), 전욱(顓頊), 곡(嚳), 요(堯),
순(舜)〈대대례기(大戴禮記)〉으로 본다. 이 외에도 태호(太皞: 복희), 염
제(炎帝: 신농), 황제, 소호(少皞), 전욱(顓頊)〈예기(禮記)〉, 황제, 전욱,
제곡(帝嚳), 당요(唐堯), 우순(虞舜)〈사기〉, 소호, 전욱, 고신(高辛 : 제
곡), 당요, 우순〈상서〉 등 설이 다양하다.

이는 중국이라는 나라가 정통성이 없기 때문에 나타나는 현상이다. 그들이 말하는 삼황오제가 사실은 한국에서 파생된 가지에 지나지 않는다. 그들의 역사적인 시기(국가)에 따라서 그들의 정통성을 합리화하는 수단으로 차용하다 보니 일어나는 현상이라고 본다.

▶ 오행이 천부경과 대립되는 이유

오행(五行)이 천부경과 대립되는 이론인 이유를 설명한다.

천부경은 만물이 평등하며, 서로 조화를 이루고 있음을 설명하고 있다. 만물을 생성하는 토수화풍(土水火風)의 기운이 조화롭게 작용하여 만물과 생명이 생겨난다는 사상이다. 환웅이 나라를 세울 때도 그곳에 있던 사람들을 교화시켜 스스로 복종하게 하였지 무력으로 이들을 정복한 것이 아니다. 널리 사람을 이롭게 한다는 홍익인간(弘益人間)의 이념을 실현하러 오면서 대학살을 저지른다면 말이 안 된다. 선교를 목적으로 하면서 등 뒤에 칼을 숨기는 행위는 하지 않았다.

이에 반해 요(堯)가 들고 나온 오행(五行)은 현재 우리가 생각하는 오행설(五行說)이 아니다. 이는 시간이 흘러 사상(思想)으로 정립되면서 생겨난 이론이다. 요(堯)의 오행을 쉽게 설명하면 토(土)를 중앙에 놓고 나머지 목화금수(木火金水)를 밖에 배치한 것이다. 즉 자신이 오행의 중심인 토(土)이므로 왕(王)이 되겠다는 주장을 펼치는 것이다.

《부도지》의 내용을 해설하면 중앙의 5가 주변 변방의 다른 모든 수를 제압한다는 것이다. 소위 이내제외(以內制外)의 중오설(中五說, 중앙이 5라는 설)을 제창하여 평등사상을 뒤엎고 지배 사상을 확립하려는 것이다.

이와 같은 이유에서 오행(五行) 사상은 천부경 사상과 대립되는 것이다.

이와 같은 요의 지배 사상은 중국 역사에 피바람을 몰고 와서 끝내는 수많은 생명을 자유와 평등이 없는 도탄의 구렁텅이로 몰아넣고 만다. 또, 이러한 사상은 배타적인 중국의 중화(中華) 사상의 근거가 된다. 그들이 천하의 중심이면서 가장 발달한 문화를 가지고 있다는 선민(選民) 의식을 나타내며, 그 외는 동이(東夷), 서융(西戎), 남만(南蠻), 북적(北狄)으로 구분하는 오만을 저지른다.

요의 사상은 바로 그의 후대에서도 빛을 발하여(?) 피 비린내 나는 권력 투쟁이 시작된다.

중국에서 전해지는 역사의 한 단편을 요약해서 적는다.

요는 사촌인 5대왕 지를 왕위에서 끌어내리고 6대왕으로 즉위하여 스스로를 천군(天君)이라 칭한다. 집권 후 외삼촌이자 장인인 곤을 우산 땅으로 귀양 보내 버린다. 또, 순의 형 오희마저 유주로 귀양 보낸 후 순을 자신의 제위를 이을 공공으로 택한다. 요는 아버지 제곡 고신의 명령을 받아 저이 중여를 죽인다. 이후 7대 임금에 오른 순은 8대 임금인 우에게 쫓겨 계림의 숲에서 최후를 맞이한다. 우는 집권과 동시에 그때까지 사직신으로 모시던 신농의 아들 희화를 밀쳐내고 아버지 고신을 '하느님 신(神)'보다 격상시킨 귀(鬼)자를 만들어 신농에 버금가는 천자로 받들어 모신다. 천부경 해설에서 신(神)의 어원에 대해서 잠시 언급했지만, 정권이 바뀌면서 하느님보다 높은 귀신(鬼神)은 우리가 생각하는 귀신으로 전락해 버린다. 중국은 역사뿐만 아니라 언어의 본래 의미마저도 왜곡한다.

※ 천부경 해설에서 언급한 신(神)의 변천 과정을 간략하게 소개한다. 중국(지나)에서 최초의 신은 신농(神農)씨이며, 그의 이름이 'ㅣ', 한자(漢子)로 '뚫을 곤(ㅣ)'이다. 중국 섬서성 서안에 있는 황제릉 자료관에 전시된 흙으로 구운 남근상 앞에 陶祖(도조, 도자기로 만든 조상)라고 써 놓았으나 중국인들은 이해를 못한다고 한다. 우리는 '도자기로 만든 좆'이라는 것을 바로 알아본다. 씨를 뿌린 연장이므로 조상(祖上)이라는 뜻이며, 조(祖)라는 발음도 '좆'과 비슷하다. 'ㅣ(곤)'은 '祖(조)'를 뜻하며, 이를 다른 한자로 自持(자지, 스스로 가진 것)라고 쓰는데 중국인은 이해하기 어렵다. 이것도 우리말 좆이 변한 자지라는 것을 알 수 있다. 이러한 예만 보아도 한자는 우리 선조들이 만든 글이며, 이것이 중국(지나)으로 전해졌다는 것을 알 수 있다. 그 한자의 어원이 녹도문(鹿圖文)인 것이다. 그럼 신농(神農)씨의 이름과 그 뜻인 '뚫다'도 이해되었을 것이다. 그것이 변해서 신(申)이 되며, 현재의 신(神)으로 변하게 된다. 결론적으로 '중국인의 조상(신) 이름은 ○'이다?
《설문해자(說文解字)》에서는 "신(申)은 하느님 신이다(神也)… '확(절구 구(臼)'를 좇아서 스스로 가진 것이다(從臼 自持也)라고 하였으며, 또 환할 신, 아홉째 지지 신"이라고 하였다. 여기서 구(臼)는 여자의 음문을 가리킨다.

현재의 음양(陰陽)오행설(五行說)도 허무맹랑하기는 마찬가지이다.

원래 음양오행설이란 없다. 오행설로 설명이 안 되는 부분에 음양 이론을 도입한 것이다.

먼저 음양설(陰陽說)을 살펴본다.

이는 이원론(二元論)에 해당하며, 사전적 의미로 보면 다음과 같다. 세계의 통일성이나 단일성을 부인하고, 대립하는 두 가지 것을 현실의 기본 규칙으로 삼는 관념론적인 세계관을 말한다. 예컨대 정신과 물질, 오성(悟性)과 감성(感性), 본체(本體)와 현상(現象) 등을 서로 환원될 수 없는 원리라고 생각하는 입장이다. 사전적인 의미가 가장 명료하게 그 본래의 뜻을 밝히고 있다. 천부경의 조화 이론과는 거리가 멀다.

역에서 보면 태극(太極)에서 양의(兩儀)가 생기며, 양의에서 사상(四象)이 생기며, 사상에서 팔괘(八卦)가 나온다. 이에 토를 달아서 태극은 심(心)이며, 양의는 심신(心身)이며, 사상은 사심신물(事心身物)이라고 한다. 사상은 다시 팔괘로 되고 이는 결국 64괘(卦)로 발전한다.

쉽게 양의는 양(陽)과 음(陰)을 말한다. 이것을 다시 나누니 태양(太陽), 소양(少陽), 태음(太陰), 소음(少陰)이 되며, 이를 사람에게 비유하니 이제마가 말하는 사상(四象) 체질이 된다.

팔괘는 환국의 태호 복희씨가 만들었으니 환역(桓易)이라 해야 되는데 주역(周易)으로 변했다.

주역(周易)이란 무엇인가?

이것도 사전에서 찾아보자.

고대의 귀갑(龜甲)이나 수골(獸骨)에 의한 점(占)은 그것들을 불에 구웠을 때 생긴 금(線)을 판단의 재료로 하여 길흉을 점치는 일변 서죽을 써서 길흉을 점치는 방법이 주(周)나라 때에 행해졌다. 이러한 점(占)의 말이나 점법의 정신을 해설한 것이 역경(易經)이다. 주(周)대의 점서(占書)라는 데서 주역(周易)이라고도 호칭한다.

(중략)

그런 말을 신비화시키고 권위를 부여하려고 '괘사(卦辭)'는 주의 문왕(文王)이 지었고 '효사(爻辭)'는 주공이 지었고 '10익(十翼)'은 공자가 지었다고 전해지지만, 괘사나 효사는 점(占) 전문가들 사이에서 생겨 고정된 것으로, 특정한 작자를 생각할 수는 없으므로 신빙성이 없다. 오늘날은 이들이 동주(東周)의 후기에서 기원전 403년 이후 전국시대 사이에 체제가 갖추어졌다고 간주한다.

아주 쉽게 말하면 점쟁이들이나 보고 쓰는 것이 주역(周易)이란 것이다.

인간의 길흉화복을 점친다고 하는데 그 정확성은 알 수 없다.

▶ 오행설의 근본

다음은 한의학의 근본이 된다는 오행설(五行說)의 근본을 살펴본다.

앞서 오행(五行)이 천부경과 대립되는 이론이라는 것은 설명하였다.

천부경에서 말하는 토수화풍(土水火風)이란 기운은 만물을 창조하고 생명을 탄생시키는 요소를 말한다. 이것을 요와 그 후예들이 목화토금수(木火土金水)라고 말하므로 토(土)에는 이미 목(木)과 금(金)이 포함되는데 왜 따로 구분하여 분리하느냐고 반박하는 대목이 나오며, 또한 수리적인 이유로 조목조목 설명하는 대목도 나온다. 이에 수리적인 의미가 없다는 것은 다들 이해하는 내용이다.

《부도지》의 내용이 진실이라면 애석하게도 이미 천부(天府)의 뜻이 쇠하고 있으며, 이로 인하여 결국 고조선도 역사의 뒤안길로 접어들게 된다. 이 시기부터 '오행의 화(禍)'가 현실로 나타나는 것이다. 앞선 선인들이 예견했던 것처럼 우리 민족에게도 대재앙으로 닥치게 된 것이다.

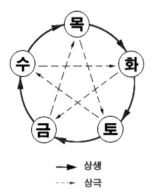

이제 오행(五行) 사상이 무엇인지 살펴보자.

현재의 오행 사상은 춘추 전국 시대에 나오게 된다. 요에서 나온 오행(五行) 이론이 사상으로 발전되어 정립되는 시기가 이 시대이다.

처음에는 민용오재(民用五財)라 하여 사람의 생명 유지에 중요한 순서로 하여 수, 화, 목, 금, 토의 순서로 되어 있었다.

이후에 국가의 흥망을 설명하면서 상극(相剋)과 상생(相生)의 이론이 추가되어 현재의 오행설로 자리잡게 된다. 아주 쉽게 왼쪽의 그림을 보면 된다.

먼저 상생(相生)을 설명한다. 나무[木]를 태우면 불[火]이 나고, 타고[火]나면 재[土]가 남고, 땅[土]에서 금속[金]을 캐며, 금속[金]이 녹으면 액체[水]가 되고, 물[水]을 부으면 나무[木]가 산다. 그림에 표시된 상생이란 그 뒤에 오는 것을 살린다는 의미이다.

상극(相剋)이란 도끼[金]로 나무[木]를 베고, 나무[木]는 흙[土]의 기운을 소진하고, 흙[土]은 물[水]을 없애고, 물[水]은 불[火]을 끄고, 불[火]은 쇠[金]를 녹인다. 즉, 반대의 극성으로 앞에 것의 기운을 꺾는 것을 말한다. 아무리 기운을 말한다고 하지만 쉽게 이해가 안 되거나 비논리적이라고 생각하는 사람도 있을 것이다. 전혀 이상하게 생각할 필요가 없으며, 지극히 정상적인 사람이다. 당시에 이러한 이론을 펼친 이들은 세 치 혀로 왕을 설득하여 밥술이나 얻어먹거나 전쟁을 일으키게 충동질하는 이론으로 오행을 사용하였다. 오행설의 시작은 여기에서 비롯된 것이기 때문이다.

이것이 뒤에 가면 다음과 같은 한의학 이론이나 철학으로 발전한다.

구 분	목(木)	화(火)	토(土)	금(金)	수(水)
오장(五臟)	간(肝)	심(心)	비(脾)	폐(肺)	신(腎)
육부(六腑)	담(膽)	소장(小腸)	위(胃)	대장(大腸)	방광(膀胱)
오관(五官)	눈	혀	입	코	귀
오체(五體)	근육	맥	살	피부, 털	뼈
오지(五志)	화냄	기쁨	근심	슬픔	무서움
오기(五氣)	바람	더위	습기	건조	추위
오색(五色)	파랑	빨강	노랑	흰색	검정
오미(五味)	신맛	쓴맛	단맛	매운맛	짠맛

요즘은 오행 사상이 거의 완전하게 정립되어 있다. 최초의 엉성했던 이론이 천년 세월을 거치면서 논리성을 띄게 된 것이다. 요즘은 모든 먹거리에 대해서도 오행(五行)을 대입시키고 있다. 그렇지 않아도 중금속, 농약, 방사능, 위생 문제 등으로 가뜩이나 먹거리 선택이 어려운데 이젠 건강을 위해서 오행까지 따져가며 먹어야 된다. 아니구나, 사상 체질도 고려해야 된다.

사람의 간이 나쁠 경우를 가정하여 한의학 이론을 통해서 설명해 본다.

사람은 오행(五行)의 기운이 조화를 이루어야 하는데 그것이 너무 강해도 병이 되고, 너무 약해도 병이 된다. 간은 목(木)에 해당되므로 어려운 한의학 용어를 피해서 쉽게 설명하면 다음과 같다. 간[木]의 기운이 약해서 생긴 병을 간허증(肝虛症)이라고 하며, 이를 치료하려면 간을 돕는 콩팥[水]을 강하게 하거나 이에 상극이 되는 폐[金]의 기운을 약하게 해서 다스린다. 간[木]의 기운이 너무 강해서 생긴 병은 간실증(肝實症)이라고 하며, 이를 치료하려면 콩팥[水]의 기운을 약하게 하거나 상극이 되는 폐[金]의 기운을 강하게 하여 다스린다.

이것을 위에 나타난 표에서 우리의 오관이나 오지(감정), 오미(맛)에도 대입시켜 생각해 보라.

이해가 되는가?

백과사전에 나오는 글을 요약해서 인용한다.

현재의 오행설은 중국 역대 왕조의 흥망성쇠에 대한 연구를 통해 상생상극(相生相剋)하는 논리를 부여해 만들어진 것이다. 이후에는 여기에 음양설 및 십간(十干), 십이지(十二支) 등이 결합되어 그 내용이 복잡해졌다. 특히 참위(讖緯), 또는 도참(圖讖)이라 하는 것이 오행설과 결부되어 한층 더 오행설을 복잡화, 신비화시키게 되었다. 참위란 6경(六經)의 숨은 뜻을 신비한 내용으로 해석하여 왕조의 흥망이나 인간의 운세(運世) 따위를 예언하는 것을 일컫는다. 참위와 결부된 오행설은 중국에서는 한(漢)대부터 크게 유행하기 시작해서 당나라 때 이르러 전성기를 맞게 되었으며, 한국에 오행설이 도입된 것이 바로 이 시기이다.

한나라나 당나라도 망하고 사라지기는 다른 나라와 전혀 다를 바가 없었다.

결국 이것도 국가나 인간의 운세를 점치기 위해 만들어진 이론에 불과하다는 것이다.

선정을 베풀어 진정으로 국민을 사랑하고 국방을 튼튼히 한 나라가 부국강병의 국가로 오래 존속할 것임은 자명하다. 점만 보고 있다고 해서 나라가 부유해질 수도, 강해질 수도 없는 것이다.

극단적인 예를 들면, 공부는 안 하고 3년 동안 좋은 학교 가게 해달라고 기도만 한 학생과 좋은 학교를 가기 위해 열심히 공부한 학생 중 누가 좋은 학교를 가겠는가? 하느님도 스스로 돕는 자를 돕는다고, 스스로 열심히 공부한 학생이 좋은 학교를 가는 것이 당연한 신의 섭리여야 하지 않겠는가?

제 10 장

우리나라는 두 가지 언어와 문자, 두 가지 신화를 가진 나라

10 우리나라는 두 가지 언어와 문자, 두 가지 신화를 가진 나라

엉뚱하지만 우스갯소리에 나오는 사오정이 왜 사오정이 되는지를 설명한다.

사오정이 배가 몹시 고프다. 그래서 그는 자장면이 먹고 싶다는 생각을 하게 된다.

이때 같이 가던 친구가 말을 건다.

"야, 오늘 우리 영화 보러 갈래?"

"배 고픈데…."

"무슨 영화 볼래?"

"자장면"

사오정의 생각에는 '배 고프다'와 '자장면'이라는 생각밖에 없다. 어떤 말을 해도 그는 이 두 마디만 한다. 말을 듣기는 하지만 그 말은 뇌에 전달되는 도중에 소리로 바뀐다. 의미가 없어지는 것이다. 다른 의미에서 사오정이란 자기가 믿고 싶은 것이나 알고 있는 것 이외의 다른 말들은 모두 소리가 된다는 것이다.

《한단고기》라는 책이 세상에 나오고 나서 그 진위 여부에 대한 찬

반 논란이 거세게 일어났다. 이때 박창범 교수가 《하늘에 새긴 우리 역사》라는 책에서 고대 기록에 나오는 일식, 월식, 오성취루(五星聚婁, 수성, 금성, 화성, 목성, 토성이 일렬로 배열되는 것), 대홍수 등의 발생 시기를 추적하여 고대 삼국인 고구려, 백제, 신라가 중국 대륙에 있었다는 사실을 발표하였다. 그러나 대부분의 역사학자들은 냉담하였다. 그 이유는 간단하다. 그들은 천문 지식에 대해서 무지하기 때문이다. 천체와 행성의 움직임에 대한 수학적인 논거와 증명을 이해하기란 거의 불가능하기 때문이다. 또한, 우리나라 상고사에 대해서도 자신이 배우고 알고 있는 것이 절대적인 진리라고 생각한다. 이러한 의미에서 보면 우리 사학계에도 사오정들이 상당수 존재하고 있다.

개인적으로는 박창범 교수의 이론에 공감하지만 그 자료만 해도 방대한 데다가 주제와 너무 벗어나므로 중국의 만리장성에 대한 간략한 내용만 살펴본다.

중국에는 만리장성이 있으며, 현재는 세계적인 관광 명소이다.
기원전 247년에 즉위한 영정이 진나라 최대의 적인 초나라를 멸망시키고 BC 221년에 중국을 최초로 통일하였다. 영정은 스스로를 황제라고 자칭하였는데, 우리는 이것을 그대로 받아들여 아직도 진시황이라고 부르고 있다. 시황(始皇)이란 말 그대로 첫 번째 황제라는 뜻이다. 당시로서는 최대의 영역을 확장하고, 최강의 군사력을 자랑하는 군사 강국이었다. 그때부터 쌓기 시작한 것이 현재의 만리장성이다. 중국은 동북아 공정으로 역사를 왜곡하고 있으며, 이제는 현재의 중국에 있는 것은 모두가 중국 것이라고 주장한다. 그래서 고구려와 발해의 역사도 자신들의 역사에 편입시키며, 김치와 한복도 자기들 것이라고 우기는 족속들이다. 중국 역사상 한족(漢族, 지나인)이 중국을 지배한 시기는 그렇게 길지 않으며, 진나라가 그나마 최초일 것이다. 현재 중국을 이르는 영어의 차이나(China)도 '진'에서 유래했음은 누구나 아는 사실이며, 이를 중국에서는 지나(支那)로 표기한다. 진나라의 실체에 대해서도 개인적으로는 의심이 가는 부분이 많다. 진시황의 황릉은 서안(西安)에 있는데 신라 왕릉 지역과 인접해 있으며, 서안은 배달국(倍達國)이 세워진 태백산(太白山)과 그렇게 멀지 않은 곳에 위치한다. 진(秦)나라의 국성은 영성 조씨(嬴姓趙氏) 또는 영성 진씨(嬴姓秦氏)라고 하는데, 이도 신라의 전신인 진한(辰韓)에서 갈라져 나온 갈래일 가능성이 매우 높은 것이다. 출토되는 유물이나 상투를 튼 인물상을 보면 거의 확실하지만 물증이 없을 뿐이다.

여기서 우리는 다음의 사실을 한 번쯤 생각해 보아야 한다.

하나, 만리장성 너머는 누구의 땅이었을까?

둘, 진나라의 최대 영역은 만리장성 아래쪽인데 남쪽으로는 어디까지가 진나라 영역이었을까?

셋, 그들은 무엇이 그렇게 두려워서 그토록 어마어마한 성을 쌓았을까?

찬란한 우리 상고사에 대해 아무리 역설해도 사오정에게는 들리지 않는다.

현재의 우리 모습만 보일 뿐이다. 《부도지(符都誌)》에 나오는 '오행의 화(禍)'라는 말이 현실로 나타났기 때문이다. 천부경 사상에 가장 대립되는 것이 현재 우리가 떠드는 '오행설'이다. 이는 다음에 설명한다.

우리 민족이 두 가지 언어와 문자, 두 가지 신화를 갖게 된 이유를 살펴본다.

이에 앞서 우리가 익히 주지하고 있는 사실 하나를 짚고 넘어가야 한다.

우리 민족은 북방 기마 민족과 남방의 농경 민족이 합쳐졌다고 한다. 이는 우리 민족의 유전자 분석에서도 나타나는 실제적인 것이다. 환웅천황이 나라를 세울 때에도 그 곳에는 이미 웅(熊, 곰)족과 호(虎, 호랑이)족들이 있었다고 나온다. 환웅이 곰과 결혼했으므로 남방의 농경 문화를 이루고 살았다는 민족은 당연히 웅족으로 받아들여진다. 그러나 그 당시 세상에는 웅족과 호족만이 있지는 않았다. 무수히 많은 부족 또는 민족이 섞여 있었다고 생각된다. 《한단고기》를 비롯한 많은 옛 기록들에 나타나는 말이다. 환웅천황이 다스리는 한국으로 많은 부족들이 스스로 찾아와 한국의 시민이 되었다는 사실을 유추해 볼 때에도 당연히 그랬을 것으로 짐작된다.

환웅이 나라를 순찰하고 돌아와서 하는 이야기 중에 '서로 말이 다르고 문자가 달라서'라는 대목이 나온다.(세종대왕이 한글을 만든 취지를 설명하는 대목과 동일함) 문자는 두 종류가 있었음을 이야기하고 있으며, 서로 '말이 다르다'는 것은 다수의 언어가 있었음을 짐작하게 한다. 한국(桓國)에는 한자의 기원이 되는 녹도문(鹿圖文)과 현재 한글의 기원이 되는 가림토(加臨土) 문자가 있었다. '가림토'란 우리 말 '가리다'에서 나왔으므로 '가림다(加臨多)' 문자라고도 한다. 소리를 그려서 뒤에 다툼이 생겼을 때 잘잘못을 가린다는 의미이다. 녹도문은 뜻을 나타내는 글자(표의 문자)이고 가림토는 소리를 나타내는 글자(표음 문자)이다. 한국(桓國)의 영역으로 볼 때 이 외에도 각 지역에는 원시적이긴 하지만 그들 나름대로의 또 다른 문자가 존재했을 가능성도 있다. 이러한 상황을 종합해 볼 때 한국은 두 민족뿐만 아니라 다수의 민족이 섞여 이룩한 국가라는 것이다. 한민족이 의미하는 것은 단일 민족이 아니라 '큰 민족', 과장하면 전 세계의 인류가 모여서 이룩한 하나된 민족이라는 의미도 내포한다는 것이다. 현재 쓰는 말로 다문화라고 보아도 무방하다.

우리말의 어원상으로 볼 때에도 분명히 두 종류 이상의 언어가 혼용되었다고 본다. 단적으로는 녹도문과 가림다 문자이다. 이렇게 놓고 볼 때 이들의 문화도 이질적이었을 것이며, 이들에게 전승되는 신화도 서로 다를 수 있다. 우리 한글이 옛 글(가림다)을 모방하여 만들어졌듯이 모든 문화는 상호간에 영향을 주고받으면서 융합되고 변화해 간다. 천부경 사상으로 보면 조화를 이루어 가는 것이다. 지역적으로는 그래도 보다 우세한 문화의 흔적이 많이 남게 마련이다.

다음은 당시의 지구 상황을 살펴본다.

환웅천황이 나라를 세울 때에도 분명히 어떤 이유가 있었다고 본다. 한인천제 시절이 인류의 낙원이었다고 하면 굳이 독립하거나 분가할 이유가 없다. 자연재해 또는 인구 증가 등으로 인하여 분가하지 않으면 안 될 중요한 계기가 있었을 것이다. 지구의 마지막 빙하기였던 신생대 제4기 플라이스토세 빙하기 최대 범위(지금으로부터 대략 1만 8천년 전)는 아래의 예상 모습과 같다. 황해는 육지였으며, 동남아와 한국은 연결되어 있었으며, 일본도 거의 밀착되어 있다. 대륙 이동의 변화보다는 빙하로 인한 해수면의 변화가 더 부각되어 나타난 그림이다. 이후 홀로세로 넘어오면 현재 지구의 모습과 같아진다. 그 사이인 대략 1만 5천~1만 2천 년 전에는 지구가 온난화되고 빙하가 녹으면서 전 세계의 저지대가 물에 잠기기 시작하는 상황이 발생한다. 그러다가 갑자기 대략 5천 년 전을 기준으로 하여 전 지구적인 급격한 온도 상승과 해빙으로 인해 전 세계가 물난리를 겪게 된다. 그 이야기들이 현재 전 세계에 퍼져 있는 대홍수에 대한 전설로 수메르의 기록에도 나오며, 성경에서는 노아의 방주 소재가 된다. 이러한 기후적인 요건이 환웅의 신시 건설과 관련이 있을 것으로 보인다.

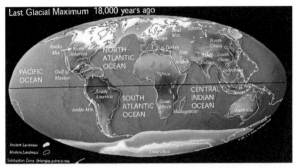
1만 8천 년 전의 지구 모습 (마지막 빙하기)

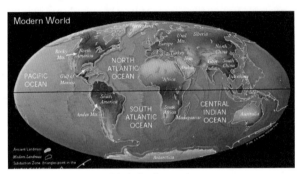
현재의 지구 모습

　현재의 지구 모습과 1만 8천 년 전의 지구 모습을 보면 가장 크게 눈에 띄는 것이 현재의 서해 바다 모습이다. 우리나라와 일본도 거의 붙어 있으며, 황해에서부터 베트남과 인도네시아까지 육지로 연결이 되어 있다. 또한, 러시아와 알래스카도 빙하로 연결이 되어 있다. 신석기 시대에도 우리 민족이 배를 타고 일본을 왕래했다면 우리가 알고 있는 것보다 훨씬 이전부터 전 세계의 인류는 역동적으로 움직이고 서로 교류가 있었다고 보아야 한다. 과거에는 우리나라와 동남아시아 각 지역이 해안선을 따라 서로 교류가 이루어졌으며, 보다 먼 인도 지역까지도 그 범위에 들어간다. 인류의 문명은 큰 강이 있는 곳에서 발달한다. 물은 고대나 현재나 인류의 생명줄과 같기 때문이다. 특히나 농경 사회에 있어서는 말할 나위가 없다. 현재의 서해 지역은 1만 5천 년 전까지 광활한 평야 지대이며, 현재의 황하강과 양자강이 바다로 흘러 들어가는 곳으로 문명이 발달하기에 이상적인 곳이었을 것이다. 1만 8천 년 전의 지구 모습을 볼 때 우리 민족의 발원지는 동서로는 현재의 한반도에서 중국의 동쪽, 남북으로는 오키나와에서 만주 벌판까지로 추정된다. 우리 민족이 이곳에 자리를 잡은 것은 적어도 4~5만 년 전으로 추정되며, 적은 수이기는 하지만 이 시기에도 우리 민족의 이동이 있었던 것으로 예상된다. 북부 지역의 민족은 동쪽으로는 러시아의 시베리아를 거쳐 아메리카 대륙으로, 서쪽으로는 고비 사막 위쪽 통로를 통해 몽고와 유라시아 지역으로 이동하였으며, 남부 지역의 민족은 동남아시아, 인도를 거쳐 이집트까지 이동한 것으로 예상된다.

기록상 한국(桓國)은 국가가 건국되는 BC 7198년에는 적어도 부족 사회는 벗어나 국가 체계를 형성한 것으로 보이며, 문화도 상당히 발달했던 것으로 추정된다. 우리가 예전(60년대)에 학교에서 배웠던 세계 4대 문명이란 것도 현재는 대폭 수정할 필요가 있는 것으로 별 의미가 없다. 메소포타미아 문명보다 더 일찍이 보다 발전된 수메르 문명이 있었으며, 아시아 지역에서는 황하 문명보다 거의 1천 년이 앞서는 홍산문화(紅山文化)가 있었다. 또한 중남미에도 그때까지는 잘 알려지지 않았던 문명이 존재했기 때문이다. 홍산문화(紅山文化)는 중국의 문화와는 전혀 이질적인 것으로 이는 우리 민족이 이룩한 문화이다. 대략적으로 황하 문명은 BC 3000~2000년의 문명이며, 홍산문화는 BC 4700~2900년의 문화이다. 기록상 배달국(倍達國)은 BC 3898년에 건국되었으므로 홍산문화는 한국(桓國)에서 배달국(倍達國)에 걸쳐서 이룩된 문명이다. 홍산문화는 우리 민족의 북방계 계열이 이룩한 문명의 하나이다. 이들에게 전승되어 온 신화가 천손신화(天孫神話)이며, 이들이 만든 문자가 녹도문(鹿圖文)인 것이다. 홍산문화는 옥 공예가 매우 발달하여 옥기 문화라고도 한다. 이들의 공예품은 현대 작품과 비교해도 전혀 손색이 없을 정도이다. 이들이 사용한 도장이나 공예품의 문양에는 녹도문(鹿圖文)과 유사한 형태의 문자가 새겨져 있다.

홍산문화 유적지에서 발굴된 옥(玉) 공예품

※ 홍산문화는 1908년 일본의 인류학자 도리이 류조에 의해 처음 발견되었는데, 연대는 BC 4700~2900년경으로 지금까지 츠펑(赤峰[적봉], 발견 당시엔 열하성), 링위안(凌源, 릉원), 젠핑(建平, 건평), 차오양(朝陽, 조양) 등 500여 곳의 유적을 찾아내었다. 발견 지역은 예산산맥의 북쪽 랴오허 지류의 서 랴오허 상류 부근에 널리 퍼져 있다. 홍산문화는 옥(玉) 문명(文明)으로 유명하며 홍산문명이라고도 한다. 중국은 1980년대부터 본격적인 발굴을 하면서 흥륭와문화

(興隆窪文化), 홍산문화, 조보구문화(趙寶溝文化), 신락유적(新樂遺跡) 등으로 이어지는 요하 일대의 신석기 문화를 문화(culture)의 단계를 넘어선 새로운 문명(civilization)으로 간주하여 '랴오허 문명'으로 명명하여 부르고 있다.

　위의 지도에서 보듯이 마지막 빙하기가 끝나면서 우리나라 황해를 비롯하여 동남아시아의 해안 지역이 수몰되기 시작한다. 저지대부터 바닷물에 서서히 잠기기 시작하며, BC 5000~4000년경에는 해안선이 급격히 후퇴한다. 이는 전 세계적인 현상으로 인류는 대홍수 시대를 맞이하게 된다. 우리 민족의 남방계는 한반도 남부 지방에서부터 대만과 홍콩에 이르는 해안 지대에, 지금은 바다 밑으로 가라앉은 문명을 이룩하고 있었을 것으로 추정된다. 이 문명은 정해진 이름이 없으므로 지금부터는 황해 문명이라고 부르기로 한다. 황해 문명을 이루고 살았던 우리 민족은 해안선의 급속한 후퇴로 인해 삶의 근거지를 잃고 모두 북쪽으로 이동하게 된다. 민족의 대이동이 시작되는 것이다. 배달국(倍達國)은 이 시기에 맞추어 건국이 된 것이다. 남쪽에서 밀려드는 난민을 수용하기에는 한국(桓國)의 여건상 한계에 봉착하여 나라를 새로이 세울 수밖에 없는 상황에 놓인 것이다. 그래서 지금으로부터 약 6천 년 전인 BC 3898년에 한국(桓國)에서 분가하여 배달국(倍達國)을 건설하게 되는 것이다. 황해 문명에 전승되어 온 신화는 난생신화(卵生神話)이므로 배달국은 자연히 천손 신화와 난생 신화가 공존하게 되는 것이다. 또한 북방계도 농사를 짓기는 하였으나 수렵과 유목이 상당히 중요한 역할을 하였다.

이로 인하여 남방계보다는 말(馬)이 보다 중요하였으며, 기마 민족의 기질을 띠게 되는 것이다. 반면에 남방계는 농경 문화가 주를 이루며, 말보다는 소가 더욱 중요하였다. 이들이 사용한 문자가 한글의 뿌리가 되는 가림다(加臨多) 문자였다. 그래서 가림다 문자의 흔적은 일본과 인도를 비롯하여 남쪽에 많이 남아있는 것이다. 배달국에 한자의 뿌리가 되는 녹도문(鹿圖文)과 한글의 뿌리가 되는 가림다(加臨多) 문자가 공존하게 되는 이유이다. 또, 북방계는 태양력을 사용하였으며, 바다와 인접한 남방계는 태음력을 사용하였기 때문에 배달국은 태양력과 태음력을 같이 사용하게 된다. 이 시기를 전후하여 우리 민족은 보다 활발하게 전 세계로 널리 이동하기 시작한다.

홍산문화 또는 홍산문명은 한민족이 이룩한 문화이기는 하지만 이는 한민족이 건설한 문명의 일부일 뿐이다. 마치 세계의 문명이 홍산문화에서 시작되었다는 것은 비약이 심하다. 우리의 문명은 한국(桓國)에서 배달국(倍達國)으로 이어지며, 한국과 배달국이 전 세계의 문명을 일깨우는 것이다. 아래 우측 그림은 문화가 서로 융합되었다는 내용은 일부 설득력이 있지만 그것이 전부는 아니다. 그림에 있는 해양 문화를 보다 아래쪽에 있는 황해 문명으로 확대해야 한다. 또한 이러한 문명이 통합되는 것은 홍산문화가 아니라 중국에 있는 태백산(太白山) 근처의 배달국으로 옮겨져야 한다.

홍산문화를 비롯한 문화 유적

홍산문화의 위치

　앞에서 살펴본 대로 마지막 빙하기가 끝나고 지구의 온난화가 진행되면서 동남아 연안과 황해가 바다로 잠기게 된다. 그때까지 남방에서 문화를 이루고 살아가던 민족들이 대거 북방으로 대이동을 시작하면서 배달국(倍達國)이 건설되고, 여기에는 천손 신화, 녹도문 문자, 태양력을 사용하는 북방계와 난생 신화, 가림다 문자, 태음력을 사용하는 남방계가 융합되었다. 그래서 우리나라에는 두 가지 언어와 문자, 두 가지 신화가 공존하게 되는 것이다.

　※ 배달국(倍達國)이 건설되는 시기의 상황을 표현한 것이 상전벽해(桑田碧海)라는 고사성어다. 뽕밭이 변해서 바다가 되었다는 뜻이다. 중국에도 유사한 얘기가 많이 전해진다. 중국 산해경(山海經)의 내용 중에서 이와 연관된 부분만 옮겨 적는다. 중국은 우리 역사를 도둑질하고 지금도 동북아 공정을 진행하고 있으므로 옛 기록들을 곧이들을 필요는 없지만 인물은 바뀌어도 전체적인 내용은 그대로 남아 있으므로 내용만 보면 된다.

　마고는 방에 들어가 왕방평에게 배례하였다. 방평도 일어섰다. (중

략) 마고가 이렇게 말하였다.

"뵈온 이래 벌써 동해가 세 번 뽕나무 밭으로 변하는 것을 보았습니다. 지난번 봉래산에 오셨을 때는 물도 먼저 번 대회 때에 비하여 그 반 정도로 얕아졌습니다. 곧 육지가 되지 않을까 싶습니다."

왕방평도 웃으면서, "성인(聖人)도 모두 바다 가운데에서 먼지가 오를 것이라고 말하고 있습니다."라고 하였다.

모두들 신화라고 하지만 여기에도 숨어있는 사실이 있다. 중국에서 보면 황해는 동해. 이들은 뽕밭이 바다로 변했다는 사실을 말하고 있다. 우리 민족은 오래 전부터 누에를 쳐서 비단을 만들었으며, 이는 여자들에게 있어서 매우 중요한 일이었다. 황해 문명에서도 이는 중요한 국가 산업이었을 수도 있다. 여기에서 말하는 것처럼 동해(황해)가 세 번이나 물에 잠기었는지는 모른다. 빙하기가 여러 번 있었으니까 그 모두를 합하면 진실인지도 모르지만 까마득하게 먼 과거의 이야기가 이때까지 전해졌다고는 개인적으로 믿기 어렵다. 황해의 뽕밭이 바다로 변한 것은 사실이다.

지금은 바다로 변해버린 황해에도 우리 민족이 이룩한 고대 문명의 흔적은 분명히 남아 있으리라고 확신한다. 이를 유추할 수 있는 것이 일본의 요나구니 유적이다.

요나구니섬(일본명 与那国島[여나국도])은 일본 극서(極西)에 해당하는 섬으로 야에야마 제도에 속해 있으며, 행정 구역상으로는 오키나와현에 속한다. 일본의 네 극점 가운데 일반인이 교통수단으로 자유로이 찾을 수 있는 유일한 곳이다. 섬의 넓이는 28.91km이고, 인구는 1,745명가량이다. 1987년 다이버들이 요나구니섬 인근 해저에서 인공 석조물처럼 보이는 해저 구조물을 발견해 화제가 되었다. 류쿠 대학교의 기무라 마사키가 이끄는 연구진들이 이 구조물을 연구하고, 해저 구조물이 인공적으로 만들어졌다고 주장하였으나 이에는 많은 논란이 있다. 구조물은 사암(砂岩)과 이암(泥岩)으로 이루어져 있으며 대다수의 주요 구조물은 독립적인 암석들의 조합이 아니라 지반의 암석 덩어리와 연결되어 있는 형태로 되어 있다. 이렇듯 암석을 이동하여 건설된 점이 아니라 지층과 같은 암석으로 되어 있다는 점은 많은 논란을 불러왔다. 해양 고고학자인 션 킹슬리는 이 구조물 중, 도랑의 내부에 두 개의 90도 각도와 직각 형태의 모서리가 있는 두 개의 거석이 존재한다는 점을 들어, 이는 건설 시기가 알려지지 않은 오키나와 무덤들에서도 흔히 발견되는 구조와 흡사한 인공물이라 주장하였으나, 이 거석의 직각 모서리는 기존의 자연 구조물을 인공적으로 다듬은 것에 지나지 않는다는 의견도 많다. 또한 일부에서는 요나구니 구조물이 세계 다른 고대 유적의 구조물과 흡사하며 이처럼 독특한 구조물이 한곳에만 대량으로 자연 생성되기 어렵다는 점을 들어 이 구조물이 인공으로 제작되었다고 주장한다. 만약 이 구조물이 인간의 손에 의해 건설되었다면 해수면이 지금보다 39m 정도 낮아 이 지역이 해수면 위에 있었던 시기인 빙하기 말기(약 BC 10000년) 이전이어야 한다. 기무라는 초기에는 이 구조물이 최소한 1만 년 전에 건설되었다 주장하였으나, 2007년 태평양 과학연차 회의에서는 이 시기를 해수면이 지금과 비슷한 2,000~3,000년 전으로 조정하였다.

요나구니 유적의 전체 모습 　　　　　　요나구니 유적

　세계적인 박사들도 자연적으로 발생한 것인지 인공 구조물인지 서로 다투고 있는 상황이지만 개인적으로 이는 인공 구조물이 분명해 보인다. 전체적인 정황을 보아도 그렇고, 특히 직각으로 파여 있는 구조물을 보면 더욱 그러하다. 이는 학자들이 주장하는 것처럼 이 자체가 유적은 아니며, 돌을 채취하는 채석장이었을 가능성이 매우 높다. 전체적인 구조가 전형적인 채석장의 형태를 띠기 때문이다. 요나구니 유적이 발견된 지역도 일본 영해라고는 하지만 대만에 매우 근접해 있다. 이 유적도 황해 문명의 일부일 수 있다. 요나구니 유적이 채석장이었다고 하면 이 유적은 적어도 바다에 잠기기 전인 최대 BC 10000년에서 최소 BC 3000년경에 만들어진 것이다. 황해 문명이 수몰되는 초기나 중기의 것으로 추정된다. 그렇다면 적어도 이 유적을 중심으로 반경 30km 이내에는 피라미드와 유사한 석조 구조물이 있을 가능성도 매우 높다.

1) 유물과 신화로 살펴보는 우리 문명의 이동 ●●○

① 고인돌 문화

고인돌은 지석묘(支石墓)라고도 하며 신석기나 구석기 시대에서부터 시작하여 초기 철기 문화 시대까지 존속했던 거석 문화를 말한다. 고인돌의 생성 연대는 학자에 따라서 다르지만 종전에는 BC 2000년 정도로 보아 왔다. 그러나 현재는 최대 1만 5천 년 전까지 거슬러 올라간다. "역사는 승자의 논리대로 만들어진다."는 말이 있다. 그들에게 역사가 없을 때는 남의 것을 폄하하지만 자기들 역사에 나타나면 정반대의 행태를 보인다. 우리 주변 국가인 중국이 특히 심하며, 일본도 만만치 않다. 영국의 스톤헨지나 프랑스의 열주석(우리나라의 선돌) 등이 나타나면서 영국과 프랑스는 서로 고대사 전쟁을 벌이고 있다. 그들이 그들의 거석 문화 시기를 BC 5000년까지 거슬러 올리고 있는데도 우리 사학계의 일부 사오정들은 아직도 BC 700~800년에서 못 벗어나고 있으며, 최고로 잡아 고작 BC 2000년으로 올려 놓는 데 불과하다. 울산 반구대 암각화만 보아도 최소 5,000~8,000년 전에 우리는 배를 타고 고래 사냥을 한 민족이다.

※ 울산 반구대 암각화의 정식 이름은 울주 대곡리 반구대 암각화(蔚州 大谷里 盤龜臺 岩刻畫)이다. 울산광역시 울주군 언양읍에 위치한다. 1971년 12월 25일, 동국대학교 문명대 교수, 고려대학교 김정배 교수, 충북대학교 이융조 교수가 울주 진천리 각석을 재조사하던 중에 동네 사람들의 제보를 받고 발견하였다. 세계에서 가장

오래된 고래 사냥 암각화로, 울산 상류의 지류 하천인 대곡천의 중류부 절벽에 위치하고 있다. 대한민국의 문화재로 국보 제285호로 지정되어 있으며, 유네스코 세계 유산의 후보 목록인 세계 유산 잠정 목록에 '대곡천 암각화군'으로 묶여 등재되어 있다.

반구대라는 이름은 거북이가 엎드린 형상을 하고 있는 인근의 기암절벽 이름에서 유래한다. 암각이 새겨진 바위는 주로 너비 약 8~10m, 높이 약 4~5m의 부분이며, 주변 10여 개의 바위에서도 암각화가 확인된다. 신석기 시대부터 청동기 시대에 걸쳐 당시의 생활상이 지속적으로 새겨진 것으로 추정된다. 동물들과 이를 사냥하는 사람들 등이 새겨져 있으며, 이 중 고래의 비중이 크다. 이 암각화는 지금까지 지구상에서 알려진 가장 오래된 포경 유적이다.

바위에 새겨진 그림의 수는 조사 방법이나 표현물의 인식 차이에 따라 다르다. 전문가들은 형상을 알아볼 수 없는 것까지 포함해 약 300여 점의 표현물이 그려져 있다고 본다. 이 중 형상을 알아볼 수 있는 그림은 237점이다. 종류로는 육지 동물 97점, 해양 동물 92점, 사람 17점, 배 6점, 그물, 작살 등의 연장류 6점이 있다. 그중 고래 그림만 62점으로 전체의 26%, 해양 동물의 75%에 해당해 제일 많다. 다음으로 비중이 높은 개체는 36점인 사슴류와 22점인 호랑이이다. 암각화에는 고래의 종류를 식별할 수 있을 정도로 그 특징을 정확하게 묘사하고 있다.

반구대 암각화 　　　　　　　　반구대 암각화 모식도

우리나라는 고인돌의 나라다. 전 세계의 고인돌 중 남북한을 합치면 절반이 넘는 고인돌이 우리나라에있다. 원래 우리의 강역이었던 만주 이북을 포함하면 70~80%에 달한다. 고인돌은 한반도에만 최소 2만 기 이상이 존재한다. 그 숫자도 많거니와 현재는 소실된 것이 많아서 정확한 집계를 내기도 힘들다.

고인돌을 두고 볼 때 고인돌은 압도적으로 유물이 많은 우리나라에서 세계적으로 퍼져 나갔다고 보아야 한다. 고대사를 연구하는 역사학자들도 인정하는 사실이며, 유물이 많이 출토되는 쪽이 그 문화의 원조라고 보아야 한다. 우리의 고인돌 문화는 중국을 거쳐 인도를 비롯한 동남아시아와 이베리아반도를 지나 스위스, 프랑스, 네덜란드에도 있으며, 다시 바다를 건너 영국과 아일랜드에서도 나타난다. 한마디로 전 세계에 존재하는 것이 고인돌이다. 다만 숫자가 적고, 그게 고인돌인 줄 몰랐다는 것일 뿐이다.

고인돌은 크게 세 종류로 나누며, 지상에 윗돌(上石)과 받침돌이 높이 올라와 있어 탁자형(卓子形)으로 된 형상, 지면에서 낮게 4~5개의 받침돌로 윗돌을 고여 마치 바둑판형으로 보이는 형상, 셋은 지면에 받침돌이 없이 큰 돌(윗돌)만을 지면에 바로 놓은 형상이다.

어떤 형상이든 공통 요소는 거대한 자연 암석을 윗돌로 사용한다는 점이다. 1960년대 중반까지는 탁자형으로 생긴 형식은 주로 한강 이북 지방에 분포되어 있다고 하여 북방식, 기반형으로 생긴 형식은 주로 남부 지방에 분포되어 있다고 하여 남방식으로 분류하였다. 그러나 고인돌의 조사, 연구가 확대되면서 황해도와 평안남도 지방에서도 기반형이 다수 분포되어 있고, 전라도와 경상도 지방에서도 탁자형의 분포가 다수 알려지면서 북방, 남방이라는 지역 표지 명칭에서 붙여진 북방식과 남방식은 의미가 없어졌다. 고인돌을 매장 시설의 형식을 기준으로 하여 단석실형, 다석실형(임병태 주장)과 석실형(石室形), 석관형(石棺形), 석곽형(石槨形), 토광형(土壙形) 등으로 나누기도 한다. 고인돌은 발전하면서 점차 형태도 복잡해지고 원시적이긴 하지만 피라미드와 유사한 형태로도 발전해 간다.

우리의 고인돌이 세계로 퍼져 나갈 때는 이에 따라 우리의 문화와 언어도 전 세계에 전해졌을 것이다.

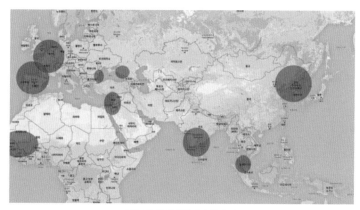

전 세계 고인돌 분포도

전 세계 고인돌(거석) 분포도

② 빗살무늬 토기

빗살무늬 토기는 즐문 토기(櫛文土器, 빗살 무늬가 있는 토기)라고도 부른다. 한반도의 고고학적인 시대 구분으로는 BC 8000~6000년에 이른다. 그러나 실제로는 보다 이른 시절부터 존재했던 것으로 여겨진다. 빗살무늬 토기는 신석기를 대표하는 토기로, 전기에서 중기에 걸친 토기에 빗살과 같은 모양의 무늬가 발견되어 이것을 따서 이름이 붙여졌다. 빗살무늬 토기는 토기의 겉면에 빗 같은 무늬새기개를 이용해 만든 기하학적인 무늬를 배합하여 각종 무늬를 그린 토기이다. 신석기 시대를 대표하는 토기로 주로 곡식의 씨나 먹다 남은 음식을 저장하는 용도로 사용되었다.

이러한 빗살무늬는 질그릇에 따라 여러 모습을 나타내는데, 한국에서 가장 특징적인 것은 선과 점선으로 된 짧은 줄을 한쪽 방향으로 또는 서로 방향을 엇바꾸어 가면서 그려서 그 모습이 생선 뼈처럼 생긴 것이다. 그릇 모양은 밑창이 달걀처럼 생긴 것과 밑이 납작하여 깊은 바리처럼 생긴 것이 대표적인데, 그릇 종류에는 독 모양이 큰 것을 비롯하여 항아리, 단지, 대접, 보시기 등에 이르기까지 여러 가지가 있다.

빗살무늬 토기는 우리나라 고유의 것이지만 이것도 유사한 형태의 것이 시베리아 주변에서 발견된다는 이유로 그곳에서 유래하였다고 주장하는 학자도 상당수 있다. 그러나 빗살무늬 토기 역시 우리의 고인돌 문화와 함께 전 세계로 퍼져 나간 것일 뿐이다.

③ 천손신화(天孫神話)와 난생신화(卵生神話)

천손 신화는 한국(桓國)의 한인(桓因) 천제(天帝)를 시작으로 한다. 《한단본기》에는 다음과 같이 적고 있다.

태초(太初)에 상하 사방이 일찍이 어둡고 캄캄하여 보이지 않았으며, 옛날은 가고 지금이 오도록 다만 하나의 광명뿐이었다. 하늘에는 삼신(三神)이 있었는데 곧 하나뿐인 상제로서 주체는 하나의 신이나 각각 신이 있는 것이 아니며 작용하는 것은 곧 삼신(三神)인 것이다. 이에 삼신이 만물을 끌어내어 온 세계를 통치하니 천하 오제(五帝)의 사명을 주관하여 천하대장군(天下大將軍)이 되고, 지하 오령(五靈)의 성효(成效)를 주관하여 지하여장군(地下女將軍)이 되었다. 인류의 조상을 나반(那般)이라 한다. 처음에 아만(阿曼)과 만난 곳을 아이사타라 한다. 꿈에 천신(天神)의 가르침을 얻어 스스로 혼례를 치렀으니 곧 9환(桓) 64민(民)은 모두 그 자손이다. 처음에 환족이 사백력(斯白力)에 있었다. 후에 9환의 무리가 환인(桓仁)을 추대하여 임금으로 세우니, 천산(天山)에서 개국하여 환국(桓國)이라 하였다. 이 환국이 인류 최초의 국가이니 바로 역년의 시작이다. 기원전으로 7198년이 된다.

이규보가 지은 《동명왕편(東明王篇)》에서는 구삼국사(舊三國史)에서 인용한 해모수 신화를 소개하고 있는데, 이는 환웅 신화와 유사한 구성을 보이고 있다. 하늘 천제의 태자인 해모수가 다섯 용이 끄는 수레를 타고 하늘에서 내려와 그곳에 도읍을 정하여 왕이라 일컫고 국호를 북부여라 하였다고 한다.

난생 신화는 주로 한국(桓國)의 남쪽에 널리 전승된 신화이다.

대표적인 것이 신라의 박혁거세와 가락국의 김수로왕이다.

박혁거세는 백마가 가져온 알의 형태로 신라의 나정(蘿井) 옆에서 강탄(降誕)하였다고 한다. 여기서 말은 천상의 세계와 지상의 세계를 오가면서 매개적인 기능을 하는 동물이라고 하는 신화적인 사유가 반영되고 있다.

가야의 수로 신화는 《삼국유사》 기이2 〈가락국기〉에 전해지는데, 9간(干)이 백성들을 통솔하는 곳의 북쪽 구지봉(龜旨峰)의 하늘에서 자색의 줄이 내려와 그곳의 땅을 파니 홍색의 보자기 속에 금합이 있었고, 그 안에서 6개의 황금 알이 나왔다고 한다. 황금 알들은 다음날 동자가 되고 열흘이 지나 성인이 되어 6가야의 시조가 되고 그중 대가야의 시조가 수로라고 하였다.

이제 세계에 퍼져 있는 고인돌, 빗살무늬 토기, 신화의 분포도를 살펴본다.

전 세계의 고인돌(거석)과 빗살무늬토기 분포도

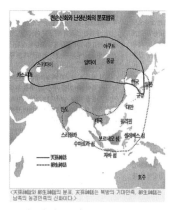

전 세계 고인돌(거석) 분포도

　북쪽을 보면 빗살무기 토기의 분포도와 천손 신화의 분포 범위가
일치한다. 남쪽을 보면 고인돌과 난생 신화의 분포도가 일치한다. 고
인돌과 빗살무늬 토기는 한반도에서부터 시작하여 유럽으로 이어진
다. 또한 천손 신화와 난생 신화는 우리나라에서 겹쳐져 있다. 앞서
배달국(倍達國)은 한국(桓國)을 이루고 있던 북방계와 남방계가 융합
되어 두 가지 문자와 두 가지 신화가 존재하게 되었다고 하였다. 고
인돌과 빗살무늬 토기의 세계 분포도를 볼 때 북방계는 사막 지대가

아닌 북쪽의 스텝 지역(평원지대)을 통해 유럽으로 이동을 하였으며, 남방계는 해안 지대를 따라 유럽으로 이동한 것을 알 수 있다. 남방계는 가림다(加臨多) 문자를 사용하였으며, 가림다 문자의 흔적이 많은 일본 남부 지방과 인도 남부 지방에 고인돌 문화가 널리 퍼져 있음도 확인할 수 있다.

우리는 녹도문과 가림다라는 두 가지 언어와 문자, 두 가지 신화를 가진 민족이다.

우리의 문화가 전 세계로 퍼져 나가면서 세계 곳곳에 고인돌, 빗살무늬 토기, 신화를 남겼다. 그리고 이러한 이동은 일회성에 그친 것이 아니라 그 길을 따라 후예들도 걸어갔다. 이때 우리의 천부경 사상도 전해졌을 것이다.

상고 시대에는 우리 문화가 세계로 전파되었다.

즉 천부경이 전해진 한국(桓國)이 세계 문화의 중심지인 진짜 중국(中國)이며, 세종대왕이 훈민정음을 만든 이유를 설명하면서 적은 '나라 말이 중국과 달라서(國之語音 異乎中國)'에 나오는 중국이 이를 가리키는 것이다. 요즘은 이를 국중(國中)으로 보고 '나라 가운데'라고 해석하는데 이는 본래의 뜻과는 동떨어진 것이며, 세종대왕이 글을 적으면서 그런 실수를 할 리도 없다. 조선 시대 사대주의자들의 이론대로 한다면 당연히 그 당시 중국은 명나라니까 '이호명국(異乎明國)'이라 했어야 한다. 중국이란 국호는 모택동이 1912년 신해혁명을 통해 중화인민 민주주의 공화국을 세울 때까지 중국에는 없었던 국명이다.

현재 이 지구상에는 같이 시대를 살아가고 있지만 오지에서는 신석기 시대를 방불케 하는 생활 모습을 보여주는 부족들도 있다. 문화의 격차가 그야말로 하늘과 땅 차이다. 하물며 대중 매체나 교통수단이 열악했던 상고 시대에는 이루 말할 수도 없을 것이다. 한국(桓國)이 건국된 시기가 세계적으로는 석기 시대라고 해서 세계 문화의 중심지였던 한국(桓國)도 그랬으리라고 생각한다면 그는 사오정이다.

우리 민족은 서로 다른 언어와 신화를 가진 두 민족이 융합되어 동북아시아에서 가장 찬란한 문화와 문명을 꽃 피웠으며, 이 문화를 전 세계로 전파한 시대의 주역이었다. 또한, 한국(桓國)은 세계 최초로 청동기 문화와 철기 문화를 일으킨 나라다.

마지막으로 핀란드를 대표하는 타피올라 합창단의 CD 표지를 싣는다. 이는 1920년대 핀란드 헬싱키 부근의 풍경을 유화로 그린 것이다. 핀란드에는 우리 민족의 고유 토기인 빗살무늬 토기가 발굴되는 지역이다. 그림을 잘 보면 소녀들이 머리를 땋고 있으며, 입고 있는 치마와 저고리도 우리의 한복과 많이 닮아 있다. 신발도 짚신과 매우 닮았다.

핀란드를 대표하는 타피올라 합창단의 CD 표지

2) 개를 통해서 본 문명 이동 ●●○

개의 어원은 '가'이다.

순수한 우리말 '가'라는 것은 '가 쪽', 가장자리를 가리킨다. 어머니의 노래에서 나오는 가사의 한 소절인 '어머니의 사랑은 가이없어라'라고 할 때 사용하는 '가'이며, 가사의 의미는 '끝이 없다'는 뜻이다. 이는 나를 의미하는 나에 'ㅣ'가 붙어서 '내'가 되고, 하얗다는 '하'에 'ㅣ'가 붙어서 해가 되는 것과 같다. 개라는 말도 '가'에 'ㅣ'가 붙어서 개가 된 것이다.

개를 기르는 목적은 반려견일 수도 있고, 애들의 애완동물이었을 수도 있다. 그러나 옛날에는 집을 지키는 것이 보다 중요한 목적이었다. 농경사회에서 중요한 식량인 쌀을 쥐로부터 지키기 위해 고양이를 키운 것과 같다. 예전의 쌀집에는 보통 고양이가 한 마리 정도는

우리나라는 두 가지 언어와 문자 295

있었으며, 쌀을 지킨다는 뜻에서 고양이의 이름은 대부분 '살진이'(쌀 지킴이)였다. 개는 집 옆(가)에 있으면서 혹시 모를 맹수나 적의 침입을 감시하는 불침번이었다. 또, 사냥을 갈 때는 옆(가)에 있다가 사냥감을 알려주거나 직접 사냥에 나서기도 했다. 개라는 말은 이렇게 집 옆(가)에, 내 옆(가)에 항상 붙어 있는 존재여서 개라는 이름이 된 것이다. 이런 의미에서 보면 반려견이 옳은 표현이기도 하다. 마당에서 집안으로, 방 옆에서 침대 위로 올라와서 내 옆에 붙어 사는 개도 많다.

이제는 개에 대해서 살펴본다.

과학자들은 개의 유전자를 분석하여 2백만 년 전 자칼과 분리되고, 1백만 년 전에는 코요테와 분리되며, 십만 년 전에 늑대와 분리되어 현재의 개가 되었다고 한다. 보통 사람은 다들 개가 늑대와 가깝다고 생각한다.

그러나 엄밀하게 이야기하면 개의 직접적인 조상은 이리(회색 늑대)와 유사한 동물로 추정된다. 우리말로 개를 부를 때 예전에는 보통 '워리'라고 불렀다. 이 '워리'는 이리(회색 늑대)를 가리키는 순수한 우리말이다. '수메르'에서는 5천 년 전에 개를 '우르'라고 불렀다고 한다. 역사가들은 '수메르' 왕국은 《한단고기》에 나오는 '수밀이 한국'의 변형이라고 하며, 그 원래 발음은 우리말 '소머리'(소의 머리)라고 보고 있다. 그래서 예전에는 개의 이름을 모르면 그냥 '워리'라고 불렸던 것이다. '워리'는 모든 개를 부르는 이름이었으며, 개 이름 중에는 '바둑이'라는 말이 가장 흔했다. 예전의 국민학교 1학년 국어 교과서 맨 앞에 나오는 것이 "바둑아 나하고 놀자."라는 글이다. '바둑이'는 몸에 커다란 점 무늬가 있는 개를 일컫는 이름이다. 이후에는 영어가 흔해지면서 '해피', '메리' 등의 이름이 유행하기도 한다.

현재 한국의 토종개로는 진돗개, 삽살개, 풍산개, 동경개 4종이 등록되어 있다. 이들은 우리나라 토종으로 천연기념물이며, 천연기념물 제53호 진돗개, 천연기념물 제368호 삽살개, 천연기념물 제540호 동경이가 있으며, 북한의 천연기념물 368호 풍산개가 있다. 이 외에도 우리나라 토종으로 거제개, 고려개, 댕견, 발발이, 불개, 오수개, 제주개 등이 있었으나 대부분 멸절되었다.

※ 동경개는 '댕견이'라고도 한다. 문헌에 등장하는 동경개를 살펴보면 먼저 조선 말기 헌종 때 발간된 경주의 지리서인《동경잡기(東京雜記)》에 "꼬리 짧은 개를 동경구(東京狗)라 한다."라는 문구가 나온다. 그런가 하면 19세기 중엽에 발간된《오주연문장전산고》에 "동경구는 꼬리가 짧아 장자구(獐子狗. 노루새끼 개) 또는 녹미구(鹿尾狗. 사슴꼬리 개)라 한다."는 기록이 있다.
동경개는 선천적으로 꼬리가 아주 짧거나 없는 것이 특징이다. 일제 강점기 시절에 꼬리가 없는 데다가 일본의 '코마이누'를 닮았다는 이유로 재수 없는 개라고 오명을 쓰면서 일본 순경에게는 물론 보신 문화의 희생양이 되어 멸종에 가까울 정도로 죽임을 당했다. 거의 50만 마리가 떼죽음을 당했다고 한다. 동경개가 일본 신사나 사찰을 지키는 개 '코마이누'를 닮았으며, 그것이 한국 전역에 분포

되어 있다는 것이 자존심이 상해 죽였다는 말도 있다. 코마이누는 일본에서는 '용맹한 개'로 신성시 여기는 존재이다.

코마이누(こまいぬ)를 일본 한자로는 박견(狛犬)이라고 쓰는데 박(狛)은 '조선 개'를 뜻하는 것으로 '코마이누' 역시 조선에서 건너간 개임을 알 수 있다. '코마이누'라는 일본어를 원래 한자로 쓰면 신견(神犬)이라고 적어야 한다. 일본에서 신을 '가미(곰)'라고 적는다. 일본의 자살특공대 가미가제 역시 한자로는 신풍(神風)이라고 적는다. '코마이누'의 '코마'는 우리말 '곰'이 변한 것이며, '이누'는 개를 뜻하는 일본어이기 때문이다.

일본에서 '코마이누'는 사자나 개를 닮은 일본의 짐승으로 상상의 생물로 여겨진다. 신사나 사찰 입구의 양 옆, 혹은 본전, 본당의 정면 좌우 등을 한 쌍으로 마주 보는 형태, 또는 지켜야 할 사사(寺社, 절과 신사)에 등을 돌리고 참배자와 정면으로 대하는 형태로 놓이는 경우가 많으며, 이때에는 무각(無角)의 사자와 유각(有角)의 '코마이누'가 한 쌍으로 배치되어 있다. 아스카(飛鳥) 시대 일본에 전해진 초기에는 사자이며, 좌우의 모습에 차이가 없었지만 헤이안(平安) 시대에 이르러 각각 다른 외모를 가진 사자와 코마이누상이 쌍으로 놓이게 된다. 좁은 의미에서는 후자만을 '코마이누'라고 칭하지만, 현재는 양자를 합쳐 코마이누라고 부르는 것이 일반화되어 있다.

일본의 코마이누(우측)   복원된 동경개(댕견이)

※ 개가 사람에 의해 길들여진 것은 학자들마다 다르지만 대략
2~3만 년 전쯤으로 추정한다. 이리에서 분리된 것이 10만 년 전
이므로 크게 무리가 없을 것이다. 그런데 개의 학명을 보면 우리말
에서 유래된 것 같다는 생각이 든다. 개의 학명은 Canis familiaris
이며, 속명인 'canis'는 '개'를 뜻하며, 종명인 familiaris는 '친숙한
(또는 가족)'을 뜻한다. 개를 'canis'라고 표현한 것은 우리말의 영향
인 것으로 추정된다. 유럽에서 개를 뜻하는 말 중에는 canis와 유
사한 것이 없기 때문이다. 동북아에서는 개를 캉(cang)이라고 불렀
으며, 동부 유럽에서는 키(ky)가 우세하고 남유럽과 중앙아시아서는
캉(cang), 수메르에서는 우르(ur, 워리)라고 불렀다. 우리와 똑같이 개
(kye)라고 부른 종족은 불가리아와 영국의 웰시, 코니시 등 아일랜
드 지역이다

앞서 '유물과 신화로 살펴보는 우리 문명의 이동'에서 우리 민족이
유럽으로 이동한 것을 밝혔다. 우리 민족이 이동할 때에는 우리의
개도 함께 이동했을 것이다. 개는 내 옆에 딱 붙어 있는 동물이기

때문이다. 이를 증명할 수 있는 것이 2002년 11월 호주 ABC 방송의 사이언스 쇼 프로그램 방송 내용이다.

출연자 Paul Tacon은 호주 박물관 연구원이며, Savolainen Peter는 스웨덴 왕립기술연구원의 유전자학 박사이다. 이들은 전 세계 650마리의 개 유전자 풀을 분석한 결과 개는 지금으로부터 10만 년 전 동아시아에 있는 두 종류의 늑대로부터 분리되어 진화되었으며, 전 세계 모든 개의 조상은 바로 동아시아의 개로부터 1만 5천 년 전에 유전 형질을 물려받았다는 사실을 발표했다. 동아시아의 두 종류 늑대 중에서 하나는 회색 늑대를 일컫는 이리가 틀림이 없는 것이다. 그리고 이러한 사실을 담은 논문이 사이언스지에 실리자 기존의 고고학자와 인류학자들은 엄청난 충격을 받는다. 인류의 기원을 아프리카로 두고 이들이 세계로 퍼져 나갔다는 기존의 학설과 배치되는 결과이기 때문이다. 그런데 보다 중요한 것은 그 이동 경로가 유럽뿐만 아니라 베링 해를 건너 아메리카에까지 전파되었다는 것이다.

다시 말해 지금으로부터 1만 5천 년 전에 동북아시아의 어떤 집단이 개를 이끌고 전 세계로 퍼져 나갔다는 것이며, 그 어떤 집단이 바로 우리 선조들이었다는 것이다.

전 세계에 분포하는 개의 종류는 약 450종에 이르지만 이는 인간이 인위적으로 만들어낸 것이며, 개의 외관적 특성에 따라 크게 나누면 약 20~30종으로 압축된다. 개인적인 의견으로 '진돗개형'이라고 이름을 짓고 분류해 보면 여기에는 우리나라의 진돗개, 풍산개가 포함되며, 일본의 아키타, 시바견, 카이 켄, 홋카이도 도그 등이 포함되며, 호주의 딩고, 러시아의 라이카 등 약 50여 종 이상이 '진돗개형'에 포함된다고 볼 수 있다. 일본의 아키다나 시바견은 그냥 진돗개와 동일하지만, 일본에서 오랜 기간이 지나는 동안 약간의 변화가 일어났을 뿐이다. 이런 식으로 분류해 보면 우리나라 토종개가 전 세계 개의 약 1/3을 차지한다. 전 세계의 개에 대해 일일이 설명하는 것은 내용이 너무 방대하므로 생략한다. 필자가 운영하는 다음 카페 '천부경 사랑 모임'이라는 카페에 들어가서 '애완동물 백과' 아래의 '애견(강아지)백과'를 참조하기 바란다.

삽살개와 유사한 외형의 개도 많으며, 지금은 없어졌지만 고려 개는 러시아의 라이카와 닮았으며, 오수개는 리트리버와 닮기도 했다. 발바리는 예전의 바둑이와 유사한 형태로 이와 닮은 개들도 많다. 고화에 나오는 댕견이는 닥스훈트(오리를 사냥하는 개)와 닮아 있기도 하다.

댕견의 모습과 얼굴 모습이 특히 유사한, 이암 선생의 '젖먹이는 개'

얼룩 삽살개

※ 우리 민족이 상고 시대에 개를 먹었다는 기록을 본 적은 없다. 중국에서는 토사구팽(兔死狗烹)이라 하여 '사냥이 끝나면 개를 삶아 먹는다'는 말을 봐서 일찍부터 그런 문화가 있었던 것은 확실하다. 그러나 한국(桓國)이 있던 지역에서 발생한 국가들은 개를 현재 우리들처럼 지극히 아끼고 사랑했으며, 장례까지 치른 것으로 나온다.

※ 개를 순장하는 풍습은 세계적으로 만주 지역이 최초인 것으로 보이며 고구려, 부여, 숙신, 오환 등 환국 영역의 국가에서 가장 흔하게 나타난다. 특히 고구려는 여러 기록으로 보아 개를 현재 우리와 같은 반려견으로 생각했음을 엿볼 수 있다. 이러한 풍습은 고구려의 벽화나 백제 무령왕릉의 석상에서도 나타난다. 삼천포 녹도 고분에서는 여섯 마리의 개 전신 유골이 발굴되었는데 순장한 것으로 보인다. 이는 북방 기마 민족의 전통적인 개 문화인 진묘수(鎭墓獸)에서 나온 것이라고도 한다. 진묘수란 묘에 악령을 쫓기 위해 넣어두는 짐승이나 그 형태를 말한다.
이스라엘의 남부 도시인 아쉬켈른(Ashkelon)에서는 기원전 500년으로 추정되는 개 무덤이 무수히 발견되었는데 정성스럽게 매장되어 있었다. 이스라엘 북부의 나티피안 유적지(BC 10000)에서도 개를 순장하고 조개 껍질로 두개골을 장식한 지도자의 무덤이 발견되었다. 이스라엘의 원형 집자리(Ain Mallaha)에서 발견된 1만 2천 년 전의 화석은 개를 안은 자세로 사람이 묻혀 있는데 이는 개를 순장한 것으로 보인다. 고인돌의 분포를 보면 우리의 문화가 지나간 자리로 보이며, 우리 문화가 그대로 전해진 것이라고 여겨진다.

3) 아버지의 나라 한국(桓國) ●●○

중국은 역사적으로 한족(漢族, 지나족)이 중국을 다스렸던 시기는 그다지 길지 않다. 상고 시대에는 우리 민족이 다스리고 있었으며, 이후에도 한민족의 갈래인 원나라나 청나라가 중국을 지배했다. 지나족(한족)도 한국(桓國)의 한 갈래인 민족의 피가 섞여 있긴 하지만 다수의 민족이 엉키고 설켜서 형성된 잡종으로 정체성이 불명확하다.

역사를 보면 우리나라는 중국과는 달리 한민족이 국가를 이어온다. 중국을 원나라가 지배할 때에도 우리나라에는 고려가 존속했으며, 청나라가 중국을 지배할 때에도 우리나라에는 조선이 건재했다. 한반도에 비할 수도 없이 역사상 대제국을 이룩한 것이 원나라였고, 청나라였다. 그런데도 우리나라에는 고려 왕조가 유지되었고, 조선 왕조도 존속되었다. 원나라든 청나라든 당시의 군사적 역량으로 볼 때 마음만 먹으면 고려나 조선도 그들 국가에 편입될 수밖에 없었을 것이다. 그런데도 그들은 그렇게 하지 않았다. 이러한 이유는 두 가지 측면으로 요약할 수 있다. 우리의 군사력이 그들과 대등하거나 적어도 그들 국가의 흥망을 좌우할 수 있을 만큼 막강한 군사력을 가진 나라였거나, 아니면 그들이 군사력에 관계없이 우리나라를 우호적인 국가로 인정하고 우리의 문화를 존중하였기 때문인 것이다. 우리가 군사적으로 그들과 대등하다고는 볼 수 없으므로 그들이 우리나라를 정복하지 않은 것은 당연히 우리나라에 호의적이며, 우리의 문화를 존중하였다고 볼 수 있다.

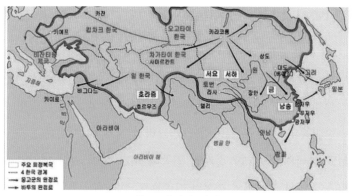

원(元)나라의 영역

청나라의 영역

《마지막 황제》라는 영화를 보면 중국 관리가 청나라의 마지막 황제인 부의(溥儀)의 성을 물어보는 장면이 나온다. 이때 부의가 자기의 성이 애신각라(愛新覺羅, 아이신가오료)라고 하자 관리가 별 희한한 성씨라며 고개를 갸웃거린다. 청나라 마지막 황제인 부의의 성씨를 풀어보면 '신라를 사랑하고 잊지 않는다.'라는 뜻이다. 여진족을 통합하여 후금(後金)을 세운 태조 누르하치는 신라와 매우 밀접한 관계가 있음을 알 수 있다. 나라 이름인 금(金)도 우리나라 성씨인 김(金)과 동일하다. 뒤에 국호를 청(淸)나라로 변경하지만 그들은 스스로를 '신라의 후예'로 자처하고 있었다.

※ 우리가 흔히 여진족이라고 부르는 주신(珠申 = 朝鮮, 쥬신)족은 우리의 형제들이다. 지나족들이 우리 주신족을 동이족(東夷族, 동쪽의 오랑캐)이라고 부르던 것처럼 조선도 스스로를 소중화(小中華)하여 만주의 주신인들을 여진족(女眞族, 아녀자와 같은 족속)이라고 무시한 것이다. 《만족대사전(滿族大辭典)》에 보면 그들은 스스로 자신들을 주신족(珠申族)이라고 칭하고 있으며, 주신(珠申)은 우리 민족을 뜻하는 말을 이두문으로 표기한 것이다. 우리가 이씨 조선을 조선(朝鮮)이라고 부르는 것도 같은 경우다.

신라가 고려(高麗)에 망하자 수많은 신라의 귀족들은 만주로 건너가 만주 땅의 주신인들을 통합하여 대김(大金, 대금)제국, 후김(後金, 후금, 大淸[대청])을 세웠다. 그러므로 애신각라(愛新覺羅)는 '신라를 사랑하고 잊지 않는다.'라는 뜻이 명확해진다. 신라 왕족은 김(金)씨였으므로 나라 이름을 김(金)이라 했는데 한자의 발음에 따라 '금나라'로 불리게 된 것이다.

※ 금나라에 관한 전설로 다음과 같은 것이 있다. 옛날 세 선녀가 하늘에서 내려와 연못에서 목욕을 하고 있었다. 그때 어디선가 까치 한 마리가 날아와 붉은 열매를 막내 선녀의 옷에다 놓고 갔다. 막내 선녀는 이 열매를 먹고 임신을 하여 사내아이를 낳았는데, 그 사내아이가 금의 시조로 성을 '애신각라(愛新覺羅)'라 하였다. 애신각라(愛新覺羅)는 '신라를 사랑하고 생각한다'는 뜻으로, 금을 세운 누르하치는 신라 경주 김씨의 후손이다. 고려 사람 경주 김씨 김함보가 말갈 지역에 자리를 잡고, 그의 9대손인 누르하치가 금(金)을

세운다. 백두산 지역은 금의 건국 시조의 설화가 서려 있는 곳이어서 청나라 시대에는 이곳에 사람의 출입을 금하기도 하는 신성한 지역으로 받들던 곳이다. 후금(後金)을 세운 누르하치는 금(金)나라의 후손이라 칭하고, 금을 계승한다고 하여 나라 이름도 '후금'이라 하였다. 나중에는 나라 이름을 '청(淸)'이라 바꾸었다. 그렇다면 중국을 점령하여 300여 년간 지배를 했던 청나라 황실은 경주 김씨의 후손들인 것이다.

원나라를 세운 칭기즈칸(成吉思汗)의 출생 연도나 출생지에 대해 알려진 바는 없지만 출생 연도는 1155년 또는 1162년, 1167년으로 추정되며, 몽골 바이칼호 근처에서 탄생한 것으로 알려져 있다. 몽골이나 바이칼호 주변 역시 한국(桓國)의 영향권에 속하므로 우리 민족의 한 갈래로 볼 수 있다.

원(元)나라는 대원대몽골국(大元大蒙古國)이라 부르며, 13세기에 몽골이 세운 국가이다. 칭기즈칸의 손자이자 보르지긴 가문의 수장이었던 쿠빌라이 칸은 고비 사막 남쪽, 한족 지역에서 세력권을 형성하기 시작하여 대몽골국의 수도를 카라코룸에서 남쪽으로 이전했다. 먼저 개평(開平)으로 옮겼다가 훗날 대도(大都, 현재의 베이징)를 세우고 다시 그곳으로 이전했다. 아울러 이때부터 중국식 국호를 사용해 '대원(大元)'이라고 부르기 시작했는데, 이것이 원나라의 시작이다.

원나라의 통치는 영주분봉제로 기본적으로 봉건적 신분제 사회였다. 원나라는 몽골인 → 색목인 → 한인 → 남인 이렇게 계급순으로 구성된 신분 제도를 실시했는데, 이때 한족(지나족)들은 3~4 등급의 피지배층으로 분류되어 생활하였다. 고려를 형제의 나라로 부르며 우리 민족을 대하는 것과는 달리 지나족(漢族)에 대해서는 큰 차별을 두고 있었음을 알 수 있다. 원나라에서는 호적상 이들의 신분층을 계관호와 투하호로 나누었는데, 투하호는 귀족에 사적으로 배속된 백성들이었다. 이들은 모두 양민층이었으며, 노예층은 '구구'라고 따로 불리었다.

원나라도 우리를 형제지국(형제의 나라)이라고 불렀으며, 청나라도 조선을 형제의 나라로 인식하고 있었다. 말로는 형제지국이지만 그 이면에는 원나라와 청나라를 세운 민족이 한국(桓國)의 한 갈래이며, 한국(桓國)은 원나라와 청나라에 있어서 아버지의 나라인 것이다. 한국(桓國)의 전통성을 잇고 있는 나라가 고려이고, 조선이기 때문에 자신들의 위신을 고려하여 '아버지의 나라'라 부르지는 못하고 형제지국(兄弟之國, 형제의 나라)이라 한 것이다.

한국 전쟁 당시에 유엔군을 파견한 터키도 우리의 형제 국가이다. 터키는 6.25 전쟁 당시에도 미국이나 서방의 열국처럼 부유하지도, 군사 대국도 아니었지만 군대를 파견하였다. 이것이 우연이라고 생각하는 사람은 아무도 없을 것이다.

터키는 11세기에 투르크족이 침입하여 형성된 나라이며, 투르크는 돌궐(突厥)의 음가(발음)이다. 투르크는 6~8세기 사이에 중앙아시아와 동북아시아 북부 스텝 지대(지금의 몽골, 카자흐스탄 초원)에 활동한 튀르크계 민족과 그들이 세운 유목 제국이다. 이 지역 역시 한국(桓國)의 영향 아래에 있던 지역이다. 몽골 제국 이전 최대의 유목 제국으로 과거의 흉노와 유연 이후로 강력한 통합 유목 국가를 세워 중국과 한국 역사에도 많은 영향을 끼쳤다. 터키의 원어민 발음으로는 '튀르크'에 가까우며, 여기에서 '터키'라는 국명이 생긴다.

　돌궐에서는 독자적인 돌궐문자(突厥文字)를 사용하였는데 이는 표음문자이다. 이를 꼭 튀르크 문자, 고대 튀르크 문자, 오르콘 문자라고도 한다. 오르콘 문자라는 표현은 이 문자가 쓰인 대표적인 비문이 오르콘 계곡에서 탐험가 니콜라이 야드린체프에 의해 발견되었기 때문에 붙은 명칭이다. 대략 8세기 무렵에 등장하여, 고대 투르크어(돌궐어)를 적는데 쓰였다. 알타이어족에 속하는 언어 가운데는 일찍부터 표음문자로 적힌 기록이라는 점이 특기할 만하다. 글자꼴이 유럽의 룬 문자와 유사해서 유럽에서는 터키 룬 문자라고 부르기도 하지만, 순전히 겉모습만 닮았을 뿐이고, 음가(音價, 소리 값)는 전혀 일치하지 않는다(헝가리의 로바쉬 문자도 이와 유사하다). 그런데 돌궐 문자의 형태를 보면 꼭 녹도문(鹿圖文)과 가림다(加臨多) 문자가 섞여 있는 듯한 모습이다. 가림다 문자의 기본인 원방각(ㅇㅁ△)도 그대로 있다.

돌궐어															
Official Unicode Consortium code chart (PDF)															
	0	1	2	3	4	5	6	7	8	9	A	B	C	D	E	F
U+10C0x	↑	⥿	Ж	⥼	↳	⥉	⤸	⋈	⥆	δ	⤳	Ʀ	Ꙕ	Ⴀ	ꞁ	Ꞁ
U+10C1x	ꞇ	㴾	仈	X	ꞃ	屮	Ɗ	Ꝋ	ꞓ	Ᵽ	Ꙗ	ꞟ	ꞕ	Ᏼ	Ɩ	V
U+10C2x	Υ	ᛘ	屮	)	ꞇ	ꞓ	ꝋ	Ꝋ	ⴝ	ⴞ	ⴟ	ϵ	◇	ꞧ	ꞩ	1
U+10C3x	ꞗ	Υ	人	ꞧ	ꞃ	Ⲉ	◁	▷	↓	↑	ꞁ	屮	丫	ꞧ	Ⅰ	▢
U+10C4x	^	¥	Υ	⸸	⌂	ꞃ	ꞁ	ꞟ	Ѭ							

돌궐 문자

헝가리의 로바쉬 문자

※ 돌궐의 기원에 대해서 돌궐인이 지은 오르혼 비석에서는 나타
나지 않는다. 하지만 중국 사서에서 엿볼 수 있는데, 《주서》에서는
과거에 존재하였지만 사라진 흉노의 별종(別種)으로 나와 있으며,
《수서》에서는 돌궐의 선조가 아사나씨(阿史那氏)로 원래 평량(平凉)
의 잡호(雜胡. 구성이 다양한 북방 유목민족)였는데 아사나씨의 500호
가 유연으로 도망하여 야금업(冶金業. 제철)에 종사하였다고 한다.
또한 색국(塞國. saka로 추정된다. 스키타이라 보는 사람이 있는가 하면 월
지라고도 한다)에서 나왔다고도 한다. 한문 사료에 기록된 돌궐의 신
화를 보면 대개 이리(회색 늑대. 개의 조상)를 돌궐의 시조로 삼고 있
다. 몽고는 늑대를 신성시하는 것과도 유사한다. 돌궐의 선조인 아
사나씨(阿史那氏)는 우리 신화에 나오는 아이사타(阿耳斯它)와 유사

한 것도 특이하다. 아이사타(阿耳斯它)는 세계 최초의 인류인 나반(那般)과 아만(阿曼)이 만난 장소이다. 발음상으로는 단군왕검이 도읍으로 정한 아사달(阿斯達)의 변음인 것으로 여겨진다. 아사나(阿史那) 역시 아사달에서 난 사람이라는 의미일 수도 있다.

▶ 피라미드의 기원

중국의 서안(西安)과 길림성에는 수많은 피라미드가 존재한다. 고구려의 장군총과 유사하게 들여쌓기 공법으로 건축된 것이다. 중국 서안의 피라미드는 지금으로부터 5~6천 년 전에 건설된 것이며, 지금으로부터 4~5천 년 전에 건설된 이집트의 피라미드보다 약 천 년 이상 앞서 건설된 것이다. 이들 모습은 현재도 구글 사진으로 확인할 수 있다. 배달국(倍達國)은 중국 태백산(太白山) 아래에 신시(神市)를 열어 개국하며, 이후 단군 조선이 이를 계승한다. 서안은 태백산과 멀지 않은 곳에 위치하며, 그 위쪽에는 산라의 왕릉 지역이 있다. 따라서 서안의 피라미드는 배달국(倍達國) 시대에 건설된 것이다. 그런데 서산에 있는 피라미드의 배치도가 이집트에 있는 피라미드의 배치 형태와 매우 유사한 것이다. 이러한 피라미드의 배치 형식은 멕시코에 있는 테오티우아칸의 피라미드(지구라트, 계단식 피라미드)에서도 나타난다.

중국 서안(西安)의 피라미드

이집트의 피라미드

중국에서는 1960년대와 1970년대에 피라미드 발굴 작업을 진행하다가 동이족의 유물들이 출토되면서 발굴이 중단되었다고 한다. 지금으로부터 6천 년 전이라면 한국(桓國) 말기에서 배달국(倍達國)의 초기 시대에 해당한다. 서안(西安) 지역의 피라미드가 그곳이 고대 한국(桓國)의 위치라고 증거하고 있는 것이다.

진실 논쟁을 떠나서 중국 서안 피라미드 발굴 학자 '故 장문구(張

汶邱) 씨'의 임종 전 마지막 증언을 아래에 싣는다.

1963년 4월에 우리 고적 발굴팀 36명은 당국으로부터, 진시황의 다른 무덤으로 추정되는 유적을 조사해야 하니 대기하라는 명령을 받았습니다.

출발 전, 조사 단장은 우리 발굴 단원들에게 이번 유적은 매우 중요하여 조사, 발굴 내용을 외부에 일체 누설하면 안 되니 이 점을 각별히 유념하기 바란다고 말하였고, 우리 일행은 기차와 버스, 트럭을 나누어 타고 이틀 만에 목적지인 넓은 평원 지대에 도착하였는데 창밖으로 이집트의 피라미드처럼 거대한 피라미드들이 많이 있었고, 도착한 우리 발굴 단원들은 하나같이 모두 탄성을 질렀어요. 우리 중국에도 이런 피라미드가 있었구나 하는 기쁨과 경이로움이 뒤섞여서 말이죠.

우리는 중국을 최초로 통일한 진시황의 또 다른 이 엄청난 유적을 발굴하기 시작했습니다. 우리 조사단은 네 팀으로 나뉘어져 이후 3일 동안 피라미드의 가장 큰 순서대로 먼저 가운데 세 개 피라미드를 지정하여 발굴하기 시작했습니다. 세 곳 모두 거의 한 형태의 것이었는데 이 중 양 옆의 두 곳보다는 가운데 것이 대단했어요. 거대한 벽돌 피라미드 지하 입구로 들어가자 약 3~5층으로 석실이 나뉘어져 있었고, 상층부 공간으로 들어갈수록 말과 마차를 그림으로 화려하게 조성한 벽화, 그림, 여러 문자(중국 글 한국 글 등)들, 조각류 약 6,200여 점, 맷돌, 절구, 솥, 그릇 등 생활 도구 1,500여 점, 배추김치(원래 김치인 백김치) 동물의 뼈 등 음식물 400여 점, 청동검, 활, 금관(신라형), 칼, 창 등 장신구류 등 부장품 7,800여 점, 상투머리를 한 정중앙 시신(진시황의 모습과 흡사함) 등 14구과 호위상 3,000여 점 등이 대량 발견 되었습니다.(여기에서 중국 글은 녹도문, 한국 글은 가림다 문자로 추정됨) 우리는 난생 처음 보는 이러한 너무나도 엄청난 유물, 유적에 대해 모두 하나같이 무엇에 홀린 듯하였으며, 마치 외계인의 세계, 외계인의 무덤을 발굴하고 있는 듯한 느낌들이었습니다.

저는 그 유물들을 확인하면서 목록을 작성하는 일을 했는데, 작업 3일째 되던 날 대충 7할 정도 파악, 작성된 상황이었고, 이날 오후쯤에 이를 당시 발굴 단장이던 모 교수에게 중간 보고하자 그분은 큰 한숨을 내쉬면서 이런 말을 했어요.

"이 유적은 우리 화하족(漢族) 유물이 아니라 조선인들의 유적이다... 중화 역사 이전의 조선 문명이야!"라고 말하면서 "큰일이다! 일단 당국에 보고한 후에 다시 지시를 받아야 하니 지금까지 발굴을 모두 중단하고 유물들은 모두 그 자리에 두고 일단, 오늘은 그만 나가세!"라고 말하여 모두 발굴을 중단한 채 나와 숙소에 있게 되었는데, 그날 밤 발굴 중단과 동시에 철수 명령이 내려졌습니다.

우리 발굴 단원들은 모두 의아하게 생각했으나 곧 그 유적이 우리의 유적이 아니기 때문이라고 이해하였고 일행은 그곳에서 떠나기에 앞서 숙소에서 현지 공안에게 이곳에서의 비밀을 지키겠다는 서약서를 작성 제출하였고, 그렇게 돌아온 이후는 그 피라미드들에 관해 더 이상 들은 적은 없습니다.

그게 그 피라미드에 대한 저로써의 마지막이었고 제가 아는 다입니다.

배달국(倍達國)은 BC 3898년에 건국되며, 이후의 단군 조선은 BC 2333년에 개국한다. 단군 조선은 국가의 이동이 없이 나라를 계승한다. 단군 조선 시대에는 국가를 진한, 마한, 변한으로 나누어 통치하였으며, 진한은 단군 임금의 직속 국가이며, 이 진한이 이후 신라로 된다. 박창범 교수가 이야기하는 삼국의 위치를 아래에 나타내었다. 신라는 분명히 서안 가까이에 위치해 있다. 또한, 우리나라 망부석 전설의 소재가 되는 신라 시대 박제상이 "내 비록 계림의 개, 돼지가 될지언정 왜의 신하는 될 수 없다."고 하는데 신라의 상징이 계림이며, 이는 지도에 나타낸 신라의 남서쪽에 위치하는 세계적인 관광 명소이다.

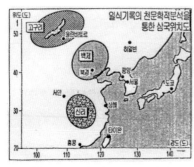

박창범 교수의 삼국(三國) 위치도

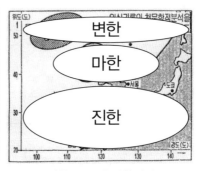

삼한(三韓)의 영향력이
미치는 예상 영역

제 11 장

세계 속의 우리말 지명과 문명

11. 세계 속의 우리말 지명과 문명

　전 세계의 지명에는 우리말과 유사한 것이 많으며, 세계의 신화나 문화도 우리의 신화나 풍습과 흡사한 것이 많다. 이것이 시사하는 바는 매우 크고 중요한 것이다. 앞서 설명한 고인돌 문화, 빗살무늬 토기, 천손 신화, 난생 신화 등이 대표적인 것이지만 이것도 빙산의 일각에 불과하다. 우리 민족은 서쪽으로는 중동과 지중해를 거쳐 프랑스에 도착하였으며, 이어 바다를 건너 영국과 아일랜드까지 이동한다. 또한, 러시아를 경유해서 터키, 헝가리, 핀란드를 거쳐서 유럽의 북쪽인 노르웨이에 이른다. 동쪽으로는 러시아를 거쳐 당시에는 빙하로 연결되어 있던 베링 해협을 건너 알래스카에 도착하며, 여기에서 멈추지 않고 미국과 중미 대륙을 경유해서 남미에까지 이른다. 이렇게 전 세계로 퍼져 나간 우리 민족은 세계 곳곳에 발자취를 남겼다. 지나간 자리에는 우리말로 된 지명과 고인돌과 같은 유적을 남겼고, 우리말, 우리의 풍습과 문화, 우리의 신화와 역사, 천부경(天符經) 사상을 전파하였다. 우리 선조들이 이동할 때 동행한 것은 바로 옆에 붙어있던 개였으며, 전 세계의 개는 모두 동북아시아 개의 혈통을 이어받은 것으로 드러난다. 여기서는 우리말의 흔적을 좇아서 우리 민족과 문명의 이동 경로를 살펴보고자 한다.

1) 한민족의 동쪽 이동 경로 ●●○

우선 우리말과 관련된 지명과 문명을 살펴본다. 현재의 중국은 우리 한국(桓國)과 고구려, 백제, 신라 3국이 위치했던 곳으로 우리말과 관련된 지명이 너무 많아서 일일이 열거할 수도 없거니와 열거할 필요도 없다. 현재 중국 지명의 옛 이름은 모두 우리가 지은 것이며, 우리말이라고 보면 된다. 우리 민족의 역사와 관련이 있는 중요한 지명만 들어보면 천산(天山), 태백산(太白山), 적성산(赤城山), 오대산(五臺山), 태산(泰山), 환인(桓因), 환대(桓臺), 계림, 광주, 황산, 낙양, 장사, 정주, 집안 등등이며, 이도 너무 많아서 모두 언급할 수 없다.

러시아에도 우리말 지명이 많지만 우리 민족의 이동과 관련된 큰 것만 살펴본다. 아무르강은 흑룡강(黑龍江)이라도 부르며, 독립군의 항일 투쟁 장소로도 유명한 곳이다. '아무르'는 우리말 '아물'에서 유래한 것으로 '해 뜨는 곳에 있는 물'이라는 뜻이다. 캄차카반도는 우리말 '감자' 모양에서 유래한다. 예전에는 고구마를 '감자'라고 불렀으며, 현재 제주도에서도 고구마를 '감저'라고 부르고 있다. 캄차카는 누가 보아도 고구마 모양을 하고 있다. 캄차카반도로 가는 길에 '벤지니'라는 해안 도시가 있는데 이도 역시 우리말 '변진(邊津, 변방에 있는 나루터[항구])'에서 나온 것이다. 이들은 우리 민족이 해안가를 따라 알래스카로 가는 길목에 있는 지명이다.

아무르강의 서쪽에는 바이칼호가 있는데 이는 세계에서 가장 깊은 내륙호로 최고 수심이 1,620m에 달하며, 길이 636㎞, 평균 너비

48㎞, 면적 3만 1,500㎢이다. 지표상에 있는 담수의 약 1/5을 수용하고 있다. 그 주변에서는 우리 민족과 관련된 유물이 많이 출토되는 곳으로도 유명하다. '바이칼'이라는 이름도 우리말 '밝할'에서 유래한 것이며, '밝할'이란 우리말로 '밝은 물, 맑은 물'을 의미한다. 실제로도 물이 너무 맑아서 수심 40m까지도 투명하게 보인다. 재야 사학가들은 바이칼 호수 주변에서 우리 민족이 태동했다고 주장하기도 한다.

바이칼호는 러시아의 시베리아 지역에 위치한다. 러시아의 '시베리아'라는 말도 《한단고기》에 나오는 사백력(斯白力)에서 유래한다고 하며, 러시아어로는 '시비리'이고 영어식으로 읽으면 '사이베리어'가 된다. 어떤 이는 '시베리아'가 그곳에 존재했던 시비르(Sibir) 칸국('칸'은 우리말 '한'의 변음이다)에서 유래하며, 타타르어로는 '잠자는 땅'을 의미한다고 한다.

시베리아에는 여러 아시아 소수 민족이 있으며, 이 중에서 부리야트족은 인구 40만으로 인구가 가장 적은 소수 민족이다. 이들은 바이칼호 주변에서 자치 공화국을 이루어 살고 있다. 그런데 부리야트족이 간직한 샤머니즘의 원형은 우리 민속과 비슷한 점이 많아 관심거리이다. 원래 바이칼의 주인인 이들은 17세기에 시베리아를 정복한 러시아에 동화돼 부리야트족이란 이름을 갖게 됐다. 하지만 남쪽 국경 너머 몽골과 중국 북부의 몽골인과 뿌리가 같고 언어도 비슷하다. 유목민인 이들은 모두 자신들을 징기스칸의 후예로 믿고 있다.

부리야트족은 우리 민족의 설화인 '선녀와 나무꾼'과 똑같은 민족 설화를 갖고 있다. 한 노총각이 바이칼호에 내려온 선녀에 반해서 옷을 숨겼다. 어쩔 줄 모르고 당황해하는 선녀를 집으로 데려와 아들 열하나를 낳았다. 하지만 방심하는 틈에 선녀는 숨겨 놓은 옷을 입고 하늘로 올라간다는 얘기이다.

길가에는 오색 천조각을 두른 나무 말뚝이 수없이 많다. 이 말뚝은 오리를 조각해 나무 꼭대기에 꽂아 놓은 우리의 솟대나 서낭당과 상징적 의미와 형상이 거의 똑같다.

바이칼의 신 불한(칸)도 바이칼의 우리말 '밝할'과 비슷한 의미이며, 이들의 애잔한 노래도 우리 정서를 닮았고, 함께 추는 춤은 강강술래와 유사하다.

미국의 원주민은 '인디안'이라고 부르는데 이는 콜럼버스가 1492년에 처음 아메리카 대륙에 도착했을 때 그곳이 인도인 줄 착각하여 붙여진 이름이다. 아메리카 원주민은 다수의 인종이 있고, 언어도 다수가 있다. 그중에서도 영토를 침범한 백인에 맞서 가장 맹렬하게 싸운 부족이 '아파치'이다. '아파치'란 우리말 '아바지'에서 유래한다.(우리말의 모음조화에 따르면 '아버지'는 '아바지'가 맞는 말이다) 아파치족의 생김새도 우리와 많이 닮았다.

이들이 사용하는 말 중에는 우리말과 유사한 것이 많으며, 풍습도 닮은 것이 무척 많다.

'아파치' 하면 가장 먼저 떠오르는 모습이 머리에 화려한 깃털을 꽂은 것이 연상되는데, 이는 우리나라 고구려, 가락국, 신라의 화랑들이 머리에 천지화(天指花)를 꽂은 것과 동일한 것이다. 화랑도 뒤에는 꽃이 아닌 긴 새털이나 이와 유사한 장식품을 꽂았다. 아이를 업고 키우며, 머리에 물건을 이고 다닌다. 이들의 말 중에 '가시나', '딸'은 여자를 가리킨다. 이 외에도 덮이(지붕), 막히신(나막신), 나(나),

보시오(여보시오), 이쁘나(이쁘다), 리(마을), 토막(도끼) 등의 말은 우리 말과 유사성이 짙다.

멕시코(Mexico)는 북아메리카 남서부에 위치한 나라이다. 그런데 'Mexico'의 발음은 멕시코가 아니라 '멕히코'이며, 우리말로는 '맥이 땅(맥족의 땅)'이라는 뜻이다.

멕시코의 중부와 남부에 걸쳐 13~16세기에 존재했던 제국의 문명 이 '아스텍'('아즈텍'이라고 부름) 문명이다. '아스텍'이란 우리말로 '앗터', 즉 '처음으로 세운 터'라는 뜻으로 단군 조선의 수도인 '아사달 (앗터)' 과 같은 의미이다. 그래서 원주민을 '아스텍족'이라고 부른다. 이들 부족은 멕시코의 북쪽에서 왔으며, 그 발상지인 '아스틀란(흰 땅)'의 이름을 따서 '아스텍인'이라고 불렀다고 한다. 그런데 '아스틀란'이란 말도 '앗터난'으로 '앗터에서 난', '아스텍에서 태어난'이라는 의미다. 우리말 '앗'은 '처음으로 세운'이라는 뜻과 해가 뜨는 곳을 의미하는 '밝은', '광명'의 뜻도 갖는다. '아스텍'을 '흰 땅'이라고 부르니 이도 우 리말이 갖는 의미와 동일하다. 이들이 사용한 언어는 '나와들어(語)' 라고 한다. '나와들'을 풀어보면 '나와 우리들'이란 뜻으로 '나와들어' 는 '우리말'이라는 뜻이다.

비슷한 시기인 13세기 초에 남아메리카의 서해안을 따라 발달한 문명이 잉카 문명이다. 잉카 문명도 15세기에는 문화를 꽃피워 대제 국으로 성장한다. '잉카'라는 말도 우리말로 보면 '밝고 큰', '처음으 로 큰'이라는 의미가 있다. 원래 잉카라는 이름은 지금의 페루 쿠스 코 부근에 있던 종족의 이름으로, 이 종족을 지배하던 왕족의 호칭인 잉카에서 유래하는데 우리말 임금의 어원인 '잇금', '잇큼'과 발음도 유사하다. 안데스 지방에는 기원전 1000년경부터 수준 높은 농경문화가 발달하였다. 13세기 초에 쿠스코 계곡에 터를 잡고 살기 시작한 잉카족이 그 전통을 이어받아 독자적인 문명을 이룩하였다. 단군 조선 시대와 마찬가지로 대규모 관개 시설을 바탕으로 하여 농사를 지었다. 감자, 호박, 땅콩, 옥수수, 목화 등 여러 가지 작물을 재배했다. 또, 정치 조직과 사회 제도가 매우 발달되어 있었으며, 건축 토목 기술이 아주 우수하였다. 이들도 높은 산악 지대에서는 계단식 논과 밭을 개간하여 농사를 지었으며, 지금의 페루 쿠스코 지방에 남아 있는 거대한 성채에서 볼 수 있듯이 도시 계획에 바탕을 둔 대규모의 석조 건물과 도로망을 가지고 있었다. 또한 에스파냐인의 무자비한 약탈로 많이 남아 있지 않지만, 금은 세공품, 토기, 직물 등의 독특한 공예품이 뛰어난 공예 기술을 보여준다. 페루의 쿠스코 지역에 남아있는 마추픽추 유적은 이들의 발달된 농경 문화를 보여준다.

마야 문명은 아스텍 문명이나 잉카 문명보다 훨씬 앞서 있는 문명이다. 정확한 기원은 모호하지만 BC 3000~2000년경에 시작된 것으로 추정되고 있으며, 기원 전후에서 9세기까지 멕시코 일부 지역과 과테말라 지역에 걸쳐 황금기를 맞은 문명으로 많은 미스터리를 남긴 문명이다.

마야인들은 천문학에 관해서는 타의 추종을 불허하는 능력을 보였으며, 이에 따른 역법(달력)과 수학도 매우 발달하였다. 일식과 월식이 어느 장소에서 언제 일어날지를 예측했으며, 금성에도 관심을 가져 금성과 지구의 회합 주기를 단 두 시간의 오차 범위 내인 584일로 정확히 계산해냈다. 마야인들이 계산한 지구의 1년은 365.2420일이며, 이는 현대 과학으로 계산한 365.2422일과는 불과 17.28초의 차이에 불과하다.

마야인들은 자신들이 만든 문자를 사용하였으며, 한국(桓國)과 마찬가지로 계단식 피라미드를 건설하였다. 티칼 유적의 피라미드는 높이가 68m에 달한다. 이들 역시 관개수로를 만들고 계단식 밭을 개간하기도 하였다. 농작물은 옥수수, 콩, 호박, 고추 외에 뿌리 채소도 재배하였다. 또한, 고도로 발달된 예술 체계를 갖추고 있었으며 옥, 흑요석, 도자기, 돌 등을 사용하여 아름다운 작품들을 끊임없이 만들어냈다.

그런데 이들도 자치기나 윷놀이처럼 우리와 유사한 놀이 문화를 가지고 있다. 윷은 우리 민족이 이동하면서 경유한 알래스카, 캐나다, 미국, 중남미 등에서도 심심찮게 발견된다. 두레박을 사용하여 물을 퍼서 머리에 이고 다니며, 막걸리를 빚어 먹었다. 마야인들도 도자기, 맷돌, 팽이, 물레, 두레박 등을 사용하였다. 우리말과 같은 것으로는 그네(그네), 코신(꽃신), 낫(낫), 다발(나무를 묶은 것) 등이 있다.

또한 이들의 추장도 아파치처럼 머리에 깃털을 꽂고 있다. 이는 우리나라의 화랑(花郞)에서 유래한 것이다.

가장 중요한 것은 이들의 왕 이름에도 '칸'이 붙어 있다는 것이다. '칸'은 '임금'을 뜻하는 우리말로 우연히 붙여진 이름은 아니다.

2) 한민족의 서쪽 이동 경로 ●●○

　현재의 몽고, 티베트, 인도의 북부 지역은 한국(桓國)의 직접적인 영향권에 속하는 지역으로 사람들의 생김새도 우리와 흡사하다. 뿐만 아니라 풍습도 유사한 것이 많으며, 언어도 유사성이 매우 많다. 이들의 씨름은 우리가 샅바를 잡고 하는 씨름과 동일하다. 마을이나 길가에 솟대를 세우며, 서낭당처럼 나무에 오색 천을 걸어두기도 한다.

　몽고는 칭기스칸 시절에 중앙아시아를 넘어 유라시아까지 점령하여 대제국을 세운다. 이들이 세운 나라는 차카타이 칸국, 킵차크 칸국, 일 칸국 등 '칸국'이라는 이름이 붙는데, 이는 '한(汗)국'의 변음이다. '한(汗)'과 '한(桓, 韓)'은 같은 의미로 사용되었으며, 그 뜻은 '크다'이므로 '큰 나라'라는 뜻이다. 신라 시대 임금의 이름 중에는 '거서간', '마립간' 등도 있는데, '간(干)' 역시 '한'이나 '칸'과 같은 말이다. '오고타이 한국', '일 한국'처럼 아예 '한국'이라 불리는 이름도 사용하였다.

　티베트와 인도 북부 지역의 언어는 유독 우리말과 유사한 것이 많다. 티베트인은 외모가 우리와 매우 닮았고 풍습도 같은 것이 많다. 고대 인도어도 우리말과 유사한 것이 매우 많다. 산스크리스트어는 거의 대부분의 말이 우리말 고어와 유사하며, 구자라트 지방의 글은 한글과 닮은 것이 많다. 인도 남부의 드라비다어는 우리말과 같은 것이 수백 개에 이른다. 드라비다어 몇 가지를 예로 들어보면, 암마(엄마), 아바지(아버지), 강날(강냉이), 거리(거리), 고추(고추, 남자 성기), 골리(골짜기), 꼴라(고리), 꼰티(꽁지), 나(나), 남(남, 타인), 날(나라), 눈이(눈), 다두(닫다), 도렌(도령), 두라이(도랑), 막(목), 마람(말[語]), 발리(바람), 바팔람(밥풀), 불라(불알), 보자(보자기), 비(비[雨]), 비두(비듬), 비야(벼), 살(쌀), 아리(알), 얼(정신), 터루(털), 토루바르(돌팔이), 풀(풀) 등이 있다.

혹자는 드라비다어가 우리말과 닮은 것은 가락국의 시조인 김수로왕에게 시집을 온 허황후 때문이라고 한다. 허황후는 드라비다족이 세운 아유타국의 공주였으며, 김수로왕과 함께 가야의 지배층이 되었고, 그 후손인 김유신의 동생 김문희가 신라의 문무왕을 낳아 그 혈족이 신라의 왕족이 되었고, 그들이 삼국을 통일하여 공용어로 사용한 언어가 드라비다어라는 것이다. 이는 말도 안 되는 헛소리에 불과하다. 이 이론대로라면 허황후가 김수로왕에게 시집오기 전까지 우리나라에는 우리말이 없었든가, 제1외국어로 드라비다어를 사용하다가 그것이 우리말로 정착했다는 말이 된다. 앞서 한글의 창조 원리에서 한글은 우리말과 거의 동시에 만들어졌다는 것을 증명하였다. 현재 우리가 사용하는 말은 적어도 1만 년 전에 만들어진 것이다. 말이라는 것이 그렇게 쉽게 바뀌지 않는다는 것은 현재까지 남아있는 지방의 사투리를 보면 알 수 있다.

배달국과 단군 조선 시대 진한의 영역은 중국 남부 지방에서 한반도에 이르는 광대한 영역이었다. 우리 민족이 이동할 때 남쪽으로는 동남아시아의 남단과 인도의 남단까지 이동하였다. 인도 드라비다 지역은 인도의 최남단에 위치하며, 이곳에 보다 많은 인원이 정착한 것으로 생각된다. 허황후가 가락으로 온 것은 자신의 뿌리를 찾아서 구전으로 전해지는 한국(桓國)의 땅을 밟기 위한 것으로 추정된다.

　지금은 사라지고 없지만 BC 4500~4000년 사이에 수메르어를 쓰지 않는 비(非)셈계 종족이 처음으로 정착하여 이룬 문명이 수메르 문명이다. 이들이 남긴 유산이 메소포타미아 문명이며, 이집트를 비롯하여 유럽의 문화에 지대한 영향을 끼친다. 성경의 구약은 이들의 역사서를 그대로 베낀 것이라고 할 정도로 기독교에도 지대한 영향을 미쳤다. 이들의 영역은 티그리스강과 유프라테스강 사이에 놓인 메소포타미아의 가장 남쪽 부분, 후에 바빌로니아가 된 지역(바그다드 주변에서 페르시아 만에 이르는 지금의 이라크 남부 지역)이다.

　수메르라는 이름을 두고 이는 《한단고기》에 나오는 한국(桓國)을 구성하는 12개국의 하나인 수밀이 한국에서 유래한다고 한다. 이들은 현재 유프라테스의 선사 시대인 또는 이들의 유적이 처음으로 발견된 알우바이드 마을의 이름을 따서 우바이드인이라고도 불린다. 우바이드인들은 수메르에서 처음으로 문명화한 집단으로서 습지의 물을 빼내 농사를 짓고 상거래를 발전시키며 짜깁기, 가죽 공예, 금속 공예, 석공, 도기 제조 등을 포함하는 공업을 일으켰다. 우바이드인들이 메소포타미아로 이주해 들어온 뒤 셈계의 여러 종족이 침투해 들어와 우바이드 문화에 그들의 문화를 가미하여 높은 수준의 선수메르 문명을 만들어냈다고 한다.

　수메르를 한국(桓國)의 갈래로 보는 데는 나름의 이유가 있다. 이들은 머리털이 검고 곧으며, 뒤통수가 평평한 황인종이다. 언어도 우리말과 같은 교착어를 사용하였다. 게다가 상투를 틀고, 우리와 유사한 방법으로 씨름을 하며, 앉는 자세도 동일하다. 수메르에서 발굴된 구리 향로에 있는 씨름의 모습은 우리와 동일하다. 이들이 믿는 신이 '딩그르'인데 이는 몽고의 '텡그리' 신과 마찬가지로 단군을 지칭하는 것이다. 또한 한국 남방계와 동일한 난생 신화를 가지고 있다. 물론 언어도 우리말과 유사한 것이 상당수 있다. 이러한 여러 정황들을 볼 때 한국(桓國)의 갈래라고 할 수도 있다.

그런데 최근 지금으로부터 9~7천 년 전에 생겨난 것으로 여겨지는 카자흐스탄의 마한드자르 유적이 발견되면서 수메르 문명의 수수께끼가 풀리게 되었다. 앞에서 설명한 빗살무늬 토기의 전파 경로인 스텝 지역(초원길)을 따라 한국(桓國)의 갈래 민족이 카자흐스탄을 거쳐 수메르 지역으로 온 것으로 추정되기 때문이다. 황해가 육지였을 때 그 남쪽에 황해 문명이 있었으며, 북쪽은 마한, 남쪽은 진한의 영역이었다. 마한이라는 말도 '마'에서 유래한 것으로 추정되며, '마고' 신화의 출발점으로 생각된다. 그 마한이 이동하여 마한드자르 문화를 이룩한 것으로 여겨진다. 이들은 지상에 거대한 유적을 남겼는데 일부는 거대한 윷판과 같으며, 일부는 환상열석(環狀列石)과 매우 닮아있다. 또한, 이들도 BC 3000년경에 피라미드를 건설하였는데 그 건축 양식이 백제의 돌방 무덤과 유사한 것이다. 대표적인 환상열석(環狀列石)은 영국에 있는 스톤헨지(Stonehenge)를 들 수 있으며, 아일랜드에도 분포한다. 영국과 아일랜드에도 우리의 고인돌 문화가 전파된 지역이다. 마한드자르에는 이 외에도 다수의 거대 유적들이 산재해 있다.

사각형, 십자, 선, 원 등 총 다섯 개의 이들 거대한 지상화는 각각이 축구장 몇 개를 합쳐 놓은 크기로 공중에서만 확인할 수 있으며,

가장 오래된 것은 약 8천 년 전까지 거슬러 올라간다고 뉴욕타임스(NYT)가 보도하였다. 그러면서 카자흐스탄 북부 투르게이 대초원에 있는 고대의 거대한 지상화를 미국 항공우주국(NASA)이 690㎞ 상공에서 촬영한 위성 사진을 공개했다.

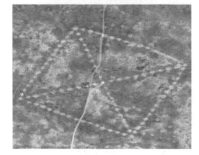

윷판처럼 생긴 마한드자르 유적

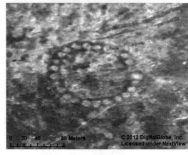

환상열석(環狀列石)과 유사한 유적

터키는 투르크에서 유래하며, 투르크는 돌궐에서 유래하는 것으로 앞에서 설명했으므로 생략한다. 수메르 문명 지역에 속하는 이라크의 수도 '바그다드'도 우리말 '밝달'의 변음이다. 이집트라는 이름도 우리말 '이 집 터'이다. 이집트의 여신 하토르는 아무르인과 닮았으며, 이집트의 무궁화 여신상 히비아쿠스의 얼굴 모양은 전형적인 동북 아시아인이다. 피라미드에 관한 것도 앞서 설명하였으므로 생략한다. 이집트에 무궁화 여신이 있다는 것도 특이하며, 이스라엘의 솔로몬왕은 무궁화를 '샤론의 장미'라고 불렀다.

이집트의 여신 하토르   만주 아무르인

이집트의 여신 하토르 조각상

이집트의 무궁화 여신상 히비아쿠스

영국에 있는 환상열석(環狀列石)인 스톤헨지를 건설한 사람들은 아시아인이라는 것이 밝혀져 있다. 스톤헨지는 대략 4천 년 전에 만들어진 것으로 보인다. 프랑스에서는 선돌이 발견되었는데 이는 한국에서는 매우 흔한 것이다. 장군총에도 선돌을 세워 놓았다. 우리가 무덤 앞에 세우는 비석도 선돌 문화에서 유래한 것이다. 우리의 고인돌은 네덜란드를 비롯하여 북유럽에도 광범위하게 분포한다.

영국의 스톤헨지(Stonehenge) 환상열석(環狀列石)

프랑스 카르나크 선돌(열주석)

우리 민족이 고대에 전 세계로 퍼져 나갔다는 것을 입증하는 논문이 있다.

인간의 위 점막에 기생하는 헬리코박터 파이로리(Helicobacter pylori)균의 유전자를 분석하여 과거에 있었던 인류의 이동 경로를 밝힌 것이다. 사이언스 2003년 3월 7일 자에 실린 논문의 제목은

〈헬리코박터 균의 분포로 본 과거의 인류 이동(Traces of Human Migrations in Helicobacter pylori Populations)〉이며, 논문 저자는 Daniel Falush, Thierry Wirth, Bodo Linz 등이다.

아래 그림에서 보듯이 한국은 동북아시아의 유전자(황색 부분)만이 나타난다. 그림에서 황색 부분의 면적이 넓을수록 우리 민족과의 상관관계가 높은 것이다. 녹색은 유럽인이며, 청색은 아프리카인이다. 우리 민족에게는 유럽이나 아프리카의 유전자는 보이지 않는다. 회색은 전 세계인이 공통적으로 갖는 유전자이며, 지역별로는 유럽인에게서 강하게 발현한다.

앞에서 설명한 대로 우리 민족이 동쪽으로는 알래스카, 미국, 남미에 이르기까지 이동하였으며, 서쪽으로는 동남아를 거쳐 이집트를 경유해 영국까지 이동했음을 알 수 있다. 다소 특이한 것은 호주보다는 뉴질랜드가 상관관계가 높다는 것이며, 약하지만 아프리카 전역에도 한국인이 갖는 헬리코박터균의 유전자가 발현된다는 점이다.

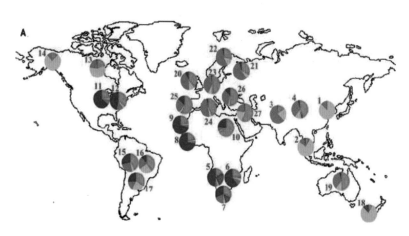

헬리코박터균의 유전적 분포 지도

1. 한국, 2. 싱가폴, 3. 인도(북부), 4. 인도(방글라데시), 5. 남아프리카(흑인종), 6. 남아프리카(백인종), 7. 남아프리카, 8. 아프리카(부르키나 파소), 9. 아프리카(세네갈), 10. 아프리카(수단), 11. 북미(아프리카 흑인종), 12. 북미(백인종), 13. 북미(캐나다, 이누트족), 14. 북미(캐나다, 아사바스칸[아파치족]), 15. 남미(콜롬비아, 메스티조[혼혈인]), 16. 남미(콜롬비아, 위토토족)

한국인의 유전자 분포도를 보면 북방계가 약 2/3, 남방계가 약 1/3을 차지하며, 기타 나머지는 동남아 등 남방계로 구성되어 있다. 즉 우리 민족은 앞서 얘기한 대로 단일 민족이 아니라 여러 민족이 모여서 이루어진 다문화 사회였다.

다만 여기서 짚고 가야 할 것이 있다. 전 세계 인류의 공통 조상이 아프리카이며, 여기에서 모든 현생 인류가 파생되었다고 하는 이야기다. 현생 인류의 시조를 어떻게 보느냐에 따라 다르겠지만 이는 과학자들의 비약이라고 생각한다. 현생 인류는 특정 지역에 국한되지 않고 전 세계에 동시다발적으로 생겨났다고 해야 맞는 말이다. 우리 한민족을 예로 들어보면 적어도 5만 년 동안 흑인이나 백인은 한 명도 태어나지 않았다. 이는 10만 년이 흘러도 마찬가지 결과가 나올 것이다. 흑인과 백인도 마찬가지로 이들끼리만 생활하면 황인종이 태어날 확률은 0%이다. 유인원에 가까운 인류의 시조를 찾는다면 몰라도(이것도 화석에 의거한 것으로 별로 신뢰성이 안 가지만) 적어도 현재 세상을 살아가는 각 인종의 역사는 다를 수 있다.

현재 인류의 조상이 아프리카라면 아프리카 민족이 현재 전 세계를 지배하고 있어야 한다. 인류 역사에 있어서 1만 년이면 장구한 세월이다. 산업 혁명 이후의 기술 발전 속도를 생각해보면 능히 짐작이 가는 일이다. 그 이전이라고 해서 다르지 않다. 구석기 시대에서 철기 시대로 발전하는 데 1만 년이 걸리지 않았다. 그런데 그 인류가 10만 년을 앞선다고 가정해 보면, 현재 아프리카가 처한 상황과 국제 정세로 볼 때 이는 앞뒤가 맞지 않는 것이다.

제 12 장

영어를 통해서 보는 문명 이동

12. 영어를 통해서 보는 문명 이동

중국어는 우리와 동일 문화권에 속해 있었으므로 언어(낱말)도 같은 말이 많아서 생략한다. 일본어는 고대 경상도 방언이 주를 이루고 있으므로 이도 생략한다. 중국과 일본은 문명의 이동이랄 수도 없이 우리가 일방적으로 우리의 문화를 전해주었거나 중국과 일본이 우리 문화를 모방한 것이다. 그러나 영어는 우리말과 전혀 유사성도 없고, 유럽도 우리 문화권과는 너무 동떨어진 곳이다. 아메리카 대륙 역시 우리와는 거리적으로 유럽만큼이나 먼 곳이다. 만일 영어에서 우리말의 흔적들이 발견된다면 이는 우리의 언어가 영어에 영향을 미쳤다는 것을 증명할 수 있을 것이다. 아울러 우리의 언어, 신화와 전설, 역사, 사상과 철학, 문화 등이 전 세계로 퍼져 나갔음을 간접적으로 시사하는 것이다. 이제 우리말과 전혀 상관없는 영어와 우리말과의 연관성을 살펴본다.

2009년에 개봉되어 폭발적인 인기를 모은 SF(공상과학) 영화 《아바타》에서 가장 유명한 대사는 "I see you.(나는 당신을 봅니다.)"이다. 이 문장을 우리말이라고 하면 모두가 의심할 것이다. 그러나 이를 한자로 표현하면 "아(我, 나) 시(視, 보다) 여(汝, 너)"로 "나는 본다 너를"로 영어 "I see you."와 동일한 내용이다. 왠지 발음이 비슷해 보인다.

오늘 무슨 국을 먹었지? - 국은 영어로 쿡(cook, 요리하다)이다.

시래깃국을 끓인다 - 시래기는 영어로 시라지(silage, 마른 목초)이다.

국을 그릇에 담는다 - 그릇은 영어로 그랏(glass, 컵)이다.

숯으로 요리를 한다 - 숯은 영어로 숱(soot, 그을음, 검댕)이다.

우리말과 전혀 상관이 없어야 할 영어 중에 우리말과 발음이 비슷하면서 뜻도 같은 말이 있는 것이다. 그것도 몇 개뿐이라면 우연의 일치라고 볼 수 있겠지만 수십 개 이상이라면 이건 상관관계가 성립하는 것이다. 예를 들어 적어도 지금으로부터 4천 년 전인 BC 2000년이라면 누구 말대로 구석기 시대일 수도 있으며, 말(언어)이라고 해야 기본적인 의사소통만이 가능할 정도로 그 수도 제한적일 것이다. 그러한 상황에서 한두 개도 아니고 백 개가 넘는 말이 서로 상통한다면 이는 우리말이 영어에 확실히 영향을 미친 것이다. 이 말은 앞에서 전제한 우리의 신화와 전설, 역사, 사상과 철학, 문화 등이 서구(유럽)에 넓게 퍼져 나간 것이다. 즉 우리의 문명이 전 세계로 퍼져 나간 것이다. 인도의 시성(詩聖) 타고르가 우리나라를 예찬한 '동방의 등불'이란 시(詩)가 그냥 나온 것이 아니라는 것이다.

아래에 우리말과 유사한 영어를 대충 나타내었지만 이것도 일부분일 뿐이며, 시간을 두고 찾아보면 훨씬 많은 낱말이 있을 것으로 생각된다.

'동방의 등불'은 우리나라가 일제하에서 신음하던 1929년에 인도의 시인 타고르가 우리나라를 예찬하여 동아일보에 기고한 시(詩)이다.

그 내용은 다음과 같다.

일찍이 아시아의 황금시대에 빛나던 등불의 하나인 코리아

그 등불 한번 다시 켜지는 날에 너는 동방의 찬란한 빛이 되리라

마음에 두려움이 없고 머리는 높이 쳐 들린 곳

지식은 자유스럽고 좁다란 담벽으로 세계가 조각조각 갈라지지 않은 곳

진실의 깊은 속에서 말씀이 솟아나는 곳

끊임없는 노력이 완성을 향해 팔 벌리는 곳

지성의 맑은 흐름이 굳어진 습관의 모래벌판에 길 잃지 않은 곳

무한히 퍼져 나가는 생각과 행동으로 우리들의 마음이 인도되는 곳

그러한 자유의 천당으로 나의 마음의 조국 코리아여 깨어나소서

우리말과 동일하거나 비슷한 발음과 같은 뜻을 갖는 영어를 살펴 보면 다음과 같다.

1) 한자(녹도문) 말과 유사한 영어 ●●○

한자 우리말	영어
각 刻 (새기다), 깎다	carve (새기다) – 카브
갈 喝 (큰소리치다)	call (부르다) – 콜
갑 岬 (곶)	cape (곶) – 캅
거 去 (가다)	go (가다) – 고
거 巨 (크다)	great (크다) – 그릴
급 給 (주다) – 기부하다	give (주다) – 깁, 기브
단 旦 (새벽)	dawn (새벽) – 돈 (단)
던 轉 (돌다)	turn (돌다) – 턴
독 毒 (독)	tox– (독) – 톡
둔 屯 (진을 치다)	town (시내) – 타운 (툰)
랑 郞 (사내)	lad (젊은이, 소년) – 랃
로 櫓 (배를 젓는 노)	row (배를 젓다) – 로우, 로
로 擄 (노략질하다, 훔치다)	rob (훔치다) – 롭
뢰 雷 (우레)	roar (으르렁거리다) – 로어
마 馬 (말)	mare (암 말) – 말 (예전에는 암수 모두를 지칭)
만 輓 (애도하다), '멍하다'의 '멍'	mourn (애도하다) – 몬
박 朴 (나무껍질)	bark (나무껍질) – 박
발 鉢 (밥그릇) (사발[沙鉢] – 사기로 만든 그릇)	bowl (그릇) – 볼, 바울
발 拔 (뽑다, 당기다)	pull (당기다) – 풀 (팔)
방 防 (둑, 막다)	bank (둑) – 방
배 拜 (절하다)	bow (절하다) – 보

한자 우리말	영어
삭 口+朔 (빨 삭), 束+欠 (빨아들일 삭)	suck (빨다) − 삭
삭 (索) − 새끼를 꼬아서 만든 소쿠리	sack (자루, 봉지) − 삭
색 索 (찾다)	seek (찾다) − 식 (섹)
송 誦 (노래하다, 외우다)	song (노래하다) − 송
시 示 (보다)	see (보다) − 시
시 市 (시)	city (시) − 시티
시 是 (이것)	this (이것) − 디스 (시스)
심 沈 (가라앉다, 잠기다)	sink (잠기다) − 싱크
아 我 (나)	I (나) − 아이
여 汝 (너)	you (너) − 유
역 役 (일하다, 부리다)	work (일하다) − 워크 (욕)
엽 葉 (잎)	leaf (잎) − 렵 (맆 − 우리말 잎에 가까움, 풀닢)
우려 憂慮 (염려, 걱정, 불안)	worry (걱정, 염려, 우려, 불안) − 우리
원대 遠大 (원대하다)	wonder (놀라운, 경이로운, 감탄하다) − 원더
위대 偉大 (위대하다)	wide (넓은, 광대한) − 와이드, 위데
위태 危殆 (위태롭다, 위험하다)	wither (시들다, 말라 죽다, 위축시키다) − 위텔
읍 泣 (울다)	weep (울다) − 윕 (읍)
이 伊 (그것, 저)	it (그것) − 잇
저택 邸宅 (규모가 큰 왕이나 귀족의 집)	chateau (궁전, 대저택) − 새토우, 샤튜, 차투
전 轉 (구르다, 방향이 바뀌다) − 던(옛 발음)	turn (회전, 방향을 돌리다) − 턴

한자 우리말	영어
체 替 (바꾸다)	change (바꾸다) – 첸지
탁 卓 (책상, 식탁)	desk (책상) – 덱
탑 塔 (탑, 높이 쌓는다)	top (정상, 맨 위, 꼭대기) – 탑
투 投 (던지다)	throw (던지다) – 트루
포 泡 (물거품)	foam (물거품) – 폼
하 何 (어찌, 무엇)	what (무엇) – 홧 (핫)
해자 (垓字) 침입을 막기 위해 성 주위에 판 못	hazard (위험, 위해) – 해자드, 해잗
현 縣 (메달다), 헹가래의 '헹'은 들어올리는 것	hang (메달다) – 행
호 戶 (집, 지게)	home (집) – 홈 (호메)
호 毫 (가는 털)	hair (머리카락) – 헤어
회 回 (구르다, 되돌아오다)	wheel (수레바퀴, 순환, 회전)– 휠

2) 한글(가림다) 말과 유사한 영어 ●●○

한글 우리말	영어
갓 (양반이 쓰는 모자), 또는 곰 (신을 뜻한다)	god (신: 원래 직위가 높은 어른만 쓰는 갓), 곧
국	cook (요리하다) - 쿡
개구(쟁이)	gag (익살, 농담) - 개그
깎다	cut (자르다, 깎다) - 카뜨
깡, 깡패, 깽판치다 (일을 잘못되게 하다)	gang (갱, 강) - 갱단, 패거리
고맙다	comate (동료, 친구) - 코마테
고리 (골이)	coil (돌돌 감다) - 코일
고비 (죽을 고비를 넘기다)	corvee (강제 노역) - 콜비
고삐	curb (억제하다, 제어하다, 고삐, 구속)
구부리다	curve (곡선, 구부러지다) - 쿨베
그릇	glass (그릇, 유리) - 그랏
그릇	glut (배가 부르다, 실컷 먹이다) - 그랏
노래	lore (전승된 지식) - 로레(롤) (노레)
느슨하다	loosen (느슨하다) - 루슨
돌 (고인돌)	dolmen (돌멘) - 돌맹이
닭	dock (오리) - 닥
두 배로	double (두배) - 두브레
덤불, 듬블	tumble (혼란, 무너지다) - 텀블
덩실덩실 (춤추다)	dancing (춤추다, 팔딱팔딱 뛰다) - 단싱
떼찌 (건드리다, 때리다)	touch (건드리다) - 타치
또	too (또) - 투(토)
똑똑하다	doctor (박사, 박식하다) - 독톨

한글 우리말	영어
똥	dung (똥, 거름) – 덩, 둥
마치 (거의 비슷하게)	match (어울리다, 짝, 경기, ~과 대등하다) – 마치
말	mare (암 말) – 말
망가뜨리다	mangle (엉망으로 만들다, 짓이기다) – 망그레
망치다	mar (망쳐놓다) – 말
맛들어서 (마뜨러스)	mature (익은, 맛이 들어서 익음) – 마트레
많이 (마니)	many (숫자가 많음) – 마니
매달(다)	medal (메달) – 메달
맷돌의 '맷'	mash (짓이기다, 갈아 으깨다) – 매쉬, 맷
머리 얹다 (결혼하다)	marriage (결혼하다) – 마리아게
멀겋다 (묽다) – 멀게 (국이 멀게 = 국이 묽다)	merge (~을 혼합하다, 합하다) – 멜게
메스껍다 – 메스	mess (불결, 더러워진 것, 엉망) – 메스
무척 (무척 많다, 무척 예쁘다)	much (양이 많음) – 무츠
미안 – 미안하다	mean (부끄러운, 창피한) – 민, 미안
바구니	bag (가방) – 바그
바꾸다	back (방향을 바꾸다) – 박쿠
바래다	bare (낡은, 누더기) – 바레
바탕	bottom (기초, 바닥) – 바텀, 바톰
반갑다 (지도자를 반갑게 맞이하다)	vanguard (선두, 선봉, 지도자) – 방가드

한글 우리말	영어
발 (가늘게 자른 막대기를 엮은 가리개)	bar (빗장, 창문 따위의 살, 막대, 술집) – 발
발가벗다	vulgar (저속한, 천한) – 발가
발랄하다	ball (무도회), ballad (민요), ballet (발레)
방	barn (외양간, 헛간, 곡식 창고) – 반
배 (과일)	pear (배) – 팰
배다	bear (아이를 배다) – 배어
배부르게	beverage (음료, 마실 것) – 베베라게
벌레	beetle (딱정벌레, 사슴벌레, 풍뎅이) – 벹레
벗다	bath (목욕, 목욕하다) – 배스, 밷
보리	barley (보리) – 바리
부리, 빌리다	bill (새 주둥이, 청구서) – 빌르
부지런하다	busy run (바쁘게 달리다) – 비지런, 부지런
부풀다	bloat (부풀리다, 부풀어오르다) – 블로트
불다	blow (불다) – 블로
비꼬다	be coil (돌돌 감다, 매몰차다)
비키다	be quit (그만두다, 물러나다)
비롯되다	be root (뿌리를 내리다) – 비롵, 비롯
뿔	bull (황소) – 불
사랑 (사랑방)	salon, saloon (객실, 큰방) – 사롱, 살롱

한글 우리말	영어
사뿐	supple (나긋나긋한, 유연한) – 사플
상투 (어른이 상투를 올림)	saint (성인 – 독일어 장크트 = 장트 sankt), 상트
색시 (새색시처럼 매력적인)	sexy (매력적인) – 섹시
서둘다	sudden (갑작스러운, 돌연한) – 서든
서방	servant (하인, 고용인, 종) – 서반트
선하다 (장난이 심하고 극 성스럽다) – 선(착하다)	son (아들) – 산, 손
셈 (덧셈을 하다)	sum (합계) – 섬
수다 (수다를 떨다)	soothe (진정시키다. 안심시키다, 달래다)
시샘을 하다, 샘을 내다 – 시샘, 샘	shame (부끄럽다, 창피하다) – 새임, 샘
숯	soot (숯, 그을음) – 숯
슬슬	slow slow (천천히) – 슬로슬로
시래기 (국)	silage (마른 목초) – 시래지
시큰(아파서)거리다	sick (아프다) – 시크
썰렁하다	sullen (시무룩하다, 음산한, 음울한) – 살런, 설런
쏘다	shot (발사), shoot (쏘다) – 샅, 쏘트
쓰러트리다	slaughter (도살하다) – 슬라터
쓰레기	slaggy (슬래그[쇠 찌꺼기, 분탄]가 많은)
쓰리다	sore (상처, 염증, 아픈, 쓰라린) – 솔, 소레
씨 (높임말) – 김씨, 박씨	sir (경, 각하, 선생님, 씨) – 설, 실

한글 우리말	영어
씨, 씨앗	seed (씨) – 싣, 시드
아! 더	add (더하다) – 아드
아귀다툼	agitate (휘젓다, 뒤흔들다, 선동하다) – 아기타트
아름 (한 아름) – 팔로 안은 것	arm (팔) – 암, 아름
앓다	ail (괴롭히다, 고통을 주다, 앓다) – 아일, 알
업신여기다	obscene (저속한, 음란한) – 업신
엉터리	untrue (거짓의, 허위의, 공정하지 않은) – 언트루
에비 (어린아이에게 말하는 가상의 무서운 존재)	evil (나쁜, 사악한, 악마) – 에빌
온 (모두)	all (모두) – 올
왜 (와 +ㅣ)	why (왜) – 화이
우리 (울)	we (우리) – 위
울 (울타리)	wall (벽) – 월
이넘이	enemy (적) – 에너미
이른	early (이른, 일찍, 어린) – 얼리, 일리
입, 입술	lip (입술) – 립 (우리말은 두음법칙으로 '입')
잎	leaf (잎) – 립 (두음법칙으로 '잎'으로 발음)
자빠뜨리다	jeopardize (위험에 빠트리다) – 저팔다이저
진저리	gingerly (조심스럽게, 신중하게) – 진저리

한글 우리말	영어
천둥	thunder (천둥) – 천더
춤	charm (매력) – 참
콘돌 (큰새 = 큰 + 돌[새]), 올=오리	condor (콘돌) – 콘돌
콩	corn (옥수수, 곡물) – 콘
크낙새 (딱따구리)	knock (두드리다) – 크낙
탄 (햇볕에 타다)	tan (햇볕에 타다) – 탄
탄탄하다 (가죽에 탄력이 있다)	tan (가죽을 무두질하다) – 탄
틈에 (사이에)	time (시간) – 티메
파래지다 – 창백해지다	pale (창백해지다) – 파레
파리	fly (날다, 파리) – 플리
펄럭 (기가 펄럭이다)	flag (기) – 플럭
피하세 – 싸우지 말고 피하자	peace (평화) – 피아세
함부로	humble (초라한, 변변찮은) – 험브레
허드레 (일)	huddle (아무렇게나 하다) – 허드레
헐다 (다치다)	hurt (다치다) – 헐트
후레 (자식)	whore (매춘부) – 후레
흘러 (흐르다)	flow (흐르다) – 플로
흠	harm (흠, 손상) – 함
희다	white (흰) – 휘트

제 13 장

우리의 기록 문화

13. 우리의 기록 문화 - 허성도 교수의 연설 내용

전 서울대 중어중문학과 허성도 교수의 연설 내용입니다.
꼭 끝까지 읽어 보시길 권장합니다.

저는 지난 6월 10일 오후 5시 1분에 컴퓨터를 뚫어지게 바라보고 있었습니다.

우리 나로호가 성공하기를 바라는 마음이 여기에 계신 어르신들도 크셨겠지만 저도 엄청나게 컸습니다. 그런데 대략 6시쯤에 실패했다는 이야기가 나오고 7시에 거의 그것이 확정되었습니다. 저는 성공을 너무너무 간절히 바랐습니다. 그날 연구실을 나오면서 이러한 생각으로 정리를 했습니다. 제가 그날 서운하고 속상했던 것은 나로호의 실패에도 있었지만 행여라도 나로호를 만들었던 과학자, 기술자들이 실망하지 않았을까, 그분들이 의기소침하지 않았을까 그것이 더 가슴 아팠습니다. 그분들이 용기를 잃지 않고 더 일할 수 있기를 바라는 심정으로 어떻게 이것을 학생들에게 말해 주고 그분들에게 전해줄까 하다가 그로부터 얼마 전에 이런 글을 하나 봤습니다.

1600년대에 프랑스에 라 포슈푸코라는 학자가 있었는데 그 학자가 이런 말을 했습니다. '촛불은 바람이 불면 꺼진다. 그러나 큰불은 바람이 불면 활활 타오른다.'라는 말을 했습니다. 저는 우리의 우주에 대한 의지가 강렬하다면 또 우리 연구자, 과학자들의 의지가 강렬하다면 나로호의 실패가 더 큰 불이 되어서 그 바람이 더 큰 불을 만나서 활활 타오르기를 진심으로 기대합니다.

그런데 이 나로호 말씀을 드리는 이유는 이러한 것도 바로 우리의 역사와 연관이 되어 있기 때문입니다. 이 실패가 사실은 너무도 당연하고 우리가 러시아의 신세를 지는 것을 국민이 부끄러움으로 여기지만 그것이 너무나도 당연하다는 것을 역사는 말해 주고 있습니다.

1957년입니다. 제가 초등학교 2학년 때 소련이 스푸트니크 1호라고 하는 인공위성을 발사했습니다. 그 충격은 대단했다고 하는데, 초등학교 학생인 저도 충격을 엄청나게 많이 받았습니다. 그러고 나서 미국이 깜짝 놀랐습니다. 그리고 뱅가드호를 발사했는데 뱅가드호는 지상 2m에서 폭발했습니다. 이것을 실패하고 미국이 본격적인 조사에 착수했습니다. 왜 소련은 성공하고 우리는 실패했는가, 그 연구보고서의 맨 마지막 페이지는 이렇게 끝이 나 있습니다.

"우리나라(미국)가 중학교, 고등학교의 수학 교과 과정을 바꿔야 한다."

아마 연세 드신 분들은 다 기억하실 것입니다.

그런데 사실은 소련이 스푸트니크 1호를 발사한 것도 독일 과학자들의 힘이었다는 것을 아실 것입니다. 미국이 뱅가드호를 실패하고 그 다음에 머큐리, 재미니, 여러분들이 아시는 아폴로 계획에 의해서 우주 사업이 성공했습니다. 그런데 그것도 미국의 힘이 아니라 폰 브라운이라고 하는 독일 미사일 기술자를 데려다가 개발했다는 것도 여러분이 아실 것입니다.

중국은 어떻게 되냐 하면, 중국의 과학자 전학삼(錢學森)이라는 이름을 기억하실 텐데요. 전학삼은 상해 교통대학을 졸업하고 미국에 유학을 가서 캘리포니아의 공과대학에서 29세에 박사학위를 받고 캘리포니아 공과대학 교수를, 2차 대전 때 미국 국방과학위원회의 미사일팀장을, 그리고 독일의 미사일 기지 조사위원회 위원장을 했습니다. 미국에서는 핵심 기술자입니다.

그런데 이 전학삼이라는 인물이 1950년에 미사일에 관한 기밀 문서를 가지고 중국으로 귀국하려다가 이민국에 적발되었습니다. 그래서 간첩 혐의로 구금이 되었고, 그때 미국에서는 "미국에 귀화해라. 미국에 귀화하면 너는 여기서 마음껏 연구할 수 있다."라고 이야기했고, 전학삼은 그것을 거절하고 있었습니다. 중국에서는 모택동이 미국 정부에 전학삼을 보내 달라고 했습니다.

그런데 미국이 이 말을 들을 수밖에 없었던 것은 그때 중국 정부는 미국인 스파이를 하나 구속하고 있었고, 이 둘을 일대일로 교환하자고 그랬어요. 그런데 미국이 그 이야기를 들어주면서 전학삼에게 "마지막 기회를 주겠다. 우리는 너와 우리의 스파이를 교환하지만 네가 미국에 귀화한다면 너는 여기 있을 수 있다." 그랬더니 전학삼은 가겠다고 했어요. 그러니까 미국에서 전학삼에게 "너는 중국에 가더라도 책 한 권, 노트 한 권, 메모지 한 장도 가져갈 수 없다, 맨몸으로만 가라." 그래도 전학삼은 가겠다고 했습니다.

나이 마흔여섯에 중국에 가서 모택동을 만났습니다. 여기서부터는 일화입니다. 모택동이 "우리도 인공위성을 쏘고 싶다, 할 수 있느냐." 그랬더니 전학삼이 이렇게 말했다고 합니다.

"내가 그것을 해낼 수 있다. 그런데 5년은 기초 과학만 가르칠 것이다. 그 다음 5년은 응용 과학만 가르친다. 그리고 그 다음 5년은 실제 기계 제작에 들어가면 15년 후에 발사할 수 있다. 그러니까 나에게 그 동안의 성과가 어떠하냐 등의 말을 절대 15년 이내에는 하지 마라. 그리고 인재들과 돈만 다오. 15년 동안 나에게 어떠한 성과에 관한 질문도 하지 않는다면 15년 후에는 발사할 수 있다."

이렇게 대답했습니다.

모택동이 그것을 들어주었습니다. 그래서 인재와 돈을 대주고 15년 동안은 전학삼에게 아무것도 묻지 말라는 명령을 내려 놓고 있었습니다. 그리고 이 사람 나이 61세, 1970년 4월에 중국이 인공위성 발사에 성공했습니다. 그리고 중국 정부가 이 모든 발사 제작의 책임자가 전학삼이라는 것을 공식 확인해 주었습니다. 이렇게 보면 오늘날 중국의 우주 과학 이러한 것도 전부 전학삼에서 나왔는데, 그것도 결국은 미국의 기술입니다. 미국은 독일의 기술이고 소련도 독일의 기술입니다. 저는 이런 이야기를 하면서 우리가 러시아의 신세를 지는 것은 부끄러운 일이 아니다. 선진국도 다 그랬다는 말씀을 드리고자 합니다.

한국 역사의 특수성

미국이 우주 과학을 발전시키기 위해서 중고등학교의 수학 교과 과정을 바꾸었다면 우리는 우리를 알기 위해서 무엇을 해야 하는가, 결론은 그것입니다.

역사를 보는 방법도 대단히 다양한데요, 우리는 초등학교 때 이렇게 배웠습니다.

"조선은 500년 만에 망했다."

아마 이 가운데서 초등학교 때 공부 잘하신 분들은 이걸 기억하실 것입니다. 500년 만에 조선이 망한 이유 4가지를 달달 외우게 만들었습니다. 기억나십니까?

"사색당쟁, 대원군의 쇄국정책, 성리학의 공리공론, 반상제도 등 4가지 때문에 망했다."

이렇게 가르칩니다. 그러면 대한민국 청소년들은 어떻게 생각하느냐 하면 '아, 우리는 500년 만에 망한 민족이구나, 그것도 기분 나쁘게 일본에게 망했구나.' 하는 참담한 심정을 갖게 되어 있습니다.

그런데 아까 나로호의 실패를 중국, 미국, 소련 등 다른 나라에 비추어 보듯이 우리 역사도 다른 나라에 비추어 보아야 됩니다. 조선이 건국된 것이 1392년이고 한일합방이 1910년입니다. 금년이 2010년이니까 한일합방 된 지 딱 100년이 되는 해입니다. 그러면 1392년부터 1910년까지 세계 역사를 놓고 볼 때 다른 나라 왕조는 600년,

700년, 1,000년 가고 조선만 500년 만에 망했으면 왜 조선은 500년 만에 망했는가 그 망한 이유를 찾는 것이 맞을 것입니다. 그런데 만약 다른 나라에는 500년을 간 왕조가 그 당시에 하나도 없고 조선만 500년 갔으면 어떻게 하겠습니까? 조선은 어떻게 해서 500년이나 갔을까 이것을 따지는 것이 맞을 것입니다.

1300년대의 역사 구도를 여러분이 놓고 보시면 전 세계에서 500년 간 왕조는 실제로 하나도 없습니다. 서구에서는 어떻게 됐느냐 하면, 신성 로마 제국이 1,200년째 계속되고 있었는데 그것은 제국이지 왕조가 아닙니다. 오스만투르크가 600년째 계속되고 있었습니다. 그런데 그것도 제국이지 왕조는 아닙니다. 유일하게 500년 간 왕조가 하나 있습니다. 에스파냐 왕국입니다. 그 나라가 500년째 가고 있었는데 불행히도 에스파냐 왕국은 한 집권체가 500년을 지배한 것이 아닙니다. 예를 들면 나폴레옹이 "어, 이 녀석들이 말을 안 들어, 이거 안 되겠다. 형님, 에스파냐 가서 왕 좀 하세요." 그래서 나폴레옹의 형인 조셉 보나파르트가 에스파냐에 가서 왕을 했습니다. 이렇게 왔다 갔다 한 집권체이지 단일한 집권체가 500년 가지 못했습니다.

전 세계에서 단일한 집권체가 518년째 가고 있는 것은 조선 딱 한 나라 이외에는 하나도 없습니다.

그러면 잠깐 위로 올라가 볼까요. 고려가 500년 갔습니다. 통일 신라가 1,000년 갔습니다. 고구려가 700년 갔습니다. 백제가 700년 갔습니다. 신라가 BC 57년에 건국됐으니까 BC 57년 이후에 세계 왕조를 보면 500년 간 왕조가 딱 두 개 있습니다. 러시아의 이름도 없는 왕조가 하나 있고, 동남아시아에 하나가 있습니다. 그 외에는 500년 간 왕조가 하나도 없습니다. 그러니까 통일 신라처럼 1,000년 간 왕조도 당연히 하나도 없습니다. 고구려, 백제만큼 700년 간 왕조도 당연히 하나도 없습니다. 제가 지금 말씀드린 것은 과학입니다.

그러면 이 나라는 엄청나게 신기한 나라입니다. 한 왕조가 세워지면 500년, 700년, 1,000년을 갔습니다. 왜 그럴까요?

그러려면 두 가지 조건 중에 하나가 성립해야 합니다. 하나는 우리 선조가 몽땅 바보다, 그래서 권력자들, 힘 있는 자들이 시키면 무조건 굴종했다, 그러면 세계 역사상 유례없이 500년, 700년, 1,000년 갔을 것입니다. 그런데 우리 선조들이 바보가 아니었다, 인간으로서의 권리를 주장하고, 다시 말씀드리면 인권에 관한 의식이 있고 심지어는 국가의 주인이라고 하는 의식이 있다면, 또 잘 대드는 성격이 있다면, 최소한도의 정치적인 합리성, 최소한도의 경제적인 합리성, 조세적인 합리성, 법적인 합리성, 문화의 합리성 이러한 것들이 있지 않으면 전 세계 역사상 유례없는 이러한 장기간의 통치가 불가능할 것이라고 말씀드릴 수 있습니다.

기록의 정신

《조선왕조실록(朝鮮王朝實錄)》을 보면 25년에 한 번씩 민란이 일어납니다. 여러분이 아시는 동학란이나 이런 것은 전국적인 규모이고, 이 민란은 요새 말로 하면 대규모의 데모에 해당합니다. 우리는 상소 제도를 가지고 있었습니다. 백성들이, 기생도 노비도 글만 쓸 수 있으면 "왕과 나는 직접 소통해야겠다, 관찰사와 이야기하니까 되지를 않는다."라며 왕한테 편지를 보냅니다. 그런데 이런 상소 제도에 불만을 가진 사람들이 생겨났습니다. 왜? 편지를 하려면 한문 꽤나 써야 되잖아요. '그럼 글 쓰는 사람만 다냐, 글 모르면 어떻게 하느냐' 그렇게 해서 나중에는 언문 상소를 허락해 주었습니다.

그래도 불만 있는 사람들이 나타났습니다. "그래도 글줄깨나 해야 왕하고 소통하느냐, 나도 하고 싶다." 이런 불만이 터져 나오니까 신문고를 설치했습니다. "그럼 와서 북을 쳐." 그러면 형조의 당직 관리가 와서 구두로 말을 듣고 구두로 왕에게 보고했습니다. 이래도 또 불만이 터져 나왔습니다. 여러분, 신문고를 왕궁 옆에 매달아 놨거든요. 그러니까 지방 사람들이 뭐라고 했냐면 "왜 한양 땅에 사는 사람들만 그걸 하게 만들었느냐, 우리는 뭐냐?" 이렇게 된 겁니다. 그래서 격쟁(擊錚)이라는 제도가 생겼습니다. 격은 칠 격(擊) 자이고 쟁은 꽹과리 쟁(錚) 자입니다. 왕이 지방에 행차를 하면 꽹과리나 징을 쳐라. 혹은 대형 플래카드를 만들어서 흔들어라, 그럼 왕이 '무슨 일이냐' 하고 물어봐서 민원을 해결해 주었습니다. 이것을 격쟁이라고 합니다.

우리는 이러한 제도가 흔히 형식적인 제도겠지 생각하지만 그게 아닙니다. 예를 들어 정조의 행적을 조사해 보면, 정조가 왕 노릇을 한 것이 24년입니다. 24년 동안 상소, 신문고, 격쟁을 해결한 건수가 5,000건입니다. 이것을 재위 연수를 편의상 25년으로 나누어 보면 매년 200건을 해결했다는 얘기이고 공식 근무일수로 따져보면 매일 1건 이상을 했다는 것입니다. 영조 같은 왕은 백성들이 너무나 왕을 직접 만나고 싶어 하니까 아예 날짜를 정하고 장소를 정해서 "여기에 모이시오." 해서 정기적으로 백성들을 만났습니다. 여러분, 서양의 왕 가운데 이런 왕 보셨습니까? 이것이 무엇을 말하느냐면 이 나라 백성들은 그렇게 안 해주면 통치할 수 없으니까 이러한 제도가 생겼다고 봐야 합니다. 그러면 이 나라 국민들은 바보가 아닙니다. 그렇게 보면 아까 말씀드린 두 가지 사항 가운데 후자에 해당합니다. 이 나라 백성들은 만만한 백성이 아니다. 그러면 최소한도의 합리성이 있었을 것이다. 그 합리성이 무엇인가 하는 것을 오늘 말씀드리고자 합니다.

첫째는 조금 김새시겠지만 기록의 문화입니다.

여러분이 이집트에 가 보시면, 저는 못 가봤지만 스핑크스가 있습니다. 그걸 딱 보면 어떠한 생각을 할까요? 중국에 가면 만리장성이 있습니다. 아마도 여기 계신 분들은 거의 다 이런 생각을 하셨을 것입니다. '이집트 사람, 중국 사람들은 재수도 좋다, 좋은 선조 만나서 가만히 있어도 세계의 관광 달러가 모이는 구나' 여기에 석굴암을 딱 가져다 놓으면 좁쌀보다 작습니다. '우리는 뭐냐?' 이런 생각을 하셨지요? 저도 많이 했습니다. 그런데 역사에 관심을 가지고 있다 보니까 그러한 유적이 우리에게 없는 것이 얼마나 다행인가 싶습니다. 베르사유의 궁전같이 호화찬란한 궁전이 없는 것이 얼마나 다행인가 싶습니다.

여러분, 만약 조선 시대에 어떤 왕이 등극해서 피라미드 짓는 데 30만 명 동원해 20년 걸렸다고 가정을 해보죠. 그 왕이 "국민 여러분, 조선 백성 여러분, 내가 죽으면 피라미드에 들어가고 싶습니다. 그러니 여러분의 자제 청장년 30만 명을 동원해서 한 20년 노역을 시켜야겠으니 조선 백성 여러분, 양해하시오." 그랬으면 무슨 일이 났을 것 같습니까? "마마, 마마가 나가시옵소서." 이렇게 되지 조선 백성들이 20년 동안 그걸 하고 앉아있습니까? 안 하지요. 그러니까 우리에게는 그러한 문화적 유적이 남아 있을 수 없습니다. 만일 어떤 왕이 베르사유 궁전 같은 것을 지으려고 했으면 무슨 일이 났겠습니까? "당신이 나가시오, 우리는 그런 것을 지을 생각이 없소." 이것이 정상적일 것입니다. 그러니까 우리에게는 그러한 유적이 있을 수가 없습니다.

대신에 무엇을 남겨 주었느냐면 기록을 남겨주었습니다.

여기에 왕이 있다면, 바로 곁에 사관이 있습니다. 여러분, 이렇게 생각하시면 간단합니다. 여러분께서 아침에 출근을 딱 하시면, 어떠한 젊은이가 하나 달라붙습니다. 그래서 여러분이 하시는 말을 다 적고, 여러분이 만나는 사람을 다 적고, 둘이 대화한 것을 다 적고, 왕이 혼자 있으면 혼자 있다, 언제 화장실 갔으면 화장실 갔다는 것도 다 적고, 그것을 오늘 적고, 내일도 적고, 다음 달에도 적고, 돌아가신 날 아침까지 적습니다. 기분이 어떠실 것 같습니까? 공식 근무 중 사관이 없이는 왕은 그 누구도 독대할 수 없다고 경국대전에 적혀 있습니다. 우리가 사극에서 살살 간신배 만나고 장희빈 살살 만나고 하는 것은 다 거짓말입니다. 왕은 공식 근무 중 사관이 없이는 누구도 만날 수 없게 되어 있습니다.

심지어 인조 같은 왕은 너무 사관이 사사건건 자기를 쫓아다니는 것이 싫으니까 어떤 날 대신들에게 "내일은 저 방으로 와, 저 방에서 회의할 거야." 그러고 도망갔습니다. 거기서 회의를 하고 있었는데 사관이 마마를 놓쳤습니다. 어디 계시냐 하다가 지필묵을 싸 들고 그 방에 들어갔습니다. 인조가 "공식적인 자리가 아닌 데서 회의를 하는데도 사관이 와야 되는가?" 그러니까 사관이 이렇게 말했습니다.

"마마, 조선의 국법에는 마마가 계신 곳에는 사관이 있게 되어 있습니다."

그리고 적었습니다. 너무 그 사관이 괘씸해서 다른 죄목을 걸어서 귀향을 보냈습니다. 그러니까 다음 날 다른 사관이 와서 또 적었습니다. 이렇게 500년을 적었습니다.

사관은 종7품에서 종9품 사이입니다. 오늘날 대한민국의 공무원 제도에 비교를 해보면 아무리 높아도 사무관을 넘지 않습니다. 그러한 사람이 왕을 사사건건 따라다니며 다 적습니다. 이걸 500년을 적는데, 어떻게 했냐면 한문으로 써야 하니까 막 흘려 썼을 것 아닙니까? 그날 저녁에 집에 와서 정서를 했습니다. 이걸 사초라고 합니다. 그러다가 왕이 돌아가시면 한 달 이내, 이것이 중요합니다. 한 달 이내에 요새 말로 하면 왕조실록 편찬위원회를 구성합니다. 사관도 잘못 쓸 수 있잖아요. 그러니까 "영의정, 이러한 말 한 사실이 있소? 이러한 행동을 한 적이 있소?" 확인합니다. 그렇게 해서 즉시 출판합니다. 4부를 출판했습니다. 4부를 찍기 위해서 목판 활자, 나중에는 금속 활자본을 만들었습니다.

여러분, 4부를 찍기 위해서 활자본을 만드는 것이 경제적입니까, 사람이 쓰는 것이 경제적입니까? 쓰는 게 경제적이지요. 그런데 왜 활판 인쇄를 했냐면 사람이 쓰면 글자 하나 빼먹을 수 있습니다. 글자 하나 잘못 쓸 수 있습니다. 하나 더 쓸 수 있습니다. 이렇게 해서 후손들에게 4부를 남겨주는데 사람이 쓰면 4부가 다를 수 있습니다. 그러면 후손들이 어느 것이 정본인지 알 수 없습니다. 그러니까 목판 활자, 금속 활자본을 만든 이유는 틀리더라도 똑같이 틀려라, 그래서 활자본을 만들었습니다. 이렇게 해서 500년 분량을 남겨주었습니다.

유네스코에서 조사를 했습니다. 왕의 옆에서 사관이 적고 그날 저녁에 정서해서 왕이 죽으면 한 달 이내에 출판 준비에 들어가서 만들어낸 역사서를 보니까 전 세계에 조선만이 이러한 기록을 가지고 있습니다. 이것이 6,400만 자입니다. 6,400만 자 하면 좀 적어 보이지요? 그런데 6,400만 자는 1초에 1자씩 하루 4시간을 보면 11.2년 걸리는 분량입니다. 그러니까 우리나라에는 공식적으로 《조선왕조실록》을 다룬 학자는 있을 수가 없게 되어 있습니다.

그런데 여러분, 이러한 생각 안 드세요? '사관도 사람인데 공정하게 역사를 기술했을까?' 이런 궁금증이 가끔 드시겠지요? 사관이 객관적이고 공정한 역사를 쓰도록 어떤 시스템을 가지고 있었는지를 말씀드리죠. 세종이 집권하고 나서 가장 보고 싶은 책이 있었습니다. 뭐냐 하면 《태종실록》입니다. '아버지의 행적을 저 사관이 어떻게 썼을까?' 너무너무 궁금해서 《태종실록》을 봐야겠다고 했습니다. 맹사성이라는 신하가 나섰습니다.

"보지 마시옵소서."

"왜, 그런가?"

"마마께서 선대왕의 실록을 보시면 저 사관이 그것이 두려워서 객관적인 역사를 기술할 수 없습니다."

세종이 참았습니다. 몇 년이 지났습니다. 또 보고 싶어서 환장을 했습니다. 그래서 '선대왕의 실록을 봐야겠다.' 이번에는 핑계를 어떻게 댔느냐면 "선대왕의 실록을 봐야 그것을 거울삼아서 내가 정치를 잘할 것이 아니냐?" 그랬더니 황희 정승이 나섰습니다.

"마마, 보지 마시옵소서."

"왜, 그런가?"

"마마께서 선대왕의 실록을 보시면 이 다음 왕도 선대왕의 실록을 보려 할 것이고 다음 왕도 선대왕의 실록을 보려 할 것입니다. 그러면 저 젊은 사관이 객관적인 역사를 기술할 수 없습니다. 그러므로 마마께서도 보지 마시고, 이다음 조선 왕도 영원히 실록을 보지 말라는 교지를 내려주시옵소서."

그랬습니다. 이걸 세종이 들었겠습니까, 안 들었겠습니까? 들었습니다. "네 말이 맞다. 나도 영원히 안 보겠다. 그리고 조선의 왕 누구도 실록을 봐서는 안 된다."는 교지를 내렸습니다. 그래서 조선의 왕 누구도 실록을 못 보게 되어 있었습니다.

그런데 사실은 중종은 슬쩍 봤습니다. 봤다는 기록이 남아 있습니다. 그러나 그 누구도 안 보는 것이 원칙으로 되어 있었습니다. 여러분, 왕이 못 보는데 정승판서가 봅니까? 정승판서가 못 보는데 관찰사가 봅니까? 관찰사가 못 보는데 변 사또가 봅니까? 이런 사람이 못 보는데 국민이 봅니까? 여러분, 문제는 여기에 있습니다. 조선 시대 그 어려운 시대에 왕의 하루하루의 그 행적을 모든 정치적인 상황을 힘들게 적어서 아무도 못 보는 역사서를 500년을 썼습니다. 누구 보라고 썼겠습니까?

대한민국 국민 보라고 썼습니다.

저는 이런 생각을 합니다. 이 땅은 영원할 것이다. 그리고 우리의 핏줄 받은 우리 민족이 이 땅에서 영원히 살아갈 것이다. 그러니까 우리의 후손들이여, 우리는 이렇게 살았으니 우리가 살았던 문화, 제도, 양식을 잘 참고해서 우리보다 더 아름답고 멋지고 강한 나라를 만들어라, 이러한 역사 의식이 없다면 그 어려운 시기에 왕도 못 보고 백성도 못 보고 아무도 못 보는 그 기록을 어떻게 해서 500년이나 남겨주었겠습니까? 《조선왕조실록》은 한국인의 보물일 뿐 아니라 인류의 보물이기에, 유네스코가 세계기록문화유산으로 지정을 해 놨습니다.

《승정원일기(承政院日記)》가 있습니다. 승정원은 오늘날 말하자면 청와대 비서실입니다. 사실상 최고 권력 기구지요. 이 최고 권력 기구가 무엇을 하냐면 '왕에게 올릴 보고서, 어제 받은 하명서, 또 왕에게 할 말' 이런 것들에 대해 매일매일 회의를 했습니다. 이 일지를 500년 동안 적어 놓았습니다. 아까 실록은 그날 밤에 정서했다고 했지요. 그런데 승정원 일기는 전월 분을 다음 달에 정리했습니다. 이 승정원 일기를 언제까지 썼느냐면 조선이 망한 해인 1910년까지 썼습니다. 누구 보라고 써 놓았겠습니까? 대한민국 국민 보라고 썼습니다.

유네스코가 조사해보니 전 세계에서 조선만이 그러한 기록을 남겨 놓았습니다. 그런데 《승정원일기》는 임진왜란 때 절반이 불타고 지금 288년 분량이 남아있습니다. 이게 몇 자냐 하면 2억 5천만 자입니다. 요새 국사편찬위원회에서 이것을 번역하려고 조사를 해 보니까 잘하면 앞으로 50년 후에 끝나고 못하면 80년 후에 끝납니다. 이러한 방대한 양을 남겨주었습니다. 이것이 우리의 선조입니다.

《일성록(日省錄)》이라는 책이 있습니다. 날 일(日) 자, 반성할 성(省) 자입니다. 왕들의 일기입니다. 정조가 세자 때 일기를 썼습니다. 그런데 왕이 되고 나서도 썼습니다. 선대왕이 쓰니까 그 다음 왕도 썼습니다. 선대왕이 썼으니까 손자왕도 썼습니다. 언제까지 썼느냐면 나라가 망하는 1910년까지 썼습니다. 아까 《조선왕조실록》은 왕들이 못 보게 했다고 말씀드렸지요. 선대왕들이 이러한 경우에 어떻게 정치했는가를 지금 왕들이 알게 하려면 어떻게 해야 되는가를 정조가 고민해서 기왕에 쓰는 일기를 체계적, 조직적으로 썼습니다. 국방에 관한 사항, 경제에 관한 사항, 과거에 관한 사항, 교육에 관한 사항 이것을 전부 조목조목 나눠서 썼습니다. 여러분, 150년 분량의 제왕의 일기를 가진 나라를 전 세계에 가서 찾아보십시오. 저는 우리가 서양에 가면 흔히들 주눅이 드는데 이제부터는 그럴 필요 없다고 생각합니다

저는 언젠가는 이루어졌으면 하는 꿈과 소망이 있습니다. 이러한 책들을 전부 한글로 번역합니다. 이 가운데 《조선왕조실록》은 개략적이나마 번역이 되어 있고 나머지는 손도 못 대고 있습니다. 이것을 번역하고 나면 그 다음에 영어로 하고, 핀란드어로 하고, 노르웨이어로 하고, 덴마크어로 하고, 스와힐리어로 하고, 전 세계 언어로 번역합니다. 그래서 컴퓨터에 탑재한 다음날 전 세계 유수한 신문에 전면 광고를 냈으면 좋겠습니다.

"세계인 여러분, 아시아의 코리아에 150년간의 제왕의 일기가 있습니다. 288년간의 최고 권력 기구인 비서실의 일기가 있습니다. 실록이 있습니다. 혹시 보시고 싶으십니까? 아래 주소를 클릭하십시오. 당신의 언어로 볼 수 있습니다." 해서 이것을 본 세계인이 1,000만이 되고, 10억이 되고 20억이 되면 이 사람들은 코리안들을 어떻게 생각할 것 같습니까?

"야, 이놈들 보통 놈들이 아니구나. 어떻게 이러한 기록을 남기는가, 우리나라는 뭔가?"

이러한 의식을 갖게 되지 않겠습니까? 그게 뭐냐면 국격이라고 하는 것입니다. 한국이라고 하는 브랜드가 그만큼 세계에서 올라가는 것입니다. 우리의 선조들은 이러한 것을 남겨주었는데 우리가 지금 못 하고 있을 뿐입니다.

이러한 기록 중에 지진에 대해 제가 조사를 해 보았습니다.

《삼국사기(三國史記)》에는 지진이 87회 기록되어 있습니다.

《삼국유사(三國遺事)》에는 3회 기록되어 있습니다.

《고려사(高麗史)》에는 249회의 지진에 관한 기록이 있습니다.

《조선왕조실록》에는 2,029회 나옵니다. 다 합치면 2,368회의 지진에 관한 기록이 있습니다

우리 방폐장, 핵발전소 만들 때 이것을 참고해야 한다고 생각합니다. 이것을 통계를 내면 어느 지역에서는 155년마다 한 번씩 지진이 났을 수 있습니다. 어느 지역은 200년마다 한 번씩 지진이 났을 수 있습니다. 이러한 지역을 다 피해서 2000년 동안 지진이 한 번도 안

난 지역에 방폐장, 핵 발전소 만드는 것이 맞을 것입니다. 이렇게 해서 방폐장, 핵 발전소 만들면 세계인들이 틀림없이 산업 시찰을 올 것입니다. 그러면 수력 발전소도 그런 데 만들어야지요. 정문에 구리 동판을 세워놓고 영어로 이렇게 썼으면 좋겠습니다.

"우리 민족이 가진 2,000년 동안의 자료에 의하면 이 지역은 2,000년 동안 단 한 번도 지진이 발생하지 않았다. 따라서 이곳에 방폐장, 핵 발전소, 수력 발전소를 만든다. 대한민국 국민 일동."

이렇게 하면 전 세계인들이 이것을 보고 "정말 너희들은 2,000년 동안의 지진에 관한 기록이 있느냐?"고 물어볼 것이고, 제가 말씀드린 책을 카피해서 기록관에 하나 갖다 놓으면 됩니다.

이 지진의 기록도 굉장히 구체적입니다. 어떻게 기록이 되어 있느냐 하면 "우물가의 버드나무 잎이 흔들렸다." 이것이 제일 약진입니다. "흙담에 금이 갔다, 흙담이 무너졌다, 돌담에 금이 갔다, 돌담이 무너졌다, 기왓장이 떨어졌다, 기와집이 무너졌다." 이렇게 되어 있습니다.

현재 지진공학회에서는 이것을 가지고 리히터 규모로 계산을 해내고 있습니다. 대략 강진만 뽑아보니까 통일 신라 이전까지 11회 강진이 있었고, 고려 시대에는 11회 강진이, 조선 시대에는 26회의 강진이 있었습니다. 합치면 우리는 2,000년 동안 48회의 강진이 이 땅에 있었습니다. 이러한 것을 계산할 수 있는 자료를 신기하게도 선조들은 우리에게 남겨주었습니다.

정치, 경제적 문제

그 다음에 조세에 관한 사항을 보시겠습니다.

세종이 집권을 하니 농민들이 토지세 제도에 불만이 많다는 상소가 계속 올라옵니다. 세종이 말을 합니다.

"왜 이런 일이 나는가?"

신하들이 "사실은 고려 말에 이 토지세 제도가 문란했는데 아직까지 개정이 안 되었습니다." 세종의 리더십은 '즉시 명령하여 옳은 일이라면 현장에서 해결한다.'는 입장입니다. 그래서 개정안이 완성되었습니다. 세종 12년 3월에 세종이 조정 회의에 걸었지만 조정 회의에서 부결되었습니다. 왜 부결되었냐면 "마마, 수정안이 원래의 현행안보다 농민들에게 유리한 것은 틀림없습니다. 그러나 농민들이 좋아할지 안 좋아할지 우리는 모릅니다." 이렇게 됐어요. "그러면 어떻게 하자는 말이냐?" 하다가 기발한 의견이 나왔어요. "직접 물어봅시다." 그래서 물어보는 방법을 찾는 데 5개월이 걸렸습니다. 세종 12년 8월에 국민 투표를 실시했습니다. 그 결과 찬성 9만 8,657표, 반대 7만 4,149표 이렇게 나옵니다. 찬성이 훨씬 많지요. 세종이 조정 회의에 다시 걸었지만 또 부결되었습니다. 왜냐하면 대신들의 견해는 "마마, 찬성이 9만 8천, 반대가 7만 4천이니까 찬성이 물론 많습니다. 그러나 7만 4,149표라고 하는 반대도 대단히 많은 것입니다. 이 사람들이 상소를 내기 시작하면 상황은 전과 동일합니다." 이렇게 됐어요.

세종이 "그러면 농민에게 더 유리하도록 안을 만들어라." 해서 안이 완성되었습니다. 그래서 실시하자 그랬는데 또 부결이 됐어요. 그 이유는 "백성들이 좋아할지 안 좋아할지 모릅니다."였어요. "그러면 어떻게 하자는 말이냐?" 하니 "조그마한 지역에 시범 실시를 합시다." 이렇게 됐어요. 시범 실시를 3년 했습니다. 결과가 성공적이라고 올라왔습니다. "전국에 일제히 실시하자."고 다시 조정 회의에 걸었습니다. 조정 회의에서 또 부결이 됐어요.

"마마, 농지세라고 하는 것은 토질이 좋으면 생산량이 많으니까 불만이 없지만 토질이 박하면 생산량이 적으니까 불만이 있을 수 있습니다. 그래서 이 지역과 토질이 전혀 다른 지역에도 시범 실시를 해 봐야 됩니다."

세종이 그러라고 했어요. 다시 시범 실시를 했어요. 성공적이라고 올라왔어요. 세종이 '전국에 일제히 실시하자'고 다시 조정 회의에 걸었습니다. 또 부결이 됐습니다. 이유는 "마마, 작은 지역에서 이 안을 실시할 때 모든 문제점을 우리는 토론했습니다. 그러나 전국에서 일제히 실시할 때 무슨 문제가 나는지를 우리는 토론한 적이 없습니다."

세종이 토론하라 해서 세종 25년 11월에 이 안이 드디어 공포됩니다. 조선 시대에 정치를 이렇게 했습니다. 세종이 백성을 위해서 만든 개정안을 정말 백성이 좋아할지 안 좋아할지를 국민투표를 해 보고 시범 실시를 하고 토론을 하고 이렇게 해서 13년만에 공포·시행했습니다.

대한민국 정부가 1945년 건립되고 나서 어떤 안을 13년 동안 이렇게 연구해서 공포·실시했습니까? 저는 이러한 정신이 있기 때문에 조선이 500년이나 간 것이 아닌가 하는 생각을 하고 있습니다.

법률 문제

법에 관한 문제를 보시겠습니다.

우리가 오늘날 3심제를 하지 않습니까? 조선 시대에는 어떻게 했을 것 같습니까? 조선 시대에 3심제는 없었습니다. 그런데 사형수에 한해서는 3심제를 실시했습니다. 원래는 조선이 아니라 고려 말 고려 문종 때부터 실시했는데, 이를 삼복제(三覆制)라고 합니다. 조선 시대에 사형수 재판을 맨 처음에는 변 사또 같은 시골 감형에서 하고, 두 번째 재판은 고등법원, 관찰사로 갑니다. 옛날에 지방관 관찰사는 사법권을 가지고 있었습니다. 마지막 재판은 서울 형조에 와서 받았습니다. 재판장은 거의 모두 왕이 직접 했습니다. 왕이 신문을 했을 때 그냥 신문한 것이 아니라 신문한 것을 옆에서 받아 썼어요. 조선의 기록정신이 그렇습니다. 기록을 남겨서 그것을 책으로 묶었습니다. 그 책 이름이 '심리록(審理錄)'이라는 책입니다. 정조가 1700년 대에 이 《심리록》을 출판했습니다. 오늘날 번역이 되어 큰 도서관에 가시면 《심리록》이라는 책이 있습니다. 왕이 사형수를 직접 신문한 내용이 거기에 다 나와 있습니다. 왕들은 뭘 신문했냐 하면 이 사람이 사형수라고 하는 증거가 과학적인가 아닌가입니다. 또 한 가지는 고문에 의해서 거짓 자백한 것이 아닐까를 밝히기 위해서 왕들이 무수히 노력합니다. 이 증거가 맞느냐 과학적이냐 합리적이냐 이것을 계속 따집니다. 이래서 상당수의 사형수는 감형되거나 무죄 석방되었습니다. 이런 것이 조선의 법입니다. 이렇기 때문에 조선이 500년이나 간 것이 아닌가 하는 생각을 합니다.

과학적 사실

다음에는 과학에 대해 말씀드리겠습니다.

코페르니쿠스가 태양이 아니라 지구가 돈다고 지동설을 주장한 것이 1543년입니다. 그런데 코페르니쿠스의 주장에는 이미 다 아시겠지만 물리학적 증명이 없었습니다. 물리학적으로 지구가 돈다는 것을 증명한 것은 1632년에 갈릴레오가 시도했습니다. 종교 법정이 그를 풀어주면서도 갈릴레오의 책을 보면 누구나 지동설을 믿을 수밖에 없으니까 책은 출판 금지를 시켰습니다. 그 책이 인류사에 나온 것은 그로부터 100년 후입니다. 1767년에 인류사에 나왔습니다.

동양에서는 어떠냐 하면 지구는 사각형으로 생겼다고 생각했습니다. 하늘은 둥글고 지구는 사각형이다, 이를 천원지방설(天圓地方說)이라고 얘기합니다. 그런데 실은 동양에서도 지구는 둥글 것이라고 얘기한 사람들이 상당히 많았습니다. 대표적인 사람이 여러분들이 아시는 성리학자 주자입니다, 주희. 주자의 책을 보면 지구는 둥글 것이라고 나와 있습니다. 황진이의 애인, 고려 시대 학자 서화담의 책을 봐도 '지구는 둥글 것이다, 지구는 둥글어야 한다, 바닷가에 가서 해양을 봐라 지구는 둥글 것이다.' 이렇게 주장했습니다.

그런데 이것을 어떠한 형식이든 증명한 것이 1400년대 이순지(李純之)라고 하는 세종 시대의 학자입니다. 이순지는 지구는 둥글다고 선배 학자들에게 주장했습니다. 그는 "일식의 원리처럼 태양과 달 사이에 둥근 지구가 들어가고 그래서 지구의 그림자가 달에 생기는 것이 월식이다, 그러니까 지구는 둥글다." 이렇게 말했습니다. 이것이 1400년대입니다. 그러니까 선배 과학자들이 "그렇다면 우리가 일식의 날짜를 예측할 수 있듯이 월식도 네가 예측할 수 있어야 할 것 아니냐?"고 물었습니다. 이순지는 모년 모월 모시 월식이 생길 것이라고 했고, 그날 월식이 생겼습니다. 이순지는 '교식추보법(交食推步法)'이라는 책을 썼습니다. 일식, 월식을 미리 계산해 내는 방법이라는 책입니다. 그 책은 오늘날 남아 있습니다.

이렇게 과학적인 업적을 쌓아가니까 세종이 과학 정책의 책임자로 임명했습니다. 이때 이순지의 나이 약관 29살입니다. 그리고 첫 번째 준 임무가 조선의 실정에 맞는 달력을 만들라고 했습니다. 여러분, 동지상사라고 많이 들어보셨지요? 동짓달이 되면 바리바리 좋은 물품을 짊어지고 중국 연변에 가서 황제를 배알하고 뭘 얻어 옵니다. 다음 해의 달력을 얻으러 간 것입니다. 달력을 매년 중국에서 얻어와서는 자주 독립국이 못 될뿐더러, 또 하나는 중국의 달력을 갖다 써도 해와 달이 뜨는 시간이 다르므로 사리/조금의 때가 정확하지 않아요. 그러니까 조선 땅에 맞는 달력이 필요하다 이렇게 됐습니다. 수학자와 천문학자가 총집결을 했습니다. 이순지가 이것을 만드는데 세종한테 그랬어요.
"못 만듭니다."
"왜?"
"달력을 서운관(書雲觀)이라는 오늘날의 국립 기상 천문대에서 만드는데 여기에 인재들이 오지 않습니다."
"왜 안 오는가?"

"여기는 진급이 느립니다." 그랬어요.

오늘날 이사관쯤 되어 가지고 국립 천문대에 발령받으면 물먹었다고 하지 않습니까? 행정안전부나 청와대 비서실 이런 데 가야 빛 봤다고 하지요? 옛날에도 똑같았어요. 그러니까 세종이 즉시 명령합니다.

"서운관의 진급 속도를 제일 빠르게 하라."

"그래도 안 옵니다."

"왜?"

"서운관은 봉록이 적습니다."

"봉록을 올려라." 그랬어요.

"그래도 인재들이 안 옵니다."

"왜?"

"서운관 관장이 너무나 약합니다."

"그러면 서운관 관장을 어떻게 할까?"

"강한 사람을 보내주시옵소서. 왕의 측근을 보내주시옵소서."

세종이 물었어요.

"누구를 보내줄까?"

누구를 보내달라고 했는 줄 아십니까?

"정인지를 보내주시옵소서." 그랬어요. 정인지가 누구입니까? 《고려사》를 쓰고 한글을 만들고 세종의 측근 중의 측근이고 영의정입니다.

세종이 어떻게 했을 것 같습니까? 영의정 정인지를 서운관 관장으로 겸임 발령을 냈습니다. 그래서 1444년에 드디어 이 땅에 맞는 달력을 만드는 데 성공했습니다. 이순지는 당시 가장 정확한 달력이라고 알려진 아라비아의 회회력의 체제를 몽땅 분석해 냈습니다. 일본

학자가 쓴 《세계천문학사》에는 회회력을 가장 과학적으로 정교하게 분석한 책이 조선의 이순지 著 《칠정산외편(七政算外篇)》이라고 나와 있습니다.

그런데 달력이 하루 10분, 20분, 1시간 틀려도 모릅니다. 한 100년, 200년 가야 알 수 있습니다. 이 달력이 정확한지 안 정확한지를 어떻게 아냐면 이 달력으로 일식을 예측해서 정확히 맞으면 이 달력이 정확한 것입니다. 이순지는 《칠정산외편》이라는 달력을 만들어 놓고 공개를 했습니다. 1447년 세종 29년 음력 8월 1일 오후 4시 50분 27초에 일식이 시작될 것이고 그날 오후 6시 55분 53초에 끝난다고 예측했습니다. 이게 정확하게 맞아떨어졌습니다. 세종이 너무나 반가워서 그 달력의 이름을 '칠정력'이라고 붙여줬습니다. 이것이 그 후에 200년간 계속 사용되었습니다.

여러분 1400년대 그 당시에 자기 지역에 맞는 달력을 계산할 수 있고 일식을 예측할 수 있는 나라는 전 세계에 세 나라밖에 없었다고 과학사가들은 말합니다. 하나는 아라비아, 하나는 중국, 하나는 조선입니다. 그런데 이순지가 이렇게 정교한 달력을 만들 때 달력을 만든 핵심 기술이 어디 있냐면 지구가 태양을 도는 시간을 얼마나 정교하게 계산해 내는가에 달려 있습니다. 《칠정산외편》에 보면 이순지는 지구가 태양을 도는 데 걸리는 시간은 365일 5시간 48분 45초라고 계산해 놓았습니다. 오늘날 물리학적인 계산은 365일 5시간 48분 46초입니다. 1초 차이가 나게 1400년대에 계산을 해냈습니다. 여러분, 그 정도면 괜찮지 않습니까?

홍대용이라는 사람은 수학을 해서 《담헌서(湛軒書)》라는 책을 썼습니다. 《담헌서》는 한글로 번역되어 큰 도서관에는 다 있습니다. 이 《담헌서》 가운데 제5권이 수학책입니다. 홍대용이 조선 시대에 발간한 수학책의 문제가 어떤지 설명 드리겠습니다.

"구체의 체적이 6만 2,208척이다. 이 구체의 지름을 구하라."

cos, sin, tan가 들어가야 할 문제들이 쫙 깔렸습니다. 조선 시대의 수학책인 《주해수용(籌解需用)》에는 이렇게 되어 있습니다. sinA를 한 자로 정현(正弦), cosA를 여현(餘弦), tanA를 정절(正切), cotA를 여절(餘切), secA를 정할(正割), cosecA를 여할(如割), 1-cosA를 정실(正矢), 1-sinA를 여실(餘矢) 이렇게 되어 있습니다. 그러면 이런 것이 있으려면 삼각함수표가 있어야 되잖아요. 이 《주해수용》의 맨 뒤에 보면 삼각함수표가 그대로 나와 있습니다. 제가 한 번 옮겨봤습니다.

예를 들면 정현(正弦) 25도 42분 51초, 다시 말씀드리면 sin25.4251도의 값 0.4338883739118 이렇게 나와 있습니다. 제가 이것을 왜 다 썼느냐 하면 소수점 아래 몇 자리까지 있나 보려고 제가 타자로 다 쳐봤습니다. 소수점 아래 열세 자리까지 있습니다. 이만하면 조선 시대 수학책 괜찮지 않습니까?

다른 문제 또 하나 보실까요? 갑지(甲地)와 을지(乙地)는 동일한 자오진선(子午眞線)에 있다. 조선 시대 수학책 문제입니다. 이때는 자오선(子午線)이라고 안 하고 자오진선(子午眞線)이라고 했습니다. 이런 것을 보면 이미 이 시대가 되면 지구는 둥글다고 하는 것이 보편적인 지식이 되어 있는 것 같습니다. 갑지(甲地)와 을지(乙地)는 동일한 자오선상(子午線上)에 있다. 甲地는 북극출지(北極出地), 북극출지(北

極出地)는 위도(緯度)라는 뜻입니다. 갑지(甲地)는 위도(緯度) 37도에 있고 을지(乙地)는 위도(緯度) 36도 30분에 있다. 갑지(甲地)에서 을 지(乙地)로 직선으로 가는데 고뢰(鼓牢)가 12번 울리고 종료(鍾鬧)가 125번 울렸다. 이때 지구 1도의 리수(里數)와 지구의 지름, 지구의 둘 레를 구하라. 이러한 문제입니다.

이 고뢰(鼓牢), 종료(鍾鬧)는 뭐냐 하면 여러분 김정호가 그린 대동 여지도를 초등학교 때 사회책에서 보면 오늘날의 지도와 상당히 유 사하지 않습니까? 옛날 조선 시대의 지도가 이렇게 오늘날 지도와 비슷했을까? 이유는 축척이 정확해서 그렇습니다. 대동여지도는 십 리 축척입니다. 십 리가 한 눈금으로 되어 있는데 이것이 왜 정확하 냐면 기리고거(記里鼓車)라고 하는 수레를 끌고 다녔습니다. 기리고 거가 뭐냐 하면 기록할 기(記) 자, 리는 백 리, 이백 리 하는 리(里) 자, 리수(里數)를 기록하는, 고는 북(鼓) 고 자, 북을 매단 수레 차 (車), 수레라는 뜻입니다. 어떻게 만들었냐 하면 수레가 하나 있는데 중국의 동진시대에 나온 수레입니다. 바퀴는 정확하게 원둘레가 17 척이 되도록 했습니다. 17척이 요새의 계산으로 하면 대략 5m입니 다. 이것이 100바퀴를 굴러가면 그 위에 북을 매달아 놨는데 북을 "뚱" 하고 치게 되어 있어요. 북을 열 번 치면 그 위에 종을 매달아 놨는데 종을 "땡" 하고 치게 되어 있어요. 여기 고뢰, 종료라고 하는 것이 그것입니다. 그러니까 이것이 5km가 되어서 딱 십 리가 되면 종을 "땡" 하고 칩니다. 김정호가 이것을 끌고 다녔습니다.

우리 세종이 대단한 왕입니다. 몸에 피부병이 많아서 온양 온천을 자주 다녔어요. 그런데 온천에 다닐 때도 그냥 가지 않았습니다. 이 기리고거를 끌고 갔어요. 그래서 한양과 온양 간이라도 길이를 정확히 계산해 보자 이런 것을 했었어요. 이것을 가지면 지구의 지름, 지구의 둘레를 구할 수 있다는 얘기입니다. 그러니까 원주를 파이로 나누면 지름이다 하는 것이 이미 보편적인 지식이 되어 있었습니다.

수학적 사실

그러면 우리 수학의 씨는 어디에 있었을까 하는 것인데요, 여러분 불국사 가보시면 건물 멋있잖아요. 석굴암도 멋있잖아요. 불국사를 지으려면 건축학은 없어도 건축술은 있어야 할 것이 아닙니까? 최소한 건축술이 있으려면 물리학은 없어도 물리술은 있어야 할 것 아닙니까? 물리술이 있으려면 수학은 없어도 산수는 있어야 할 것 아닙니까? 이게 제가 고등학교 3학년 때 가졌던 의문입니다, 이것을 어떻게 지었을까? 그런데 저는 《삼국사기》의 저자 김부식 선생님을 너무 너무 존경합니다. 여러분 세계에서 가장 오래된 대학이 어디인 줄 아십니까? 에스파냐, 스페인에 있습니다. 1490년대에 국립 대학이 세워졌습니다. 여러분이 아시는 옥스퍼드와 캠브리지는 1600년대에 세워진 대학입니다. 우리는 언제 국립 대학이 세워졌느냐, 《삼국사기》를 보면 682년, 신문왕 때 국학이라는 것을 세웁니다. 그것을 세워놓고 하나는 철학과를 만듭니다. 관리를 길러야 되니까 논어, 맹자를 가르쳐야지요. 그런데 학과가 또 하나 있습니다. 김부식 선생님은 어떻게 써 놓았냐면 "산학박사와 조교를 두었다." 이렇게 되어 있습니다. 명산과입니다. 밝을 명(明) 자, 계산할 산(算) 자, 과(科). 계산을 밝히는 과, 요새 말로 하면 수학과입니다. 수학과를 세웠습니다.

"15세에서 30세 사이의 청년 공무원 가운데 수학에 재능이 있는 자를 뽑아서 9년 동안 수학 교육을 실시하였다."

이렇게 되어 있습니다. 여기를 졸업하게 되면 산관(算官)이 됩니다. 수학을 잘하면 우리나라는 공무원이 됐습니다. 전 세계에서 가서 찾아보십시오. 수학만 잘하면 공무원이 되는 나라 찾아보십시오. 이것을 산관이라고 합니다.

삼국 시대부터 조선이 망할 때까지 산관은 계속되었습니다. 이 산관이 수학의 발전에 엄청난 기여를 하게 됩니다. 산관들은 무엇을 했느냐, 세금 매길 때, 성 쌓을 때, 농지 다시 개량할 때 전부 산관들이 가서 했습니다. 세금을 매긴 것이 산관들입니다. 그런데 그때의 수학 상황을 알려면 무슨 교과서로 가르쳤느냐가 제일 중요하겠지요? 정말 제가 존경하는 김부식 선생님은 여기다가 그 당시 책 이름을 쫙 써 놨어요. 《삼개(三開)》, 《철경(綴經)》, 《구장산술(九章算術)》, 《육장산술(六章算術)》을 가르쳤다고 되어 있습니다. 그 가운데 오늘날 우리가 볼 수 있는 것은 《구장산술》이라는 수학책이 유일합니다. 《구장산술》은 언제인가는 모르지만 중국에서 나왔습니다. 최소한도 진나라 때 나왔을 것이라고 얘기하고 있습니다. 어떤 사람은 주나라 문왕이 썼다고 하는데 중국에서는 좋은 책이면 무조건 다 주나라 문왕이 썼다고 하는 경향이 있습니다. 이 책의 제8장의 이름이 방정입니다. 방정이 영어로는 equation입니다. 방정이라는 말을 보고 제 온몸에 소름이 쫙 돋았습니다. 저는 사실은 중학교 때 고등학교 때부터 방정식을 푸는데, 방정이라는 말이 뭘까가 가장 궁금했습니다. 어떤 선생님도 그것을 소개해 주지 않았습니다. 그런데 이 책에 보니까 우리 선조들이 삼국 시대에 이미 '방정'이라는 말을 쓴 것을 저는 외국 수학인 줄 알고 배운 것입니다.

　9장을 보면 9장의 이름은 구고(勾股)입니다. 갈고리 구(勾) 자, 허벅
다리 고(股) 자입니다. 맨 마지막 chapter입니다. 방정식에서 2차 방
정식이 나옵니다. 그리고 미지수는 다섯 개까지 나옵니다. 그러니까
5원 방정식이 나와 있습니다. 중국 학생들은 피타고라스의 정리라는
말을 모릅니다. 여기에 구고(勾股) 정리라고 그래도 나옵니다. 자기네
선조들이 구고(勾股) 정리라고 했으니까. 여러분 이러한 삼각함수 문
제가 여기에 24문제가 나옵니다. 24문제는 제가 고등학교 때 상당히
힘들게 풀었던 문제들이 여기에 그대로 나옵니다. 이러한 것을 우리
가 삼국 시대에 이미 교육을 했습니다. 그런데 우리는 이러한 것들
이 전부 서양 수학인 줄 알고 배우고 있습니다.

　여기에는 밀률(密率)이라는 말도 나옵니다. 비밀할 때 밀(密), 비율
할 때 율(率). 밀률의 값은 3으로 한다고 되어 있습니다. 고려 시대의
수학 교과서를 보면 밀률의 값은 3.14로 한다. 이렇게 되어 있습니다.
아까 이순지의 《칠정산외편》, 달력을 계산해 낸 그 책에 보면 "밀률
의 값은 3.14159로 한다." 이렇게 되어 있습니다. 우리 다 그거 삼국
시대에 했습니다. 그런데 어떻게 해서 우리는 오늘날 플러스, 마이너
스, 정사각형 넓이, 원의 넓이, 방정식, 삼각함수 등을 외국 수학으
로 이렇게 가르치고 있느냐는 겁니다.

　저는 이런 소망을 강력히 가지고 있습니다. 우리 초등학교나 중고
등 학교 책에 플러스, 마이너스를 가르치는 chapter가 나오면 우리
선조들은 늦어도 682년 삼국 시대에는 플러스를 바를 정(正) 자 정

이라 했고, 마이너스를 부채, 부담하는 부(負)라고 불렀습니다. 그러나 편의상 정부(正負)라고 하는 한자 대신 세계 수학의 공통 부호인 +−를 써서 표기하자, 또 π를 가르치는 chapter가 나오면 682년 그 당시 적어도 삼국 시대에는 우리는 π를 밀률이라고 불렀습니다. 밀률은 영원히 비밀스러운 비율이라는 뜻입니다. 오늘 컴퓨터를 π를 계산해 보면 소수점 아래 1조자리까지 계산해도 무한 소수입니다. 그러니까 무한 소수라고 하는 영원히 비밀스러운 비율이라는 이 말은 철저하게 맞는 말입니다. 그러나 밀률이라는 한자 대신 π라고 하는 세계 수학의 공통 부호를 써서 풀기로 하자 하면 수학 시간에도 민족의 숨결을 느낄 수 있습니다.

저는 없는 것을 가지고 대한민국이 세계 제일이다라고 말씀드리는 것이 아닙니다.

선조들이 명백하게 도큐먼트, 문건으로 남겨주었음에도 불구하고, 우리 선조들이 그것을 배웠음에도 불구하고, 이것이 '서양 것'이라고 가르치는 것은 거짓이 아닌가라는 생각이 듭니다. 이러한 것이 전부 정리되면 세계사에 한국의 역사가 많이 올라갈 수 있을 것입니다. 이것은 우리가 잘났다는 것을 자랑하는 것이 아니라 인류의 역사인 세계사를 풍성하게 한다는, 세계사에 대한 기여입니다.

맺는말
결론으로 들어가겠습니다.

제가 지금까지 말씀드린 모든 자료는 한문으로 되어 있습니다. 그런데 선조들이 남겨준 그러한 책이 《조선왕조실록》 6,400만 자짜리 한 권으로 치고, 2억 5천만 자짜리 《승정원일기》 한 권으로 칠 때 선조들이 남겨준 문질이 우리나라에 문건이 몇 권 있냐면 33만 권 있습니다. 그런데 여러분 주위에 한문 전공한 사람 보셨습니까? 정말 엔지니어가 중요하고 나로호가 올라가야 됩니다. 그러나 우리 국학을 연구하려면 평생 한문만 공부하는 일단의 학자들이 필요합니다. 이들이 이러한 자료를 번역해 내면 국사학자들은 국사를 연구할 것이고, 복제사를 연구한 사람들은 한국 복제사를 연구할 것이고, 경제를 연구한 사람들은 한국 경제사를 연구할 것이고, 수학 교수들은 한국 수학사를 연구할 것입니다. 그런데 이러한 시스템이 우리나라에는 전혀 되어 있지 않습니다. 한문을 공부하면 굶어 죽기 딱 좋기 때문에 아무도 한문을 하지 않습니다.

그러면 결국 우리의 문건을 해결하기 위해서 언젠가는 동경대학으로 가고 북경대학으로 가는 상황이 나타날 것입니다. 그러나 어떤 사람이 한문을 해야 되냐 하면 공대 나온 사람이 한문을 해야 합니다. 그래야 한국 물리학사, 건축학사가 나옵니다. 수학과 나온 사람이 한문을 해야 됩니다. 그래야 허벅다리, 갈고리를 "아! 딱 보니까 이거는 삼각함수구나!" 이렇게 압니다. 밤낮 논어, 맹자만 한 사람들이 한문을 해서는 '한국의 과학과 문명'이라는 책이 나올 수가 없습니다. 여러분, 사회에 나가시면 '이 시대에도 평생 한문만 하는 학자를 우리나라가 양성할 필요가 있다.' 이러한 여론을 만들어주십시오. 이 마지막 말씀을 드리기 위해서 이런 데서 강연 요청이 오면 저는 신나게 와서 떠들어 댑니다. 감사합니다.

天 符 經

一始無始一析三極無
盡本天一一地一二人
一三一積十鉅無櫃化
三天二三地二三人二
三大三合六生七八九
運三四成環五七一妙
衍萬往萬來用變不動
本本心本太陽昂明人
中天地一一終無終一

우리말과 한글의 창조 원리를 밝히다
천부경 하나부터 열까지

초판 1쇄   2021년 06월 16일

지은이   이현숙
발행인   김재홍
총괄 · 기획   전재진
디자인   김다윤
교정 · 교열   전재진 박순옥
마케팅   이연실

발행처   도서출판지식공감
등록번호   제2019-000164호
주소   서울특별시 영등포구 경인로82길 3-4 센터플러스 1117호(문래동1가)
전화   02-3141-2700
팩스   02-322-3089
홈페이지   www.bookdaum.com
이메일   bookon@daum.net

가격   29,000원
ISBN   979-11-5622-606-2 93140